有江 大介 [編著]

ヴィクトリア時代の思潮と
J.S.ミル

文芸・宗教・倫理・経済

三和書籍

はじめに

　本書のほとんどの論文は、科学研究費補助金：基盤研究（c）「J.S.ミルにおける自由と正義と宗教—現代的課題の先駆—」（研究代表者：泉谷周三郎、2008-10年度）による3年にわたる研究会での様々な報告をもとに執筆されたものである。研究課題名にあるように、この研究プロジェクトは、現代の大衆社会の原型が形成された19世紀ブリテン・ヴィクトリア時代の知的文化的環境の特質を、当時の社会状況を念頭に置きながら時代の代表的思想家J.S.ミルとその周辺の諸家の知的営為を中心に検討しようとしたものである。その際、功利主義倫理学や経済学に重点が置かれがちであったわが国のミル研究に対して、より広い視点からの接近を目指した。そして、研究会を重ねるうちにミルの思想が持っていた多面性に導かれる形で、むしろブリテン・ヴィクトリア時代の思想状況自体の多面性・多様性に私たちは改めて気付かされることとなった。研究会では、人文・社会科学の2つの領域から考察をぶつけ合う形となった。議論の過程で、私たちは、これまで採り上げられることの少なかったミルを取り巻くイングランド国教会系知識人、福音主義やユニテリアン、ロマン主義や功利主義グループの相互関係を、ある程度窺い知ることができたと思われる。

　さらに次の点も指摘しておきたい。当然にも、ミルの思想を検討する際にはミルのテキストにとどまるだけではなく、ミルを取り巻く時代状況や文化、宗教事情や文芸的世界のコンテクストまで十分に考慮することが必要となった。もちろん、このことは、ミルに限らずどのような時代のどのような思想家を検討する際にもあてはまるだろう。そして、これは一見すると至極当然のように読者は思われるかもしれない。しかし、わが国のヴィクトリア時代研究を概観してみたときに、状況は必ずしもそれが当たり前とはなっていないようである。

　たとえば、この時代についての広い意味での経済思想史研究の一つに、西岡幹雄・近藤真司『ヴィクトリア時代の経済像—企業家・労働・人間開発そして大学・教育拡充』（萌書房、2002年）という当時の経済像、起業家像を描いた優れた研究がある。これに対するAmazonのレヴューに次のような一文がある。「私はイギリス史のなかでも社会史が専門なのだが、正直、経済史との間には大きな溝があると感じた。本書の扱っている世界の狭さには疑問を覚えるし、描き出されている世界にも違和感が。」（www.amazon.co.jp内）というものである。また、この時代を総括的

i

にカヴァーしていると思われる「日本ヴィクトリア朝文化研究学会」の研究状況を見ても、哲学や倫理学、宗教や社会科学は少数派で大勢は良くも悪くも文学研究でありそれと関連する社会史である。特に、社会科学的研究との接点は決して十分とはいえない。

つまり、わが国のヴィクトリア時代研究は、ブリテンでの研究の紹介を含めて、個別の領域でさまざまに優れた業績を挙げて来てはいるものの、全体としては分野間の「大きな溝」や各研究領域で描き出される「世界の狭さ」という弱点を未だ克服していないといえる。言いかえれば、各研究者の抱くヴィクトリア時代像というものが、研究領域ごとにいわば"タコツボ"的に形成されているのではないか、また、そこには何らかの重要な要素が欠落したままになってはいないか、という危惧があるということである。

本書は、そうした研究状況に対する極めて限られた視点からのささやかな問題提起である。より具体的に言えば、ミルというこの時代を代表する知識人を媒介に、時代の思潮全体をできる限り鳥瞰し各領域を架橋することを目指した。とりわけ、わが国のミル研究では時代精神としての"科学"の影に隠れがちであった側面、功利主義・科学主義の反面であるロマン主義や宗教、文芸や古典趣味などについて、ヴィクトリア時代の文脈において捉え直すところに特色を出そうとした。併せて、現代の大衆社会、消費社会の原型が形作られたヴィクトリア時代を代表する思想家ミルの現代にとっての先駆的意義についても、わが国の研究では見過ごされがちであったその認識論、幸福論、正義論を通じて提示しようと試みた。以上がある程度まで実現できていれば幸いである。

もう一点、本書の位置にかかわってわが国のミル研究について付言しておきたい。J.S.ミル生誕200年を記念してロンドンで開催されたThe John Stuart Mill Bicentennial Conference（2006）では、広範な領域にまたがる100数十本の報告がなされた。これは、英語圏ないし欧米でのミル研究が現代的関心のもとに継続して隆盛であることを示している。ひるがえってわが国では、1970年代前半まで顕著であった日本の知的世界へのマルクス主義の影響力のもと、『資本論』で「無気力な折衷主義」などと酷評されたミルへの興味と関心自体が異常に低いものであった。これは、同じくマルクスによって「ブルジョア的愚鈍の天才」と揶揄されたベンサムについても同様である。

しかし、最近、若い世代によって、功利主義を主題とした研究書の出版が活況を呈しているようである。ミル功利主義の基礎文献の翻訳（川名雄一郎・山本圭一郎

『J.S. ミル功利主義論集』京都大学学術出版会、2010年）、ミルの社会科学の方法について同時代の資史料を駆使した本格的な研究書（川名雄一郎『社会体の生理学：J.S. ミルと商業社会の科学』京都大学学術出版会、2012年）、功利主義倫理学の入門書（児玉聡『功利主義入門――はじめての倫理学』ちくま新書、2012年）、さらには、ユニヴァーシティ・カレッジ・ロンドン、ベンサム・プロジェクトのフィリップ・スコフィールド主任教授によるベンサム入門書の翻訳（川名雄一郎・小畑俊太郎訳『ベンサム：功利主義入門』慶應義塾大学出版会、2013年）などである。若い同世代の研究者による引き続くこの領域での出版が計画されているとも聞く。また、ミルの宗教論の初めての完訳が『宗教をめぐる三つのエッセイ』（大久保正健訳、勁草書房、2011年）として刊行された。研究状況は急速に変わりつつあるといえる。本書もその一端を担って行くことを期待している。

以下、各章の概要を紹介しておこう。第1章、泉谷周三郎「J.S. ミルとロマン主義――ワーズワス、コールリッジ、カーライルとの関わり」は、宗教論同様に、従来のわが国のミル研究では必ずしも十分に取り上げられて来なかったミルに対するドイツ・ロマン主義の影響について検討している。章の標題に掲げたブリテンのロマン主義者たちを通じて個性論、内面的陶冶、半真理、多面性といった、人間や社会について考えるときのミルの新たな視点の確立につながったとする。学問の方法としては実践的な折衷主義、人間論としての男女平等論、社会的な実践活動では社会改革への強い指向となって現れたという評価が説得的に示されている。

第2章、深貝保則「ヴィクトリア期の時代思潮における中世主義と古典主義」は、日本人には馴染みの薄いヴィクトリア時代知識人における中世志向、古典志向についての紹介と検討を行っている。そうした趣味がどのようなもので、なぜそれらがその時代に受容されることになったのかを、絵画を最初の手がかりにして巧みに語っている。人文的主題にもかかわらず、ブリテンの世界展開という現実の歴史の流れに対応する知識人たちという社会科学的視点が保持されており、登場する多くの思想家、芸術家、文筆家たちを筆者は"時代思潮のマッピング"という形で万華鏡のように手際よく描いている。

第3章、舩木惠子「イングリッシュ・ユニテリアニズムとヴィクトリア時代思想」は、人口の1％に満たないキリスト教徒数しか持たないわが国では、その内容はもちろん、名前すら知られることの少ないユニテリアニズムについての紹介と検討が主題である。何種類かの類型があるが、三位一体の教理とイエスの神性を否定する合理的ユニテリアン・プリーストリーとミルの宗教観の比較がなされている。また、

ハリエット・マーティーノゥをはじめとしたユニテリアン教育を受けた中産階級出身の女性知識人の活動を通じ、ユニテリアニズムがヴィクトリア時代の思潮に相当の影響を与えたことが紹介されている。

第4章、有江大介「J.H.ニューマンの知識論——ヴィクトリア時代の信仰と科学」は、ヴィクトリア時代の知識人社会に最も大きな影響を与えたという、ニューマンのイングランド国教会からカトリックへの改宗の知性史的意義について論じている。前章のユニテリアニズムの場合と同様に、ニューマンや彼が中心となったオクスフォード運動についての関心も、わが国のヴィクトリア時代研究の中では決して大きくはない。筆者は、キリスト教信仰が社会生活の中でその役割を失っていくこの時代の状況を"信仰vs.科学"という視点から概観するとともに、その中でニューマンが知識人としてどのように信仰と神の存在を担保しようとしたかを、代表作『承認の原理』の議論を仔細に検討することを通じて示している。

第5章、安井俊一「オウエン、トンプソン、J.S.ミル——ヴィクトリア時代のアソシエーション論」は、社会改良と労働運動の時代でもあるヴィクトリア時代において、オウエンの影に隠れて十分議論されてこなかったウィリアム・トンプソンに焦点を当てた論考である。相互協働に基づくコミュニティを構想するトンプソンのアソシエーション論を基軸に、オウエン、ミル、そしてマルクスらの改革への指向の違いを比較検討しており、知性史的側面とは異なるこの時代の社会状況の重要な一面が描出されている。また、分配問題を扱うなど、わが国で忘れられつつある社会主義的な関心に溢れた章といえる。

第6章、矢島杜夫「J.S.ミルとS.スマイルズ——ヴィクトリア時代の思潮」は、主としてミルの『自由論』・『功利主義論』とスマイルズの『自助論』・『人格論』を個人の自立と幸福の実現という視点から比較検討している。この作業を通じて、この二人の思想家が単なる著述家やディレッタントなどではなく、いかにヴィクトリア時代の社会状況に直接対峙し、真摯な問題提起を行ったかが示されている。それ故にこそ、明治初期に中村敬宇が二人の著作をそれぞれ『自由之理』『西国立志編』として翻訳することになり、多くの読者を得たことが著者により示唆されている。

第7章、大久保正健「ジョン・スチュアート・ミルと直観主義形而上学」は、ヴィクトリア時代哲学の文脈の中でミルの認識論の特色と意義を検討したものである。具体的には、『論理学体系』において認識論の基礎を打ち立てたミルが、なぜ直観（直覚）主義的認識論を批判の主たる対象にしなければならなかったのかを『ウィリアム・ハミルトン卿の哲学の検討』に即して明らかにしている。著者は、

ミルは超越的な存在が認識不可能である事を示す一方で、それに対峙して心理的経験の上に立つ感覚主義的認識論に踏み出したと結論する。同時代だけでなく現代におけるミルの哲学的な位置を考える際に、極めて示唆的な評価である。

　第8章、水野俊誠「J.S.ミルにおける徳と幸福」は、本書の中では固有のミル哲学研究に属する論考といえる。著者は現代功利主義倫理学において主要な検討課題となっている徳論と幸福論が、ブリテンの19世紀ヴィクトリア時代でも重要であったことを示すことから始める。徳は幸福に資するべきであるとするベンサム、J.ミルに対し、カーライルは徳はそれ自体として求められるべきものと批判した。さらにJ.S.ミルは徳も幸福の一部であると主張した。この議論が現代まで続いていることが詳しく紹介される。そして、現代人が直面している倫理的な諸問題の原型は、既にヴィクトリア時代に現れていたことが著者によって示されるのである。

　第9章、前原直子「J.S.ミルの経済思想における共感と公共性」は、ハーバーマスの提起から久しく、近年わが国でようやく頻繁に議論されるようになった公共性や（岩波講座 哲学〈10〉『社会／公共性の哲学』2009年）や共感論（哲学会編『想像力・共感』有斐閣、2010年）をミルの経済思想の中に見出そうという試みである。スミスやベンサムのsympathy論を道徳的世界・経済的世界・個人的世界の連関の中で整理し、それらの発展としてミルの共感論を人間的成長論にもとづく社会変革論であるとまとめる意欲的な主張が展開されている。

　第10章、朝日譲治「アマルティア・センにおけるJ.S.ミルの評価」は、現代経済学に浸透した功利主義を哲学・倫理学からラディカルに批判しているセンの議論を、ミルとの関連において分析した論考である。著者は、ミル『功利主義論』・『自由論』・『代議政治論』での効用や幸福、自由や討論による統治などの議論が、実はセンによるcapability論や社会選択理論をはじめとした経済学への建設的批判の論拠の源泉となっていると主張する。ヴィクトリア時代のミルの思索が現代にとっても重要であることが、センを通じても示されているわけである。

　現代世界は、各人の好悪にかかわらずグローバル・スタンダードという名のアングロ・アメリカ的スタイルによって抗いがたく覆われつつある。そうであればこそ、ヴィクトリア時代について、「この時代に育まれた文化は、21世紀の現代にさえ、大きな意味と強い影響力を持ちつづけています」（井野瀬久美恵「ヴィクトリア朝研究の新しい地平をめざして」『ヴィクトリア朝文化研究学会　Newsletter』No.11、2012年5月、1頁）という言葉は、良くも悪くも相当のリアリティを持って響くのである。本書の出版の意義もこの辺りにあると考える次第である。

なお、本書では'Victorian era/age'を「ヴィクトリア朝」とするのは限りなく誤訳に近いと考え、「ヴィクトリア時代／ヴィクトリア期」と記すことにした。また、欧米の人名や地名のカタカナ表記については、各執筆者の考えや各領域・分野の慣例などに配慮し、複数の表記を残した（例：コールリッジ／コウルリッジ）。また、功利主義やミルの評価について、執筆者たちが統一した見解を持っているわけではない。

最後に、本書の原稿整理や索引作成に尽力した私の研究室・秘書の松崎めぐみさん、企画・編集過程で私へのさまざまな示唆やアドヴァイスを惜しまなかった泉谷周三郎、大久保正健、深貝保則の各氏に感謝の意を表します。本書の出版のための仲介の労を執って頂いた寺中平治先生、学術出版が困難な状況下で企画を快く受け入れて頂いた高橋考三和書籍社長、遅れがちな校正に辛抱強くお付き合い頂いた下村幸一編集長の各氏にもこの場を借りて御礼いたします。（有江大介）

各章で使われたトロント版の『J.S.ミル著作集』(*Collected Works of John Stuart Mill*, 33 vols, eds. F. E. L. Priestley and J. M. Robson, Toronto and London: University of Toronto Press, 1963-1991) 所収の論考については、各章末のビブリオではなくここで一括して巻号の若い順に紹介する。また、本文中ではたとえば (*CWX*: ■/■頁) のようにローマ数字で巻数を、アラビア数字で引用ページを略記した（翻訳のある場合はスラッシュの後に頁をつけて当該箇所を表記）。

- *Autobiography* (1873), I: 1-290, 朱牟田夏雄訳『ミル自伝』岩波文庫、1960年。山下重一訳注『評注ミル自伝』お茶の水書房、2003年。
- 'Poetry and Its Varieties'(1833), I: 341-365. Republished from 'What is poetry?' and 'Two Kinds of Poetry' in *Monthly Repository* 1833.
- *Principle of Political Economy: With some of their Applications to Social Philosophy* (1848), II-III. 末永茂喜訳『経済学原理』（全5冊）岩波書店、1959-1963年。
- 'The Corn Laws' (1825), IV: 45-70.
- 'The Claims of Labour', (1845), IV: 363-389.
- 'Reorganization of the Reform Party' (1839), VI: 465-495. 山下重一訳「革新政党の再編成」『國學院法学』27(3)、1990年、93-132頁。
- *System of Logic, Raciocinative and Inductive: Being a Connected View of the Principle of Evidence and the Methods of Scientific Investigation* (1843), VII and VIII. 大関将一・小林篤郎訳『論理学体系』全6巻、春秋社、1949-1959年。

- 'Remarks on Bentham's Philosophy' (1833), X: 3-18. 泉谷周三郎訳「ベンサムの哲学」『初期著作集4』*所収。
- *An Examination of Sir William Hamilton's Philosophy* (1865), IX.
- 'Sedgwick's Discourse' (1835), X: 31-74. 柏経學訳「コールリッジ論」『初期著作集4』所収。
- 'Bentham' (1838), X: 75-115. 泉谷周三郎訳「ベンサム論」『初期著作集2』所収。
- 'Coleridge' (1840), X: 117-163. 同上訳「コールリッジ論」『初期著作集4』所収。
- 'Utilitarianism' (1861), X: 203-259, 川名雄一郎・山本圭一郎訳『功利主義論集』京都大学学術出版会、2010年所収。
- 'Nature' (1854), in *Three Essays on Religion* (1874), X: 373-402.「自然」大久保正健訳『宗教をめぐる三つのエッセイ』勁草書房、2011年、所収。
- *The Earlier Letters of John Stuart Mill*, 1812-1848, XII-XIII.
- 'Lewis's Remarks on the Use and Abuse of Political Terms' (1832); 'Use and Abuse of Political Economy' (1832), XVIII: 1-13. 山下重一訳「ルーイス『政治的用語の効用と弊害』書評」『國學院法学』29(4), 1992年、53-2頁。
- *Consideration on Representative Government* (1861), XIX. 水田洋訳『代議制統治論』岩波書店、1997年。
- *On Liberty* (1859), XVIII: 213-310, 塩尻公明・木村健康訳『自由論』岩波書店、1971年。
- 'Vindication of the French Revolution of February 1848' (1849), XX: 317-363.
- *The Subjection of Women* (1869), XXI: 259-348. 大内兵衛・大内節子訳『女性の解放』岩波書店、1957年。
- 'The Spirit of the Age 1-6' (1831), XXII: 227-316. 山下重一訳「時代の精神」『初期著作集2』所収。
- 'Puseyism' (1842), XXIV: 811-822.
- 'Cooperation: Intended Speech' (1825), XXVI: 308-313.
- 'Cooperation: Closing Speech' (1825), XXVI: 313-325.
- 'Perfectibility' (1828), XXVI: 428-433. 泉谷周三郎訳「完成可能性」『初期著作集1』所収。
- 'James Mill's *Analysis of the Phenomena of the Human Mind*' (1869), XXXI: 93-253.
- *Additional Letters of John Stuart Mill*, XXXII.

＊杉原四郎・山下重一編訳『ミル初期著作集』1－4、お茶の水書房、1979-1997年。

目次

第1章 J.S.ミルとロマン主義
──ワーズワス、コールリッジ、カーライルとの関わり　1

［泉谷　周三郎］

- I　ミルとワーズワスとの出会い ……… 2
- II　ロマン主義と個人主義 ……… 4
- III　イギリス・ロマン主義と『抒情歌謡集』 ……… 8
- IV　貴重な交友と「時代の精神」 ……… 10
- V　カーライル（1795-1881）との出会いと「現代の徴候」 ……… 15
- VI　ミルの「ベンサム論」と「コールリッジ論」 ……… 17
- VII　おわりに ……… 21

第2章 ヴィクトリア期の時代思潮における中世主義と古典主義　25

［深貝　保則］

- I　無意識のライバル：はじめに ……… 26
- II　中世への志向：社会評論と絵画を主な舞台として ……… 27
  - 1　意識過剰の苦悩から「仕事」の発見へ：T.カーライルとJ.ラスキン　27
  - 2　ラファエル前派における「中世主義」：W.モリスとE.バーン＝ジョーンズ　29
- III　ギリシア史論に現われた古典古代への志向：W.ミトフォードとG.グロート ……… 36
- IV　ヘブライズムとヘレニズム：M.アーノルドをむすびとして ……… 40

第3章 イングリッシュ・ユニテリアニズムとヴィクトリア時代思想 49

［舩木　惠子］

- I　はじめに 50
- II　イングランドにおけるユニテリアン形成史 51
    - 1　イングリッシュ・ユニテリアニズムの源泉　51
    - 2　プリーストリーの『自然宗教と啓示宗教の原理』　56
- III　J.S.ミルとプリーストリーの自然観 59
- IV　ハリエット・マーティーノゥとメアリー・カーペンター 63
- V　おわりに 67

第4章 J.H.ニューマンの知識論
──ヴィクトリア時代の信仰と科学 73

［有江　大介］

- I　はじめに 74
- II　ミルから見たオクスフォード運動 75
- III　ニューマンの知識論：信仰と科学 77
    - 1　宗教的知識と科学的知識　77
    - 2　蓋然性とその超克への途　79
    - 3　『承認の原理』：了解・推論・直観・確信　83
- IV　おわりに：ヴィクトリア時代の知的環境とニューマン 89

第5章 オウエン、トンプソン、J.S.ミル
──ヴィクトリア時代のアソシエーション論 97

［安井　俊一］

- I　はじめに 98
- II　オウエンとトンプソンのアソシエーション論 98

III	ミルのオウエン主義批判——社会主義論の萌芽	107
IV	オウエン主義とミル	110
V	おわりに	112

第6章 J.S.ミルとS.スマイルズ
——ヴィクトリア時代の思潮　119

[矢島　杜夫]

I	ミルとスマイルズの時代	120
II	意志の自由と自立	122
III	人格の形成と人間幸福	126
IV	ミルとスマイルズの社会問題	131
V	中村敬宇による翻訳と明治日本	134

第7章 ジョン・スチュアート・ミルと直観主義形而上学　137

[大久保　正健]

I	はじめに	138
II	スコットランド哲学	141
	1　ジョン・ロックの新哲学　141	
	2　観念論の深化　144	
	3　リードの自然的実在論　146	
III	人間知識の相対性	148
	1　「無条件存在の哲学」　148	
	2　絶対者を認識すること　151	
IV	感覚主義認識論	154
	1　ジェイムズ・ミルの『人間精神現象の分析』　154	
	2　「感覚の恒常的な可能性」　158	
V	おわりに	159

第8章 J.S.ミルにおける徳と幸福　163

[水野　俊誠]

- I　はじめに　164
- II　徳とは何か　165
- III　幸福の手段としての徳／一部としての徳　167
- IV　徳の快楽　173
- V　拡張された快楽主義　181
- VI　おわりに　182

第9章 J.S.ミルの経済思想における共感と公共性　187

[前原　直子]

- I　はじめに　188
- II　J.S.ミル共感論の基本概念　191
    1. 「共感」の基本概念と道徳哲学における公共性　191
    2. アダム・スミス、J.ベンサムの共感論とミル共感論　192
- III　J.S.ミルの共感原理　193
    1. 『自由論』における〈人間相互間の感情是認としての共感〉　193
    2. 『自由論』における〈「同胞感情」としての共感〉　196
    3. 『功利主義論』における〈「同胞感情」としての共感〉　198
    4. 〈利他的感情（＝公共心）としての共感〉　199
- IV　J.S.ミルの経済思想における共感と公共性　202
    1. 〈知的道徳的美的エリート〉への共感と社会変革論　202
    2. 〈利己心の体系＝人間的成長の体系〉における共感と株式会社論・経営組織論　203
    3. 〈公共心の体系＝人間愛の体系〉における共感とアソシエーション論　205
- V　おわりに　209

第10章 アマルティア・センにおける J.S. ミルの評価

［朝日　譲治］

- I　はじめに ……………………………………………………………………216
- II　センの研究の足跡 …………………………………………………………217
    - 1　センの生い立ちと教育　217
    - 2　研究者としてのセン　218
    - 3　学際的講義と研究者たちとの交流　219
- III　センによる現代経済学の建設的批判 ……………………………………220
    - 1　現代経済学の現状　220
    - 2　「定型化された功利主義」批判　221
    - 3　個人と他者　223
        - (1)「よい暮らし」と「アドバンテージ」　223
        - (2)「共感」と「コミットメント」　224
    - 4　功利主義的人間観とセン　224
    - 5　経済学と倫理学　225
- IV　社会選択理論と J.S. ミルの自由 …………………………………………226
    - 1　アロウの不可能性定理　227
    - 2　センの社会選択理論　227
    - 3　自由とセン　229
- V　ケイパビリティの理論とその応用 ………………………………………231
    - 1　ケイパビリティの萌芽　231
    - 2　ケイパビリティと自由　232
- VI　センと J.S. ミルの政治体制 ………………………………………………233
- VII　おわりに ……………………………………………………………………234

人名索引 ……………240
事項索引 ……………244
執筆者紹介 …………249

第1章

J.S. ミルとロマン主義
——ワーズワス、コールリッジ、カーライルとの関わり*

泉谷　周三郎

　　Ⅰ　ミルとワーズワスとの出会い
　　Ⅱ　ロマン主義と個人主義
　　Ⅲ　イギリス・ロマン主義と『抒情歌謡集』
　　Ⅳ　貴重な交友と「時代の精神」
　　Ⅴ　カーライル（1795-1881）との出会いと
　　　　「現代の徴候」
　　Ⅵ　ミルの「ベンサム論」と「コールリッジ論」
　　Ⅶ　おわりに

I　ミルとワーズワスとの出会い

　ジョン・ステュアート・ミル（John Stuart Mill: 1806-73）は、1820年5月から翌年7月まで、フランスに移住していたベンサムの弟サミュエル・ベンサムのもとで、家庭教師から、フランス語、論理学、経済学などを学ぶとともに、ダンス、フェンシング、音楽などのレッスンを受けたり、モンペリエ大学の公開講座に出席したりした。1820年8月20日からはベンサム一家と共に50日にわたるピレネー旅行に参加して、山々の雄大さに感動すると同時に、登山や植物採集を楽しんだ。

　1821年7月にイギリスに帰国し、再び父ジェイムズ・ミル（James Mill: 1773-1836）の下での勉強が始まった。この頃父からE.デュモン（Étienne Dumont: 1759-1829）編の『民法と刑法の立法理論』を手渡され、読むようにと指示された。ミルは、この書を読んで、ベンサムが「功利性の原理」に基づいて人間の意見と制度はいかにあるべきかを論じ、完全な立法によって私利と公益との調和を図ろうとする彼の構想に感激し、「世界の改革者になろう」と決意し、ベンサム主義の若き闘士として活躍し始めた。また1823年5月、東インド会社に入社し、父直属の書記となった。翌年には哲学的急進派の機関誌『ウェストミンスター・レヴュー』が創刊された。彼は、1824年末頃、ベンサムから『訴訟証拠の理論』の原稿を渡され、これらを整理し脱漏した箇所を補い、5巻の大著にまとめるように依頼され、この仕事に多くの時間が費やされることになった。

　1826年の秋、ミルは、突然神経が鈍くなったような状態に陥り、楽しみも快適な刺激も感じられなくなった。彼が「精神の危機」と呼ぶこの時期に、従来の生き甲斐が崩壊したときのことを、『自伝』（Autobiography 1973: CWI）では、次のように述べている。

　「このような心境になったときに、私は『あなたの人生の目的がすべて実現し、あなたが切望している制度や思想の変革がすべて今直ちに完全に実現することができたと考えてみよ。このことは、あなたには大きな喜びを与えるであろうか』と直接に自分自身に問いかけてみたくなった。そして、抑えがたい自己意識は、はっきり『否』と答えた。この瞬間、私は、意気沮喪し、私の生活がその上に築かれていたすべての基礎が崩れ去ってしまった」（CWI: 139/204頁）。[1]

ミルは、この憂愁状態が自然に晴れるのではないかと期待したが、晴れることはなかった。愛読書を読み返したり、偉大な人物のことを回想したりしたが無駄であった。このような憂愁状態で生き続けることができるだろうかとしばしば自問して、一年以上は無理だろうと考えていた。ところが、半年もたたないうちに、フランスの劇作家J.F.マルモンテル（1723-99）の『回想記』を読んでいたときに、彼の父の死に直面して、まだほんの子供であったマルモンテルが突然父の代わりになって家族のために何でもしようと決意した場面に出会った。ミルは、この光景を眼の当たりに見たような気になり、涙を流した。この瞬間から彼の重荷が軽くなり、すべての感情が死滅してしまったという重苦しい思いが消滅してしまった。その後何度かの逆戻りがあったが、かつてのような憂愁状態に陥ることはなかった。

　さらにミルの精神の回復にとって決定的なことは、1828年の秋にウィリアム・ワーズワス（William Wordsworth: 1770-1850）の詩を初めて読んだことである。ミルがワーズワスの詩を読んだのは、最初は精神的な救いを期待したからではなく、好奇心からであった。失意の状態にあったとき、ジョージ・ゴードン・バイロン（George Gordon Byron: 1788-1824）の詩集がなんらかの感情を高揚してくれるのではないかと期待して通読したが、得るものは何もなかった。ところが、ワーズワスの1815年に刊行された2冊本の『詩集』を読んだとき、ミルの精神的欲求に一致するものを多く見出して感動したのである。『自伝』の中で、そのときの感動が、次のように述べられている。

　「これらの詩は、私の快い感受性の中で最も強力なものの一つであった田園風景と自然美の好みに強く訴えた。私は、私の人生の喜びの多くについて、このような好みの恩恵を受けていただけでなく、このときの直前に憂愁状態が最も長くぶり返したときにも、そのおかげで救われたのである」（*CWI*: 151/214頁）。

　「ワーズワスの詩を私の精神の特効薬としたのは、彼が外的な美だけでなく、その美に触発された感情とその感情に彩られた思想の状態を表現していたからである。それこそ私が求めていた感情の陶冶 [culture of the feelings] そのもののように思われた。私は、彼の詩を読んで、万人によって共有されることができる共感と想像の喜びを汲み出す思いに浸された」（*CWI*/同上）。

　ミルによると、この時期の経験は、彼の意見と性格に二つのきわめて顕著な影響

を与えた。第1には、ミルの幸福観が大きく変化したことである。快楽主義の逆説、すなわち、幸福を唯一の目的として追求するとき、われわれはそれを逸するが、幸福ないし快楽とは別のものを熱心に追求するときに、行きずりに達成される、ということに気づき、従来の行動原理とは異なる人生理論を採用するようになったことである。彼の「幸福が行為のすべての規則の基準であり人生の目的である」という信念は、いささかも動揺することはなかったが、このような目的は、幸福を直接の目的としないことによって初めて達成されると考えるようになった。第2には、ミルは、ワーズワスの詩を通じて、個人の内面的陶冶が人間の幸福にとってきわめて重要であることを認識したことである。今や受動的感受性も能動的な諸能力と同様に陶冶する必要があり、道徳感情の陶冶を彼の倫理的な信条の核心とみなすようになった。

II ロマン主義と個人主義

「ロマン主義」という言葉は、数多くのことに適用されるが、ここでは、主として18世紀後半から19世紀前半にかけて、先行した古典主義や啓蒙的合理主義に対する反動として全ヨーロッパに起こった文学、芸術、思想の運動を意味することにしたい。

アイザイア・バーリンは、『ロマン主義講義』(1965) において (Berlin 1999)、ロマン主義運動はどこに発祥地をもつかと問い、それは、イギリスでもフランスでもなく、大部分はドイツに生じたことであるとし、ロマン主義のルーツをドイツの敬虔主義 [pietism] の運動に見出している。ラヴジョイは、バーリンのこの解釈に反対して、ロマン主義の起源については、それぞれの解釈に基づいてカントやルソーをその父とみなすこと、あるいはプラトンを最初の偉大なロマン主義者と解釈することも可能であると主張した (Lovejoy 1948: 229/179-180頁)。またラヴジョイは、主著『存在の大いなる連鎖』(Lovejoy 1936) において、すべての存在は、充満 [plenitude] の原理と連続の原理 [continuity] の原理にしたがって、最高位より最低位まで、つまり神、天使、人間、動物、植物、無生物の順で連続して存在の階梯を形成しているとし、この観念の発生、展開、消滅をヨーロッパの歴史の中でたどっている。啓蒙時代のほとんどの思想領域において、支配的な仮説として「理性は、あらゆる人間にあって同様で、万人に同程度に所持されているということ、

この共通の理性が人生を導くべきものである」(1936 288/306頁) という見解が強調されていた。ところが、18世紀後半になると、「存在の連鎖」という考えは、生物学などの発達により原理的に疑問視されるようになり、また生産力の増大により産業や貿易が盛んになり、中産階級が勢力をもつようになって貴族階級と対立するようになると、社会情勢の面からも通用しなくなる。これに変わって「個人主義」の立場が主張されるようになった。ラヴジョイは、多様性を重んじてロマン主義を主張した思想家としてF.シュレーゲルとノヴァーリスをあげ、初期ロマン派の機関誌『アテネウム』(1798-1800) において、次のような文章を引用している。

　「雑誌『アテネウム』の中でシュレーゲルは書いている。『人間の中で独自で永遠なものは、まさに個性 [Individuality] である。……この個性を、自分の最高の使命として深め発達させることが神的な自己主義 [a divine egoism] というものであろう』。ノヴァーリスは、『詩が個性的で、地方的で、独特で、それ自身の時代のものであればあるほど、その詩は詩の中心部に位置する』と宣言した。明らかにこれは、新古典主義の美学説の根本原理の反対の極をなすものであった。ロマン主義の理想をこのように解釈すると、第1のそして偉大な戒律は『自己自身であれ、すなわち独特であれ』[Be yourself, which is to say, be unique!] である」(Lovejoy 1936: 307/325頁)。

　また L.R.ファーストは、『ヨーロッパ・ロマン主義』において (Furst 1969)、18世紀末から19世紀前半のイギリス、フランス、ドイツでは、これらの国の文学は、異なった言語で書かれていたが、血縁的類似性 [family likeness] をもっていたとし、この観点からイギリス、フランス、ドイツにおけるロマン主義の発生と展開を解明している。そしてロマン主義の特徴として個人主義 [individualism]、想像力 [imagination]、感情 [feeling] の強調をあげ、これらを物差しとしてイギリス、フランス、ドイツのロマン主義を比較し、三国のロマン主義運動の相互関係を考察している。ここでの想像力は、「想像力は装飾を行なうための道具」であるとする18世紀の合理主義的な考え方とは異なり、想像力の機能として「統合的な」力、「媒介的な」力、「修正的な」力をあげ、「絶対的価値を魂によって知覚するための器官」と考えられている。ファーストによれば、合理主義の考え方が芸術に適用されたとき、文学における不変の「規則」を墨守するかたくなな態度が生まれた。この教条主義は、18世紀中に最初は控えめに疑問を呈せられ、やがて激しく排斥さ

れた。ロマン主義の運動は、従来の合理主義、伝統主義、形式的な調和といった新古典主義の理想に代わって、個人主義、想像力、感情を指導原理として展開された。ファーストは、イギリス、フランス、ドイツのロマン主義の特徴を、次のように述べている。

「イギリス・ロマン主義は抒情詩［lyric poetry］にすぐれ、フランス・ロマン主義は堅固な新古典主義演劇に戦いを挑むため演劇［drama］に集中し、ドイツ・ロマン主義の超越的な憧憬は、夢に似た物語［narrative］に最適の伝達手段を見出した。この違いはそれ自体、はるかに根深い相違の一つの徴候にすぎない。……イギリス・ロマン主義は、固有の伝統に反抗するのではなく、その中から有機的に生まれでたものであるため、いちばん生き生きし、自由で、自意識がなく、体系化の度合いが低い」(Furst 1969: 51-52/51頁)。

またバジル・ウィリーは、『19世紀イギリス思想』の中で、カーライルとコールリッジがロマン主義の運動において果たした役割を、次のように指摘している。

「ロマン主義の運動が、理性の時代の浅薄な皮相性を拒否し、現実への、また過去と現在の関係への深い豊かな洞察を呼びさまし、真の想像力と信仰を認識させることであったとすれば、カーライルの仕事は、この運動の力強い継承であったと見なすことができよう。同じ力がコールリッジをユニテリアン主義から英国国教会主義へと導き、ニューマンを英国国教会からローマ・カトリックへと導いたのであった」(Willey 1968: 107-108/119頁)。

イギリスにおけるロマン主義を論ずるときに、その前提として二つの革命、すなわち産業革命とフランス革命を考慮することが必要である。イギリスの産業革命とは、18世紀後半から1840年頃まで続いたもので、生産の作業過程が人力・畜力によって担われてきた手工業段階から機械の動力を使う工場制生産へ移行したことである。この革命は、人々がその動きに気づかないほど、ゆっくり、しかも広範囲にわたる技術革新と工場制度の普及に基づく「工業化」の始まりの過程であった。近年、産業革命は、「革命的」な出来事ではないとし、「伝統的な産業の諸技術・諸形態が継続する状況の中で、部分的かつ漸進的に生起した変化でしかない」とみなす解釈もある (村岡 1996: 78頁)。

産業革命の進展により、人間が個別的な生き方を可能にする社会が出現すると共に、「存在の連鎖」という宇宙観、すなわち、デカルトやニュートンによって確立された機械論的宇宙観が崩壊し始め、それに代わって世界を生命をもった有機体とみなす有機体論的宇宙観が登場してくる。ワーズワスは、自然を生命をもった有機的存在として捉えている。すべてのロマン派の詩人たちは、自然を有機的統一体として捉える点で共通している。またアメリカの「独立宣言」やフランスの「人権宣言」などにより、人間が平等であるという意識が強まるにつれ、知識人は自己の立つべき根拠を模索するようになった。1800年頃、自伝［autobiography］という語が英語に登場するようになり、その後、他のヨーロッパ諸国に広まった（大友義勝 2002: 51-81頁）。代表的な自伝として、エドワード・ギボン『自伝』(1796)、ワーズワス『序曲』(1805)、ゲーテ『詩と真実』(1807)、コールリッジ『文学的自伝』(1817)、ド・クインシー『阿片常用者の告白』(1821)、カーライル『衣服の哲学』(1838) ロバート・オーエン『自伝』(1857-58)、J.S.ミル『自伝』(1873) などがあげられる。

　もう一つの革命とは、1789年7月に勃発した「フランス革命」[2]である。一般にイギリス人はフランスに強い関心を抱いていたので、フランス革命は、イギリスの知識人に大きな衝撃を与えた。1789年7月、民衆がバスティーユ牢獄を占拠することによりフランス革命が始まった。1792年、王政が廃止された。1793年1月、ルイ16世が処刑された。9月、モンターニュ派は、公安委員会による革命独裁体制という強硬路線を選択した。これがいわゆる「恐怖政治」と呼ばれる体制であった。1794年10月には粛正の対象となることを恐れた議員たちがロベスピエールらを逮捕し、正式な裁判にかけることなく断頭台に送った。1795年10月、新憲法に基づいて総裁政府が成立した。この憲法はフランスで初めて実施された共和政の憲法であった。1799年、第2次対仏大同盟が結成され、フランスは新たな危機に直面した。ナポレオンは、11月9日に軍事クーデタを敢行し、第1統領の座につき、「革命は終わった」と宣言した。

　フランス革命は、主権在民の思想を前提として、王政や貴族制度などのすべての「旧制度」を一掃したので、ヨーロッパ全体を揺るがす大事件であった。それはイギリスの各界に大きな衝撃を与えた。1789年11月、プライスは、ロンドン革命協会の会合にて「祖国愛について」という主題で説教し、名誉革命を高く評価しながら、宗教的寛容や代議制度についてはいっそうの改革を進めるべきだと主張した。この講演をきっかけにしてイギリスではフランス革命をめぐって激しい論戦が展開

されることになった。またフランス革命を抑圧からの解放として賞賛したのが、ロマン派の第一世代の詩人たち、ブレイク（32歳）、ワーズワス（19歳）、コールリッジ（17歳）であった（松島 2010: 3頁）。

Ⅲ　イギリス・ロマン主義と『抒情歌謡集』

　一般にイギリス・ロマン主義は、いつ始まり、いつ終わるかという問いは、ロマン主義という言葉をどのように解釈し、どの詩人や社会問題を重視するかによって、その回答が異なってくる。ここではフランス革命が勃発し、ブレイクの『無垢の歌』が制作された1789年から、第1次選挙法改正法案が議会を通過し、ウォルター・スコットが没した1832年までの約40年間を、イギリス・ロマン主義の時代と捉えることにしたい[3]。1798年10月、ワーズワスとサミュエル・テイラー・コールリッジ（Samuel Taylor Coleridge: 1772-1834）の共著である『抒情歌謡集』[*Lyrical Ballads*]が匿名で出版された（Wordsworth and Coleridge 1798）。この詩集は、その題名が「抒情性」を強調し、「バラッド」という素朴な民衆詩への共感を示しており、ロマン主義文学の到来を告げるものであった。この詩集には、「ティンターン修道院上流数マイルの地で」を含めて、ワーズワスの詩が19編、「老水夫の歌」を含めて、コールリッジの詩が4編掲載されていた。

　文壇では、『抒情歌謡集』をどう評価するかでとまどっており、その評価はさまざまであった。ワーズワスは、この詩集が売れない主な原因は、コールリッジの「老水夫の歌」を巻頭に置いたためであると考え、1801年に出版された第2版では、詩の配列を大幅に変えて、「老水夫の歌」を最後から2番目に置き、さらに長文の「序文」を書いて、本書の意義を読者に訴えた。この序文がロマン派の宣言（manifesto）と目される一文である。

　ワーズワスは、詩の題材に田舎の生活を選び、田舎の人々の実際の言葉を模倣し、できるだけ採用しようとした。彼がこのような題材と言葉を採用したのは、人間が感動状態にあるときの観念の連想の仕方に見られる人間性の根本法則をたどることによって、それらの出来事を興味深いものにするためであった。田舎の人々は、社交場の虚栄心に動かされずに、彼らの感情や考えを素朴で飾りのない表現で表すからである。彼は、「すぐれた詩はすべて力強い感情がおのずから溢れ出たものである［all good poetry is the spontaneous overflow of powerful feelings］」

(Wordsworth and Coleridge 1798: 246/238頁）と彼の詩論の根幹を表明する。またこの詩集では、抽象観念の擬人法やいわゆる詩語［poetic diction］が用いられていない。その理由はワーズワスが詩人の言葉を一般の人々の言葉に近づけたかったからであろう。この後で、彼は詩作の原理を、次のように述べている。

「私は、詩とは力強い感情がおのずから溢れ出たものだと言った。詩は静かな気持ちでいるときに［tranquillity］回想された情緒［emotion］に起源する。その情緒は瞑想され、やがて一種の反動［reaction］により、静かさは次第に消えて、前に瞑想［contemplation］の対象であった情緒に類似した情緒が次第に作られ、心の中に実際に存在するようになる」(*Ibid.*: 266/245頁)。[4]

ワーズワスによれば、すぐれた詩はすべて力強い感情がおのずから溢れ出たものであるが、なんらかの価値ある詩は、どんな題材のものであっても、必ずや並々ならぬ生得の感受性に恵まれた上に、長く深く考えた人間によって生み出されるものである。ワーズワスの独特の自然観を最もよく示している作品が、「ティンターン修道院上流数マイルの地で」である（山内 2006: 52-69頁）。この詩の冒頭の部分を引用する。

  過ぎ去った五年の月日──五たびの夏が過ぎ去った、
  五たびの長い冬もろともに。そして再び聴く
  この川の音、それは山奥の泉から流れ出し
  内陸の柔らかな囁きとなって流れる。再びまた
  目に映るこれらの高くそそり立つ断崖、
  これらの断崖は自然のままの隔絶した景色に
  より深い隔絶感を刻みつけ、風景を
  空の静寂に結び合わせる。
  (同上: 53頁)

この詩は、1798年7月、妹のドロシーと一緒に、5年ぶりに再訪したティンターン修道院から上流数マイルの地で作られたもので、ワーズワスは、周辺の静まりかえった風景が、5年間にわたって自分の心労を癒してくれたことに感謝するとともに、昔と今では自然に対する自分の態度が異なり、素朴で感覚的であった幼少期や

無思慮な青年期とは違って、現在では、自然のうちに、感情的な喜びだけでなく、「はるかに深く浸透した何ものかに対する崇高な感覚」が加わって円熟した思想的な喜びを感じるようになったことを告げて、自然に対する愛の深まりを歌い上げている。ワーズワスにとって、自然とは、外界に客観的実在として単に存在するものではなくて、生命をもった有機的存在である。彼は、ある美しい景色を見て、その景色をあるがままに描写しているのではなくて、ある時間が過ぎてから、その原体験を静かに回想して、改めてその景色が彼の心にどのような変化をもたらしたかを見つめ、その時の感動を再生して詩に表現するのである。したがって、ワーズワスは、外的自然をあるがままに描写しているのではなく、その自然に刺激された感情やその感情によって色づけられた気分を歌っているのである。言い換えれば、自然と自分の精神との相互作用を想像力によって再生して表現しているのである。

Ⅳ　貴重な交友と「時代の精神」

　19世紀前半のイギリスにおいて、功利主義と福音主義という二つの勢力の活動と両者の関係がどのようなものであったかを説明することが必要である。フランスの思想史家エリ・アレヴィ（1870-1937）は、ベンサム研究の最高峰と評される『哲学的急進主義の成立』（1901-4）において、ジェレミイ・ベンサム（Jaremy Bentham: 1748-1832）の功利主義の論理を詳細に解析した（永井 1996: 196-197頁）。彼は、功利主義と福音主義との関係について、『1815年におけるイギリス国民の歴史』（1924）の中で次のように述べている。

　　「功利主義と福音主義という二つの勢力の活動は、連続していたのか。功利主義は1815年には成長する勢力であり、福音主義は衰退の危機にあったのか。そのような説明は当時の状況の複雑性を曲解している。イギリス社会の根本的パラドックスは、……はっきり言うと、このように敵対する二つの勢力、すなわち、功利主義と福音主義との部分的連結と接合にほかならない」（Halevy 1924: 509）。

　功利主義とは、広義では功利性を一切の価値の原理とする立場を意味するが、ここでは、ベンサム、J.ミル、J.S.ミルによって代表される倫理、政治思想をいう。ベンサムは、『道徳と立法の諸原理序説』（*An Introduction to the Principles of Morals and Legislation,* 1789）において、人間が快楽と苦痛によって支配されているという事実に基づいて、あらゆる行為と制度を「功利性の原理」によって体系的に究明しようとした。さらに「邪悪な利害」にとらわれた議会を改革することが不可欠だと考えた。ここでの功利主義は「ベンサム主義」［Benthamism］とも呼ばれ、1830年から1850年にかけて社会改革において大きな影響力をもった。また福音主義［Evangelicalism］は、広義では英国国教会内の福音主義者からウェスリ派によって統轄される、さまざまな非国教派［Dissenting sects］にいたるプロテスタントの全領域を包含する。狭義では英国国教会内の福音主義者だけをいう。福音主義は、宗教的な勢力として1790年代から1830年代にかけて最も重要であった（Altick 1973: 167/172頁）。功利主義と福音主義は、その知的伝統は全く異なっていたが、しばしば同じ目的に向かって協力し合ったのである。

　ミルは、1828年にロンドン討論協会での論争を通じて、コールリッジ主義者であるジョン・スターリング (1806-44) とF・D・モーリス (1805-72) を知るようになった。ミルは、二人からコールリッジの思想を吸収するとともに、とりわけスターリングの人柄に惹かれて厚い交友関係を結ぶようになった。この二人を通じて、コールリッジの「半真理」［half truths］や「対立物の和解」［reconciliation of opposites］といった見解を教えられたことと推測される[5]。またミルは、1828年4月以降、フランスのサン・シモン派の政治思想を、ギュスタヴ・ディシュタール (1804-86) を通じて知るようになり、彼らがすべての歴史を組織的時代と批判的時代に分類したのに大きな感銘を受けた。1829年11月7日のディシュタール宛の手紙は（*CW* XII: 40-43）、ミルがサン・シモン派に魅せられた理由を示している。ミルは、そこでサン・シモン派の人々が精神力［*pouvoir spirituel*］の必要性を説いていることを高く評価するとともに、誤りではない半面の真理が人間の改良を破滅させることがあるから、敵対する意見をもつ人を頭から批判することをやめて、それらの意見の内にある良いものに注目して、それを通じてさらに良いものに導くように努めなければならないとし、これを「実践的折衷主義」［practical eclecticism］と呼んで、これに共鳴している（小泉 1997: 58-60頁）。

　またミルは、当時はサン・シモンの弟子と自称していたオーギュスト・コント (1798-1857) の『社会再組織に必要な科学的作業のプラン』(1822) を読んで、彼の「三段階の法則」、すなわち、人間精神の性質そのものによって、人間の知識のあらゆる部門には三段階の自然的な継起があり、それは、第一が神学的、次が形而上学的、最後が実証的という三つの段階を経て進歩するという主張に感銘した。キ

リスト教の歴史観では、アダムとエバがエデンの園を追われてから、人類は罪の道を歩んできたとみなす堕落の観念が貫かれていた。それに対して、コントの「三段階の法則」では、人間の知識のあらゆる部門は、神学的、形而上学的、実証的という三つの段階を経て進歩するという進歩史観であった（清水1970: 14-18頁）。このような理論は、ミルの当時の考え方に科学的な形態を与えるように思われたのである。1829年3月、トマス・バビントン・マコーリ（1800-59）が『エディンバラ・レヴュー』にジェイムズ・ミルの『統治論』（'Government', 1820）を批判する論文を発表した。これをきっかけにしてマコーリと哲学的急進派との間で、論争がくり返された。この論争は、ミルの社会科学方法論に一つの方向を与えることになり、『論理学体系』（*A System of Logic*, 1843: *CW* VII, VIII）の構想につながった。

ユニテリアン派の牧師であるW.J.フォックスを通じて、ミルが薬種卸商ジョン・テイラーの夫人であるハリエット・テイラー（Harriet Taylor: 1807-58）に初めて会ったのは、1830年夏（8月上旬）、テイラー夫妻が自宅にフォックス、ロウバック、グレイアム、H.マーティノーと共に晩餐会に招待されたときであった（Capaldi 2004: 82）。まもなくミルとハリエットは相愛の仲となった。だが、ハリエットは、二人の幼い男の子をもつ人妻であり、しかも翌年7月には女の子（ヘレン）が生まれた。この人妻との恋愛問題は、周囲のゴシップの種となり、テイラー夫妻は、話し合いによって、一時的別居をへた後、ハリエットは従来通り妻としてとどまり、週末にはミルと過ごすようになった。このような取り決めが行われた原因として、ヘレン・ジャコブは（Jacobs 1998: xxxi）、ハリエットがヘレンを身ごもった時期に、夫のジョン・テイラーから梅毒に感染したことが分かったからではないかと、推測している。この複雑な三角関係は、1849年7月にジョン・テイラーが癌で死去するまで続いた。ハリエットは、シェリーの詩の愛好者であったので、最初の数年間はミルに詩的教養を与えた。ミルは、1833年には二つの論文、すなわち、「詩とは何か」（'What is Poetry?', 1833: *CW* I）「二種類の詩」（'The Two Kinds of poetry', 1833: *CW* I）を『マンスリ・レポジトリ』に発表している。ミルとハリエット・テイラーの関係は、単に偉大な思想家と愛人ないし妻といった男女関係にとどまらず、ある主題においては、ハリエットが思想上の権威であったという解釈がなされていて興味深いが、ここでは言及しないことにする。

1830年、フランスで7月革命が勃発した。7月29日、激しい攻防の末、ルーブル宮に三色旗がひるがえった。ドラクロアの「民衆を導く自由の女神」は、「栄光の三日間」の市街戦を描いている。8月、シャルル10世は退位し、ルイ・フイリッ

プが即位した。ミルは、8月にロウバック、ブラー等とともにパリ急行し、9月初めまで滞在してフランスの政局を週刊紙『エグザミナー』で報じた。このときサン・シモン派のバーザルとアンファタンに紹介された。イギリスでは、1830年11月、ウィッグのグレー内閣が成立し、この内閣が翌年3月、提出した選挙法改正法案の審議をめぐって改革派とトーリーとの間で対立が激化していた。ミルは選挙権の拡大を議会の民主化の第一歩とみなし、選挙法の改正を全面的に支持していた。

　ミルの論文「時代の精神」('The Spirit of the Age', 1831; *CW* XXII）は、匿名で1831年1月9日から5月29日までに7回にわたって週刊紙『エグザミナー』に掲載されたものである。ミルがこの論文を執筆する契機となったものとして二つのことがあげられる。一つはフランスで7月革命が勃発し、パリでの三日間の市街戦ののち、ラファイエットがパリ国民衛兵司令官となり、ルイ・フィリップが新国王として認知された。ミルは『エグザミナー』の特派員として革命後のフランスの政局をつぶさに見聞して記事を書いた。このときの体験をふまえて、転換期に関する新しい見解を発表することを望んだと思われる。他の一つは、当時傾倒していたサン・シモン派の影響のもとで、「時代の精神」を解明しようとしたものと推測される。ミルによれば、「時代の精神」という言葉は目新しい表現であって、50年以上前の書物には見出すことができないものである。彼は、この言葉が本質的に変化の時代に属する観念であり、多くの人々にとって関心の的であったことを指摘した上で、次のように述べている。

　「人類は今や自分たちの新しい立場に気がついている。時代は変化に満ちている。すなわち、19世紀は人間精神と人間社会の全構造における歴史上最大の革命の時代として後世の人々に認められるであろうという確信は、すでにほとんど一般的なものになっている。宗教界でさえ、巨大な変化が差し迫っているという予言での新しい解釈に満ち満ちている。人々は今後新しい絆でまとめられ、新しい境界［barriers］で分けられなければならないと感じられている」（*CW* XXII: 228-229/47頁）。

　ミルにとって、現代とはいかなる時代であるか、それは他の時代の精神とどこが違うのかを知ることは、きわめて重要なことであった。というのは、現代についてどのように考え、またどのように考えたいとしても、それから脱れることはできず、その運命を共有しなければならないからである。現代の主要な特徴の第一は過渡期

［an age of transition］ということである。人類は古い諸制度や理論を越えて成長しすぎてしまったが、まだ新しい制度や理論を手に入れていない。ミルは、この過渡期がもたらした重要な帰結の一つを、次のように指摘している。

「人類のその他のすべての条件のもとでは、教養のない人々［the uninstructed］は、教養のある人々に対して信頼感をもっている。過渡期には、教養のある人々の間での分裂が、彼らの権威を無効にしてしまい、教養のない人々は、彼らに対する信頼感を喪失する。大衆［the multitude］は指導者がいない状態にあり、社会は、知識のどの部門も全体として総合的に研究したことがない人々が、知識の特定の部分を自分自身で判断しようとするときに予想されるすべての誤謬と危険にさらされている」(*CW*XXII: 238/56頁)。

人類はこのような状態におかれているが、問題はどのようにしてそれから抜け出すことができるかということである。ミルによると、人々は、新しい理論がまだ現れていないので、最善を尽くして自分で判断を下さなければならない。教養のある人々の意見がいつの日か一致するであろう。だが、このことが起こる前に、現在の社会の仕組みが変えられなければならない。そのためには、世俗的権力が進歩的な人々の手に移行しなければならない。われわれが国家と呼んでいる政治社会は常に二つの状態、すなわち、自然的状態［natural state］と過渡的状態［transitional state］のうちのどちらかの状態にある。ここでミルは、「自然的状態」と「過渡的状態」という語を使用しているが、これらの語は、サン・シモン派の「組織的時代」と「批判的状態」の区別に対応している。ミルによれば、過渡的状態にあるとき、社会は確立した理論がなく安定を欠いており、人々の意見は全くの混沌状態で、不満をもつ人々は世俗的権力を変更しようとする。このようなことは、精神的・社会的革命［a moral and social revolution］が世俗的権力と精神的権力とを最も有能な人々の手に移すまで続くのである。その時に社会は、再び自然的状態に復帰するのである。

「時代の精神」は、ミルがテイラー夫人との関係に苦しみながら、選挙法改正法案の動向を見つめ、サン・シモン派の影響の下に歴史の客観的法則に対する理解を深めて、当時のイギリスが「過渡期」にあることを解明して、ベンサムの哲学的急進主義による社会の全面的改革の必要性を強調している点で、思想形成期におけるきわめて注目に値する論文とみなすことができよう。1832年、ミルは、G.C.ルー

イス（G.C. Lewis: 1806-63）の『政治的用語の効用と弊害』の書評（'Use and Abuse of Political Terms', 1831: *CW*XVIII）において[6]、人間は多くの理念をもっているが、言葉をごくわずかしかもっていない。このことから、第1に、もし著者の主張が理解されるならば、言葉の使用がある程度不正確であっても大目に見なければならない。第2に、異なった理念を伝えるために同じ言葉を使わざるを得ない著者を理解するには、読者の側で熱心に協力することが必要である。ミルは、この書評の最後で「太古以来相互に争ってきたあらゆる半真理［half-truths］を結合して一つの調和的全体にまとめること」（*CW*XVIII: 13/71頁）の重要性を強調している。

V　カーライル (1795-1881) との出会いと「現代の徴候」

　ミルは、『自伝』の中で、［時代の精神］という論文について、現代の特徴を解明し過渡期の不安定性と害悪を指摘しようとしたが、文体が生硬でしかも鋭さを欠いていたとし、若いときの失敗作とみなしていた。彼によると、この論文の唯一の効果は、スコットランドの僻地に住んでいたカーライルがこれを読んで、「新しい神秘主義者がいる」と独り言を言い、1831年秋にロンドンに出てきたときにその執筆者を突き止め、二人の親交の原因になったことである。またミルは、『自伝』で、「カーライルの初期の著作が私の初期の偏狭な信条から視野を拡げさせる影響を与えた水路の一つであった」ことを認めている（*CW*I: 181/232頁）。カーライルがミルを神秘主義者と呼んだのは、ミルが中世のキリスト教に深い関心を表明したところか、あるいは教養のある人々を高く評価し、預言者的な語り口で述べたせいか分からないが、ミルがカーライルを通じてドイツ哲学とゲーテの思想を学んだことは、彼の人生観を豊かなものにしたことは間違いないものと思われる。

　トマス・カーライル（Thomas Carlyle: 1795-1881）は、1809年11月、牧師を志してエディンバラ大学に入ったが、宗教的懐疑により教師になった。だが、教師の仕事も性に合わず、1818年に教職を断念してエディンバラに帰った。生計を立てるために家庭教師や翻訳の仕事に従事しながら、シェイクスピア、ミルトン、ヴォルテールらの著作を読んだ。1822年の夏、3週間の不眠のあと、突然「精神の危機」に襲われた。それは通常カーライルの「回心」［conversion］と呼ばれている[7]。この危機は、『衣服の哲学』では「永遠の否定」として描かれている。この後、カーライルはドイツの文学と哲学に傾倒するようになる。1824年、『シラー伝』

を出版し、ゲーテの翻訳『ヴィルヘルム・マイスターの修業時代』を出版して、多くの読者を得た。1827年に「ドイツ文学の現状」、1828年に「バーンズ」などを公刊した。カーライルは、「時代の徴候」('Signs of the Times', 1829)と「特性論」('Characteristics', 1831)を『エディンバラ・レヴュー』に発表し、社会批評家として活躍し始めた。1830年9月から10月にかけて、『衣服の哲学』を書きはじめた。カーライルは、「時代の徴候」の中で(Carlyle 1829)、当時のイギリス社会の状況を見つめて、あらゆるものが機械化されているとし、次のように述べている。

「イギリスの現代を何らかの別の呼び名で特徴づけようとすると、英雄的、敬虔的、哲学的、道徳的時代ではなくて、なによりも機械的時代と呼びたくなる。現代はその語のあらゆる外的・内的意味において機械の時代［the Mechanical Age］である。……今日では何事も直接的にあるいは手でなされることはない。何事も規則と計算された仕掛け通りになされる」(Carlyle 1829: 59頁)。

カーライルは、1831年秋、「特性論」の執筆に取りかかり、11月頃に書きあげた。ミルは、1834年1月12日のカーライル宛の手紙の中で(*CWXII*: 204-209)、次の二点についての意見の相違を率直に述べている。第1には、ミルは、どんなに聖書を熟読しても、依然として蓋然的な神［probable God］しかもっていないことである。彼によると、創造主の存在は、証拠によって証明される命題ではなく、その証明は絶対的な確実にまで至らない仮説なのである。第2には、ミルは、最大多数の最大幸福を善の基準と考える点で、依然として功利主義者であるということである。

カーライルは、主著『衣服の哲学』[*Sartor Resartus*]を1831年7月に完成し、その出版のためにロンドンを訪れて本屋と交渉したが、この目的を果たすことができなかった。この書は1833年11月から34年8月にわたって『フレイザース・マガジン』に分割して掲載された。だが、読者の関心は好意的ではなかった。R.W.エマソン(Ralph Waldo Emerson: 1803-82)が連載中にこの書を読んで感銘し、『衣服の哲学』は1836年にアメリカで出版された。イギリスでは1837年『フランス革命史』が公刊されて、カーライルの名声が高まった後、1838年にようやく3巻本として出版された。『衣服の哲学』は、「分類も要約も拒む、不思議なロマン主義の傑作」(Le Quesne : 19/37頁)であり、この時代に発表された作品の中で、これほど後世に大きな影響を及ぼした作品は少ないと言えよう。ミルは、『自伝』の中で、『衣服の哲学』の原稿を見せられたとき、とくに何の印象も受けなかったが、2年

後、雑誌に掲載されたときには熱狂的な礼讃と強い喜びの気持ちで読んだ、と述べている。この書の内容については、紙数の制限があり、本論では言及することができない。ミルは、ドイツ＝コールリッジ学説を「18世紀の哲学に対する人間精神の反抗を表している」と述べているが、カーライルも、カザミヤンが指摘するように、コールリッジによって始められたこの仕事を継承していると見なすことができる（カザミヤン 1951: 98頁）。J.S.ミルは、1930年代に多くの思想との遭遇により、ベンサムの人間観の限界を認識するようになり、ある面ではロマン主義に共鳴するようになったが、社会改革の原理としての功利主義を放棄することはなかった。

VI　ミルの「ベンサム論」と「コールリッジ論」

　ミルは、「ベンサムの哲学」（Bentham 1838: *CWX*）では、一方では法律改革者としてのジェレミイ・ベンサム（1748-1832）を讃美しながら、他方では「精神の危機」以来抱き続けてきたベンサムの功利主義に対する不満と批判を表明している。そこではベンサムの欠陥の最大のものとして「他の人々の思想に関する知識と理解との不完全なことは、彼が相手の見解のまぎらわしい影とたえず格闘していて真の本質を論駁しないでいる」（*CWX*: 6/171頁）ことがあげられるとともに、道徳哲学者としてのベンサムに見出される重大な欠陥として「彼は、実際上きわめてしばしば功利性の原理を特定の結果の原理と混同し、しかも特定の種類の行為についての是認や非難の評価を、その行為が一般的に行われたならば生み出すと思われる結果だけの計算から行った」（*Ibid.*/172）ことが指摘されている。この論文は、公然たるベンサム批判が父に知られることを懸念して匿名で公表された。

　「セジウィック論」（'Sedgwick's Discourse', 1835: *CWX*）は、1835年4月『ロンドン・レヴュー』に匿名で掲載された。この論文は、アダム・セジウィック（Adam Sedgwick: 1785-1873）が『ケンブリッジ大学の研究に関する論考』（1833）においてロック（John Lock: 1632-1704）とペイリー（William Paley: 1743-1805）の見解を攻撃したことに対して、ミルが反論すると同時に、ハートリ主義と功利主義を弁護する過程で、従来の哲学的急進主義者とは異なる彼の見解を述べようとしたものである。だが、この試みは半ばは成功したが、彼の父が読むことを考慮してすべてを吐露することはできなかった。セジウィックは、直観主義の立場から道徳感覚が生得的であるとし、ロックの経験論とペイリの神学的功利主義を批判した。とりわけ道徳の

功利主義理論を主張することは、道徳感情の存在を否定することだと主張した。ミルによれば、誰も道徳感情の存在を否定してはいない。問題は、それらの起源と性質はどのようなものであるか、ということである。人間にとって「他人が苦痛を感じているという観念をもつことは、本来苦しいことであり、逆に他人が快楽を感じているという観念をもつことは、本来快いことである。」(CWX: 60/90頁) このようなもって生まれた性質から、人間に対する好意や嫌悪の感情が生じる。それゆえ、道徳感情が生じる源泉は、人間本性のこの非利己的部分に存する。ミルにとって、道徳感情は通常の人間本性から成長し、教育と経験により快楽と苦痛を通じて形成されるものなのである (August 1975: 166-167)。

ミルは、『自伝』の中で「精神の危機」における彼の憂愁状態をよく示すものとして、コールリッジの「失意のオード」と「望みなき仕事」の一部を引用しており、コールリッジの詩を読み返して感銘を受けていたことは疑うことができない。1829年以来、ロンドン討論協会での論争とスターリングやモーリスを通じて、コールリッジの思想をかなり正確に理解していたように思われる。だが、「コールリッジ論」を読む限り、ミルが最も重要視していたのは、コールリッジの社会・政治思想である。またこの時期にミルが政治思想を形成する上で、きわめて大きな影響を受けたのが、フランスのトクヴィル (1805-59) であるが、ここでは主題からずれるので省略したい。

コールリッジ (1772-1834) は、1788年、ケンブリッジに入学し、テューターのフレンド (1755-1834) の影響を受けて、ハートリ (1705-57) の思想に親しんだ。1794年、ロバート・サウジー (Robert Southey: 1774-1843) と知り合い、パンティソクラシー [pantisocracy、一切平等団] という一種の共産制社会を実現する計画をたてた。だが、1795年8月、サウジーが法律家を目指すことになり、この計画は挫折した。1798年9月、コールリッジは、ワーズワス兄妹と同じ船でドイツに向かい、ハンブルクに上陸した。その後ワーズワス兄妹と別れて、ゲッティンゲンなどでドイツの哲学や文学の研究をし、翌年7月に帰国した。1800年7月、持病のリウマチの治療のために使用した阿片による中毒が進むと共に、のちのワーズワス夫人の妹のセアラ・ハッチンソンへの恋愛感情が強まった。1802年10月、「失意のオード」を発表した。この作品は、もともとはセアラ・ハッチンソンへの熱い思いを赤裸々に歌った書簡詩であった。1816年4月、ロンドンのギルマン医師の家に移り、12月『政治家必携の書――聖書』を出版した。1817年7月、『文学的自伝』を、1829年12月、『教会と国家の構成原理』を出版した。

「ベンサム論」(*CWX*) は、ベンサムと父ジェイムズ・ミルの死後に公刊されたので、ミルは、彼の父が読むことを考慮することなく、自分の見解を堂々と述べることができた。そのことは、冒頭の段落で、ベンサムとコールリッジは「現代イギリスの偉大で基本的な思想家［the seminal minds］である」(*CWX*: 77/229頁) という言葉にも示されている。ミルによると、ベンサムは、イギリスの憲法や法律について批判を遂行した「偉大なる破壊的思想家」であった。法哲学から神秘主義を駆逐し、次に法体系の観念やすべての一般的観念に付着している混乱と漠然さを一掃し、法典編纂の必要性と実行可能性を証明した。しかし、人間性と人生に対する彼の概念が狭いために、「人間が精神的完成を一つの目標として追求できる存在である」(*Ibid*. 95/257頁) ことを認めることができなかった。

「コールリッジ論」('Coleridge', 1840: *CWX*) は、ロマン派の偉大な詩人としてのコールリッジの作品を論評したものではなくて、保守的思想家としての彼の社会・政治思想を論じたものである[8]。ミルは、ベンサムを別とすれば、哲学的思索によって自らの行為を導こうとするイギリス人に対して、コールリッジほど深く刻印を残した人物はいないとし、ベンサムと同様に、「既成のものに対する偉大な探究者」であったと高く評価している。コールリッジは、一つの信念が長く存続したということは、その信念が人間の精神の何らかの部分に対してある適合性をもっていた証拠であると考えていた。ミルは、ベンサムとコールリッジをあらゆる点において「相補う補完者」［completing counterpart］であるとし、「誰であれ、両者の前提に精通し、両者の方法を結合しうる人がいるならば、その人こそ現代のイギリスの全哲学を手に入れることになるであろう」(*CWX*: 121/25頁) とまで述べている。また大陸の哲学者たちには以前から認識されていたが、イギリスでは今なお気づいている者がきわめて稀である真理がある。それは精神と社会に関する科学が不完全な現状においては、対立者の思索方法は重要な意味をもつとし、次のように述べている。

「このような対立の必要性に関する明確な洞察こそ、実に哲学的寛容［philosophical tolerance］の唯一の合理的なまた永続的な基盤であり、また思想上の問題における寛大が、異なる意見に対する無関心のていのよい同義語以上の何ものかでありうるための唯一の条件なのである」(*CWX*: 122/27頁)。

ミルによると、偉大な思想家に対する正しい評価は、彼の思想が別の学派によっ

て教育された人々の中に浸透していき、他の真実である思想と首尾一貫するように陶冶されたときにのみ期待することができる。ミルは、ドイツ＝コールリッジ学説［the Germano-Coleridgian doctrine］を18世紀の哲学に対する人間精神の反抗（revolt）と捉え、さらに永続的な政治社会の三つの必要条件を指摘した上で、この学派の特異性と意義を、次のように述べている。

「ドイツ＝コールリッジ学派の特異性は、直接の論争を超えて、この種のあらゆる論争に含まれている基本原理に着目したことである。彼らは、人間社会の存続と発展に関する帰納的な諸法則を体系的に研究した最初の人たちであった。彼らは、われわれが先に列挙した三つの必要条件を、永続的な形態をもっているすべての社会的存在の本質的な原理として、明確に提示した最初の人たちであった。……彼らは、一片の学派擁護論ではなしに、一つの社会哲学を、それが今なお取ることのできる唯一の形式、つまり歴史哲学［a philosophy of history］の形式で生みだしたのである」（CWX: 139/60-61頁）。

またミルは、1834年4月15日のJ.P.ニコル宛の手紙の中で、「コールリッジの教会と国家についての小さな本を読みましたか」と問うた後で、「コールリッジ以上に私の思想と性格に影響を与えた人物はほとんどおりません」と述べながら、それが彼との個人的交流によってではなく、彼の門下生を通じてであることを強調している（CWXII: 221）。ミルは、「コールリッジ論」において、コールリッジの『教会と国家の構成原理』（1830）に基づいて、永続的な政治社会の必要条件や教会や国家のあり方について考察している。これらについての考察は、教会や国家に対するコールリッジの見解を評価するとともに、彼の国教会への厳しい批判を示すことからきわめて重要であるが、ここでは紙数の都合により、割愛することにする。ミルは、「コールリッジ論」においてコールリッジの社会・政治思想のもつ意義を高く評価しているが、人間の知識の源泉と人間の知力が認識できる対象に関しては、イギリス経験論の立場に立つことを、次のように述べている。

「真理はロックおよびベンサムの学派の側にあると、いうことである。……われわれの経験のほかに、また経験自体の類比によってわれわれの経験から推論しうるもののほかに、なおなんらかわれわれの知識の対象となりうるものがあるというようなことに対しては、われわれはなんらの信ずべき根拠を見出さないので

ある」(*CWX*: 128-129/40-41頁)。

Ⅶ　おわりに

　この論文では、18世紀後半以降のイギリスの社会情勢をふまえて、1830年代におけるミルの思想形成において、ミルが3人のロマン主義者との交流の中で何を学び、何を退けてきたかを解明することを試みてきた。第1に、ミルがロマン主義者から学んだものは、人間観の深まり、すなわち、ドイツのロマン主義者が強調した個性論や「自己自身であれ」をふまえて、ワーズワスから学んだ内面的陶冶やカーライルを通じてゲーテの「多面性」［many-sideness、『自伝』224頁］などによって、人間や社会をより深く理解できるようになったことがあげられる。第2に、ミルは、コールリッジから「半真理」［half truths］と「対立物の和解」を学ぶとともに、サン・シモン派やトクヴィルの思想を手がかりにして社会観と歴史観を深め、選挙法改正運動の高まりの中で「あらゆる半真理を結合して一つの調和的な全体にまとめる」という実践的折衷主義の傾向を強めたことが注目される。第3に、ハリエットとの複雑な関係を通じて、男女のあり方を根本から見つめるようになり、「結婚」や「離婚」についての理解を、男女の平等という観点から考察するようになったことである。第4に、ミルは、認識においてはイギリス経験論の立場を継承しながら、実践面では功利主義の基本的立場を堅持して、支配階級である貴族階級と国教会を打倒して、社会改革を実現することを切望していたことがあげられよう。本論文では、ミルの思想とカーライルおよびコールリッジの思想とのかかわりを、思想の内容を詳細に検討して解明することができなかった。これらについては、今後の課題としたい。

　かつてJ.M.ロブソンは、『人類の改善』(1968)において、「ミルに関して多くの研究がなされたけれども、どの研究者もミルの思想の統一性［unity］を解明することに成功しなかったように思われる。その理由の一つは、ミルが大抵の批評家よりも多くの主題に関心をもち、それらについて執筆したからである。」(Robson 1968: viii)と述べていたことを思いだした。1830年代のミルは、時代の動向を見つめながら、普通の人には想像できないほど多くの主題に取り組み、多数の研究者との交流に努めつつ、それらの主題についての研究を深め、諸論文の執筆を続けた。他面では、それらの活動のかたわら、思想形成の成果である『論理学体系』(1843:

CWVII-VIII) の執筆を続けたことに、彼の偉大さを見出すことができる。

[注]

* この論文の作成にあたって、山下重一名誉教授（國學院大學）の次の論文を参考にした。論文「J.S.ミルの1830年代における思想形成と政治的ジャーナリズム」(1)、(2)、(3)、『國學院法学』第44巻　第2号、第3号、第4号、2006年9月～2007年3月刊行。
1) 『自伝』の邦訳は山下重一訳『評注 ミル自伝』御茶ノ水書房（2003）を使用した。
2) フランス革命については、谷川・渡辺（2006）などを参照した。
3) この定義は、松島正一の見解と一致する。松島（1995）の「まえがき」を参照。
4) この訳文は、岩崎（1992: 18頁）を参考にした。
5) コールリッジは、自然と精神における対立物は和解（再統合）されなければならないと主張し、この原理をヘラクレイトス、フィヒテ、シェリングから得ていた（Coleridge 1818: 94; 田村謙二 1997: 90-91頁）。
6) ルーイスの書評に関しては、山下重一訳（1992）「ルーイス『政治的用語の効用と弊害』書評」『國學院大學法学』第29巻第4号（53-72頁）を参考にし、71頁の文章を引用した。
7) カーライルの「回心」については、向井清（2005）31-32頁を参考にした。
8) コールリッジの理念哲学については、岩岡中正（1990）70-78頁を参照。

[引用・参照文献]

・Altick, Richard D (1973) *Victorian People and Ideas*, W.W. Norton & Company. 栗田圭治・大嶋浩・田中孝信訳『ヴィクトリア朝の人と思想』音羽書房鶴見書店、1998年。
・August, Eugene (1975) *John Stuart Mill*. New York: Charles Scribner's Sons.
・Berlin, Isaiah (1999)*The Roots of Romanticism*. New Jersey: Princeton University Press. 田中治男訳『ロマン主義講義』岩波書店、2000年。
・Capaldi, Nicholas(2004) *John Stuart Mill: A Biography*. Cambridge: Cambridge University Press.
・Carlyle, Thomas (1829) 'Sign of the Times', in *The Works of Thomas Carlyle*. Centenary Edition, Vol. 27. London: Chapman and Hall..
・Coleridge, Samuel Taylor(1818)*The Friend* Ⅰ. in *The Collected Works of Samuel* Taylor Coleridge. Routledge & Kegan Paul: Princeton University Press.
・Le Quesne, A.L.(1982) *Carlyle*. Oxford: Oxford University Press. 樋口欣三訳『カーライル』教文館、1995年。
・Lovejoy, Arthur O.(1948) *The Essays in the History of Ideas* . New York: The Johns Hopkins Press. 鈴木信雄他訳『観念の歴史』名古屋大学出版会、2003年。
・Furst, Lilian R(1969) *Romanticism in Perspective*. London: The Macmillan Press. 床尾辰男訳『ヨーロッパ・ロマン主義』創芸出版、2002年。
・Halevy, Elie(1924) *A History of the English People in 1815*. London and New York: Ark Paperbacks .
・Jacobs, Jo Ellen (ed.)(1998) *The Complete Works of Harriet Taylor Mill*. Bloomington (IN):

Indiana University Press.
- Lovejoy, Arther O.(1936) *The Great Chain of Being*. New Haven (MS): Havard University Press. 内藤健二訳『存在の大いなる連鎖』晶文全書、1989年。
- Robson, John M(1968) *The Improvement of Mankind*, London: Routledge & Kegan Paul. viii.
- Willey, Basil(1968) *Nineteenth Century Studies*. London: Chatto & Windus. 松本啓訳『19世紀イギリス思想』みすず書房、1985年。
- Wordsworth, William and Coleridge, Samuel Taylor(1798)*Lyrical Ballads*. London and New York: Routledge. 宮下忠二訳『抒情歌謡集』大修館書店、1984年。

- 岩岡中正（1990）『詩の政治学：イギリス・ロマン主義政治思想研究』木鐸社。
- 岩崎豊太郎（1992）『自然と幻想』こびあん書房。
- 大友義勝（2002）『イギリス・ロマン派試論集』英宝社。
- カザミヤン、ルイ（1951）『近代英国』手塚リリ子・石川京子訳、創文社（原書：Cazamian, Louis, *L'Angleterre moderne—son évolution*. Paris: Flammarion, 1911）。
- 小泉 仰（1997）『J.S.ミル』研究社出版。
- 清水幾太郎（1970）「コントとスペンサー」、世界の名著『コント／スペンサー』中央公論社。
- 谷川稔・渡辺和行編著（2006）『近代フランスの歴史』ミネルヴァ書房。
- 田村謙二（1997）『コールリッジの創造的精神』英宝社。
- 永井義雄（1996）『イギリス近代社会思想史研究』未来社。
- 松島正一（1995）『イギリス・ロマン主義事典』北星堂書店。
  ──（2010）『ブレイク論集──『ピカリング稿本』『ミルトン』その他』英光社。
- 向井清（2005）『カーライルの人生と思想』大阪教育図書。
- 村岡健次（1996）「産業革命の文化」、松村他編著『英国文化の世紀Ⅰ 新帝国の開花』研究社出版。
- 山内久明編（1998）『対訳ワーズワス詩集 イギリス詩人選（3）』岩波文庫。

第2章

ヴィクトリア期の時代思潮における中世主義と古典主義

深貝　保則

Ⅰ　無意識のライバル：はじめに
Ⅱ　中世への志向：社会評論と絵画を主な舞台として
　1　意識過剰の苦悩から「仕事」の発見へ：
　　　T. カーライルとJ. ラスキン
　2　ラファエル前派における「中世主義」：
　　　W. モリスとE. バーン＝ジョーンズ
Ⅲ　ギリシア史論に現われた古典古代への志向：
　　　W. ミトフォードとG. グロート
Ⅳ　ヘブライズムとヘレニズム：
　　　M. アーノルドをむすびとして

I　無意識のライバル：はじめに*

　日本式にいえば博物館と美術館の機能を兼ねたブリストルのシティー・ギャラリーに、「無意識のライバル」という小振りな画がある。古代ローマの身分卑しからざる二人の婦人。立っている一人はバルコニーで動き豊かに身を翻すが、眼は陶酔するかのように閉じている。座っているいま一人は頬杖を突いて物想いに耽っているようではあるが、表情は冷静に、きりりと前を見据えている。対照的なこの二人、実は無意識のうちにライバルである。それぞれが訪ねてくるのを待ちうけている武将が同一人物であろうとは、互いに知らない。――古代趣味のこの画を描いたのは、ローレンス・アルマ＝タデマ（Sir Lawrence Alma-Tadema: 1839-1912）。オランダ出身でアントワープのアカデミーで絵画を修練する機会に恵まれたが、やがてロンドンに渡って古代のローマやエジプトを主題にした絵画によって知られるようになり、その成功によってサーの称号を与えられるほどにもなった[1]。

　19世紀も終盤になると、産業を軸とした都市の物質的文化的吸引力や、知の大衆的普及を伴う社会発展にも陰りが色濃く漂うこととなった。繁栄の蔭に広がる貧困や退廃が社会問題として意識され、産業推進の活力と世界市場への指導的支配権が揺らぐなかで、そして大衆的な発言力の高まりのもとで社会の方向を導く道筋が混沌とするなかで、まず、社会のあり方を捉える新たな科学的知見が求められることとなった。なかでも18世紀に本格的に成立した経済学の知は19世紀終盤に至って数理的手法を取り入れ、推論と統計との照合など方法的な工夫を施すことによっ

ローレンス・アルマ＝タデマ「無意識のライバル」1893年
出典：Russel Ash (1989), plate 26

て、新段階に入りつつあった。19世紀の新たな学としての進化論を活かして社会を捉えようとする議論も、ときに神秘的言説をも伴いつつ、影響力を広げていく。また、急激な社会的変化のもとで失われたものを問い直し、あるいは置かれた状況を塗り替えるべき方向を探るに当たって、オックスフォードのトマス・ヒル・グリーン以来の系譜がカントやヘーゲルらドイツ観念論を摂取して功利主義と向き合い、20世紀にまたがり影響力を広げた[2]。さらに、絵画の題材や精神的修養にとっての模範としては、過去を理念化して掲げる思考様式が現われることとなった。

　小論は19世紀ブリテンの時代思潮のなかに見られる過去を理念化する系譜のうちに、顕著なコントラストを持った2通りの志向が少なからぬ影響力を発揮していたことに着目する。中世に立ち返る志向と、古典古代を引き合いに出す志向との2通りである。過去への志向は即座に復古的であるとは限らず、自らのアイデンティティの確認に向かうこともあれば、理想への志向でもありうる。現況への批判を含む過去への回帰にしても、単なる慨嘆に止まらず、何らかの意味で未来を切り拓くことに向かうこともある。小論はこうして、ヴィクトリア期の時代思潮のなかで過去への志向のうちに横たわる《無意識のライバル》を明るみに引き出す試みである。

II　中世への志向：社会評論と絵画を主な舞台として

1　意識過剰の苦悩から「仕事」の発見へ：T.カーライルとJ.ラスキン

　1830年前後になると産業に関わりあう人間的資質をめぐって、貧民たちがいかに貧困状態から抜け出して勤勉さを身につけるのか、また、いかに事業の効率に適合する規範を育むのかが盛んに論じられた。マルサス『人口論』から引き出される人口制限の指針や救貧法改正に至る議論が前者に関わりあうのに対して、ロバート・オウエンの環境決定論的な人間観に沿った教育の重要性の強調やチャールズ・バベッジの労務管理の発想は後者に関わりあっている。しかし、産業化・都市化の進展に対しては同時に、ロマン主義の側からは人間の内面的統一を損なってしまうとの批判も現われた。既に1800年代半ばからウィリアム・ワーズワースやロバート・サウズィーが、都市化や機械化が徐々に農村にも浸透することによって景観を損なうとともに人々の生活のテンポや人的ネットワークをも破壊してしまうとして、懐疑的な論調を構えていた。ドイツ思想の影響を受けたサミュエル・テーラー・コールリッジは、有機的な結合を重視する観点から産業化に伴う共同体の弛緩を問題視

した[3]。また、トマス・カーライルは1830年前後から、時代の風潮を「機械主義の時代」として批判的に描き出し、自己意識の蔓延を告発する議論を組み立てた[4]。

　カーライル（Thomas Carlyle: 1795-1881）は『エディンバラ・レヴュー』に寄稿した「時代の徴候」（The signs of the times, 1829）や「特性論」（Characteristics, 1831）において、産業を軸に人々が活動する状況を、成果を気にかけ自己の境遇を他者と比べることにのめり込むという点で、機械仕掛けであるとともに過度の自己意識に憑りつかれた時代だと見なした。連載「サター・リザータス」は、自らの境遇に苛まれる「永遠なる否定」［ever-lasting nee］から「永遠の肯定」［ever-lasting yea］に至る苦難の道筋を取り扱う[5]。こうして「時代の徴候」における社会批評的な考察を一旦は自伝的な内面史として描き換えたのち、カーライルは『過去と現在』（Carlyle 1843）においては「現在」（カーライルにとっての現代）を批判的に切り出し、「過去」としての中世を迂回して将来像に及ぶ。——まず、自己意識に過度に入れ込んだ時代として「現在」を特徴づけ、これと対比的に13世紀のセント・アイブスの修道院を理念的に描く。そこでは修道院長がその気高さに支えられつつ、メンバーたちを束ねる方向についてしっかりと責任を負っているとされる。再び「現在」については、社会を導く階層が導き手としての責任を果たしていないという。つまり、血筋に支えられた貴族たちは議会を舞台に、自らの利益を守り通すことに力を注いでいる。また社会に活発さをもたらすはずの産業の担い手たちは、営利にばかりエネルギーを注いでいる。前者の享楽主義と後者の拝金主義とが時代を覆っており、それを支えるかのように、人口増大の結果貧困に陥るのは当然だとするマルサス人口原理や、人と人との関わりを利害得失の計算として描く損益哲学つまり功利主義がはびこっている、と。そこで、仕事こそが自らのさまざまな能力の可能性を結合して人間的な統一性を回復するための糸口だ、という『サター・リザータス』以来の議論を応用し、産業を軸に社会を束ねる可能性を示した。カーライルはこのように『過去と現在』において、「現在」の批判的把握ののちに中世への理念的回帰を経て、人間的にして社会的な統一の可能性を見通したのである[6]。

　カーライルが示したような自己の統一性を取り戻して全体性を回復するというメッセージは、ジョン・ラスキン（John Ruskin: 1819-1900）やウィリアム・モリスに流れ込む。ラスキンは『ムネラ・プルヴェリス』で「固有価値」の用語を提示し、仕事に盛り込まれる人間的な価値に着目した[7]。モリスは陳腐化した生活と単調化に陥った労働を批判して、フォークナー商会の活動などを足場に芸術的な生活の組み立てを模索した。これら一連の動向は、たしかにワーズワースやサッヅィーら自

然主義あるいは超自然主義の傾向を持った前期ロマン主義と一脈を通じる面がないわけではない。だがそれよりも、仕事を介して自己の統一性を回復することを謳うカーライル『過去と現在』第4部の産業の総帥論や雑誌『コモンウィール』に表出するモリスの社会主義的な志向など、社会構想の提示を含んでいた点で、フェビアンの系譜に連なっていく面を持っていた。なかでも人間的な価値と結びつけて仕事を位置づけるラスキンの議論は、過少消費説という経済学的認識のもとで、人間的な価値に相応しいウェルフェアに適った分配を介してマクロ的な経済バランスの回復をも志向するジョン・A. ホブスンの議論に連なることとなった[8]。

2 ラファエル前派における「中世主義」： W. モリスとE. バーン=ジョーンズ

いわゆるラファエル前派はジョン・ミレー (John Everett Millais: 1826-1896) とウィリアム・ホルマン・ハント (William Holman Hunt: 1827-1910) の2人の画学生の出会いをきっかけに、レイノルズ以来のロイヤル・アカデミーの権威への反逆を一致点とする7名のグループとして1848年に始まった[9]。――ヨシュア・レイノルズ (1723-1792) は自ら初代の会長を務めたロイヤル・アカデミーにおいて、1769年から1790年にかけて断続的に講演を行なった。そのなかで、美そのものの崇高さを求め、手法に頼り模倣するのではなく対象の性質を全体性において捉えるようにイマジネーションを働かせることが重要だとして、この意味での天才的な才覚をレオナルド・ダ・ヴィンチやラファエロに見出した (Reynolds 1997: 96, 199, 216)。ウィリアム・ヘイズリットの「ヨシュア・レイノルズの論説に見られる不整合性」におけるレイノルズ批判[10]を経た1840年代に至っても、たとえばロイヤル・アカデミーの絵画教授ヘンリー・ハワードは歴史画こそが構成要素の統一性と絵画上の整合性を維持すると述べて、レイノルズ以来の伝統を引き継ごうとした (Giebelhausen 2000: 164-166)。これに対してラファエル前派同盟 (Pre-Raphaelite Brotherhood) が目指したのは、美にも日常的なメッセージがあるべきで、込められたメッセージを読み解くことを鑑賞者に託すことをも含めて絵画の物語性を回復すべきだ、ということであった。受け手に読み解くことを託す [narrative] という点で典型的な事例のひとつは、ハントの「自己意識の目覚め」(1853-1854) であった。だが、ラファエル前派の試みは、時として強烈な反撥を招いた。たとえばミレーは「両親の家のキリスト」(1849-1850) で、通例の聖家族像とはまったく異なってキリストとその家族を貧しい大工の家庭として描いた。日常的な素材で宗教画を描くミレーの姿勢

は神の権威を損なうものとして物議をかもし出し、絵画批評においても敵対的な論調が相次いだ[11]。またハントは「世の光」(The Light of the World, 1853) において、この世を照らし出す灯りに託して神の啓示を描こうとして、構想段階には自らランタンを持って近くの駅の周りを歩き、ある労働者が被っていた帽子のイメージを取り入れることにしたという。『ヨハネ黙示録』からの引用つきという異例の体裁でロイヤル・アカデミーに出展されたハントのこの画に対しても、その含意を読み解く賑やかな議論とともに、カトリック的な陰気さが見え隠れするなどの反撥が渦巻いた。そのなかでラファエル前派に対して唯一好意的にコメントしたのは、ラスキンであった[12]。

　ミレーやハントの試みによってロイヤル・アカデミーの権威に叛旗を翻した形のラファエル前派であったが、しばらくするとその批判的な勢いにも変化が出てくる。たとえばフォード・ブラウン (1821-1893) はロンドンの北、ハムステッドを舞台に、「ハムステッドのヒース通り:《仕事》のための試作」(1852-1855) を描いた。自然と寄り添う仕事を描くにしても、古代イタリアの理想風景のなかに人物を配置するニコラ・プッサンら、レイノルズが称揚する様式とは明らかに異なる。自然を文字通り優しく写し取り、見慣れたものに賛歌を与えるその手法は、1850年代後半にはかなりの範囲で受け入れられた[13]。またミレーは1850年代半ばから、大胆な伝統批判を続けるのではなく受け入れられることを望む方向に赴いた。ラスキンからは堕落と見なされ、好評を期待してミレーが1857年のロイヤル・アカデミー展に出展した「浅瀬を渡るイザンブラス卿——過去の夢」(Sir Isumbras at the Ford: A Dream of the Past) は、ラスキンの酷評のために買い手が付かなかった[14]。さらに、程度の差はあり一様ではないが絵画に盛り込まれた物語を受け手が読み取ることを求める度合いが後退し、ひたすら美そのものを表現する方向が強まって唯美主義的な傾向を帯びてきた (河村 1993)。これらは、当初のアカデミーへの批判的姿勢が緩和ないし後退したことを意味していた。もっとも、既存のアカデミーの側から見れば、ラファエル前派同盟に加わった7名のなかでも嘱望されていたミレーがようやくに落ち着きを取り戻しつつある、ということではあったが。

　ロイヤル・アカデミーへの叛旗とその反抗精神の稀薄化によって特徴的な1850年代までがラファエル前派の第1期だとすると、1860年代以降、重層的に変化が始まる。第1の変化は、観衆に絵画を読み解くことを求めるという意味での物語性が後退し、一段と自然主義や唯美主義の傾向を帯びていったことである。1880年代に至ると絵画に物語を盛り込むに当たっても、日常的な題材のなかにストー

リーを読み解くことを鑑賞者に託す1850年代のハントらの試みに替わって、歴史ないし神話に題材を求めるという、その限りでは伝統的な手法の復活がジョン・ウォーターハウスらによって行なわれた。第2の変化は、近代の様式に替えていつに戻るべきかという意味での典型が二元化したことである。権威への異議申し立てという側面を持ったラファエル前派同盟それ自体は1850年代半ばを境に揺らいでいくが、一方では同盟の中心人物のひとりでもあったダンテ・ガブリエル・ロセッティ（Dante Gabriel Rossetti: 1828-1882）に新たにエドワード・バーン＝ジョーンズ（Edward Coley Burne-Jones: 1833-1898）も加わって、ラファエロ以降の近代絵画とは異なり中世の雰囲気を描き出すことを主題とした試みが登場した。他方でとりわけ1880年代になるとフレデリック・レイトンやアルマ＝タデマのように、古代のローマやエジプトを素材とした試みも盛んになる。この両者は、理想風景を描き出す18世紀の試みや古代ローマの歴史的遺産を好んで取りあげるJ.M.ウィリアム・ターナーとは異なり主として人物を描く点で共通であったが、その描き方には違いもある。レイトンは古典古代の衣装を纏う婦人をオレンジ懸かった色調で優雅に描き出し、やがてはレイノルズにも匹敵するような権威を確立してロイヤル・アカデミーの会長を20年以上にわたって務めることとなった。アルマ＝タデマの側は古典古代の華美さを表わす技巧的な絵画を描いて好評を博した（Swinglehurst 1994）。なお、ラファエル前派同盟結成の後のこのような何層にもわたる変転のゆえに、「ラファエル前派」なるものは狭義にも広義にも論じられる。もっとも狭義には結成間もないラファエル前派同盟の7人組に絞られるところであるが、通例はロセッティをとりまくバーン＝ジョーンズやモリスら中世主義的な傾向も含めて扱われる。さらにラファエル以前の主題を取り上げる傾向、たとえばギリシア神話に素材を求めるウォーターハウスや、古典古代のギリシア、ローマやエジプトの雰囲気を描くレイトンやアルマ＝タデマをもラファエル前派に組み入れる解釈もある。

バーン＝ジョーンズとウィリアム・モリス（William Morris: 1834-1896）との親交は、オックスフォードのエクゼター校の試験を同じく1852年6月に受け、翌1853年に入学して以来始まった。ジョン・ラスキンの『ヴェネツィアの石』（Ruskin 1851-1853）の第2巻がちょうどその年に刊行され、なかでも「ゴシックの本質」の章はとくにモリスに影響を与えた。また、1853年11月のエディンバラでの講義をもとにしたラスキン『建築および絵画についての講義』（Ruskin 1854）はその第4講でラファエル前派を好意的に扱っており、二人のラファエル前派への関心を強めることになった。のちにモリスは『ゴシックの本質』を単行本にして自らの序文

を添え、中世風の文字の配置と装丁を凝らした趣向で知られるケムスコット・プレスの一冊として出版したほどである (Ruskin 1892) [15]。オックスフォード在学中のバーン＝ジョーンズとモリスは中世の書籍を好んで読んだというが、1855年夏にはフランスに渡ってゴシック建築に触れることを企てた。二人は友人のウィリアム・フルフォードとともにその年7月19日にフランスに渡り、翌朝のアミアン大聖堂を手始めに、とくにモリスの主導で建築に強い関心を寄せて回った。当時既にあった鉄道を使って7月22日夜11時半に着いたパリでは、ノートル・ダムに行ってもがっかりするだけだからパリを素通りしようというモリスの案に対して、バーン＝ジョーンズがせがんだので翌日からはルーブルにも行ったとのことで、両者の関心の違いを垣間見ることができる。ルーブルではモリスがバーン＝ジョーンズの目を閉じさせたままでフラ・アンジェリコの聖母戴冠の前に連れて行き、そして見せたという[16]。オックスフォードに戻ってのち、二人はフランス出発前にアイデアが出ていた雑誌 (*Oxford and Cambridge Magazine*) のプランの具体化に取り掛かり、モリスが中心的に編纂に当たって毎号72ページからなる形で1856年を通して月刊で刊行した。両者は1856年初めにラスキンや、ラファエル前派同盟の当初メンバーの一員であったロセッティに会った。そしてロンドンに移り、モリスが新たに住むこととなったレッド・ライオン・スクウェアを拠点として芸術活動に入っていく。その頃、バーン＝ジョーンズはロセッティに絵画の本格的な訓練を受けた。

　こうしてラスキンやロセッティの影響を受けつつ、中世への愛着と芸術への関心を一段と培っていったモリスとバーン＝ジョーンズではあるが、むろんのこと、両者の間には共通の面とともにそれぞれ異なる特徴がある。まず、共通の特徴的な事柄のひとつとして、ステンド・グラスの工夫がある。二人ともステンド・グラスの作品を残したが、これは図柄ばかりでなく工法としても、中世の様式への回帰を遂げるものであった。中世のステンド・グラスはガラスの小片をモザイク状に組み合わせたものであったが、14世紀以降の技術的進展によって、より大きなガラスの利用と銀の着色が導入された。18世紀までにはモザイク様式はほとんど消滅し、たとえばレイノルズはオックスフォードのニュー・カレッジの教会に、大きなガラスにエナメルで着色するステンド・グラスを製作した。これに対してヴィクトリア期にあって高教会運動も後押しするようなゴシック様式のリヴァイバルという雰囲気のなかで、伝統工法を復興したのが彼らであった (Crawford 1998) [17]。

　だがこのふたり、それぞれの主たる活動領域の面において異なっている。もっぱら絵画に芸術表現の場を見出すバーン＝ジョーンズとは対照的に、モリスの活躍の

舞台はさまざまな文芸・芸術の領域にあった。ラスキンに感化を受けてゴシック建築に深い関心を寄せ、北欧の説話の収集にいそしみ、雑誌を編纂し、書籍の印刷については現代の印刷原則にまで影響を残すほどなのである[18]。具体的な創作は絵画ではなく書物のデザインのなかに、家具調度の装飾に、そしてステンド・グラスやタペストリーの図柄において発揮された。モリスは1861年以降、ウィリアム＝フォークナー商会を手始めに工房を設け、タペストリーや家具調度の製作に関わっていく。こうしてモリスはアーツ・アンド・クラフト運動の推進者となるが、その運動に盛り込まれるのは、19世紀に展開を見せる産業的な活力はたしかに陳腐な大量生産の品物を大衆に広めはするがそのような生活には創造性がなく、そこでいかに生活の芸術化に中身を盛り込むのかが大切だ、との課題意識であった。

　モリスはまた、若い時期からラスキンのみならずチャールズ・キングズリーらの影響を受け、階級対立のなかからなぜ文明忌避的な態度が出てくるのかという問題に関心を寄せた。この側面はのちに、『ユートピア便り』（*News from Nowhere*）[19]の連載の場ともなった雑誌『コモンウィール』（*Commonweal*, 1885-1890）の編纂に典型的に表出したような、モリスの社会主義的な思想傾向にも連なっていく。ちなみにトマス・ホッブズ『リヴァイアサン』に代表されるように17世紀には「コモンウェルス」［commonwealth］が広く受け入れられた用語であったが、それに先立つ16世紀にあっては、とりわけヘンリー8世によるローマ教会との断絶によって緊張が高まった時期のトマス・スターキーの議論に典型的に示されるように、「真のコモン・ウィール」［real common weal］が重要な用語であった。そこでは政治と信仰をめぐる緊迫した状況の背後にあって、公共的なよき事柄をいかに実現するのかが通底する関心事であった。あるいはむしろ、熾烈な争いのなかにおいては自らの立場の正当性を獲得するためにも、「コモン・ウィール」に適うことが肝要とされたともいえる。その16世紀からはるかに時を隔て、近代化・産業化の高みにある19世紀終盤において、モリスはこれを生活の芸術化と結び付けた。実際、その時期にはコモン・ウィールは密やかながら関心を寄せられるテーマであって、中世のギルトを理念化しつつ同志的な結合の模索へと向かうギルト社会主義の思想傾向とも呼応し、世紀が変わってからも、中世史家ウィリアム・カニンガムが『コモン・ウィール』のタイトルのもとに政治哲学の連続講義を行なった（1917年）。

　さて、多才な芸術家・創作家であるとともに、成否はともかく事業組織者でユートピア的な社会構想家でもあったモリスとは対照的に、バーン＝ジョーンズの活動はもっぱら絵画表現にあり、趣向は内面に、また中世に向けられた。この姿勢は、

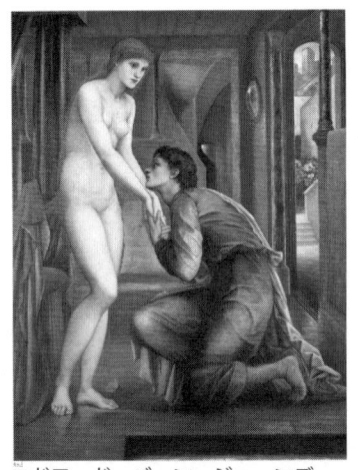

エドワード・バーン=ジョーンズ
「ピグマリオンと彫像 IV 心満たされて」1878年頃
出典：Stephen Wildman and John Christian (1998): 220

古典古代ギリシアのある物語を踏まえて描かれた連作においても見出される。

　1860年代後半、モリスは「ピグマリオンと彫像」（Pygmalion and the Image）を含む詩集『地上の楽園』を編んだ。詩の内容に沿ってバーン=ジョーンズが描き、それを挿絵に出版することが一旦は考えられたが、結局はモリスの詩集は挿絵を伴うことなく刊行された（Morris 1868）[20]。ちょうどその時期に、あるギリシア系の裕福な夫人から絵画制作の委嘱を受けたバーン=ジョーンズは、1870年にかけて「ピグマリオンと彫像」を主題とする4枚の連作を描いた。この題材は同じく4枚で、1878年ごろに再度描かれることとなる。第1回目の連作では主役のピグマリオンは黒みがかった衣装で描かれるのに対して、第2回目のそれは明るい色であるなど、いくつかの変化がある。バーン=ジョーンズは眠りの森の美女の物語に題材を得た「いばら姫」（Blair-Rose Series）をはじめ、いくつか連作を描いており、ピグマリオンもそのひとつであった[21]。物語の概略はモリスの詩の冒頭に示されている。理想の女性像を自らの作品としての彫像に託していくピグマリオンは、いつしかその像に心惹かれる。見かねたアプロディテが像に命を吹き込み、そのガラティアと結ばれてピグマリオンは子供を得る、と。──もとはといえばオウィディウス『転身物語』以来のものだが、ところがバーン=ジョーンズの描く画は新旧いずれのヴァージョンも、命を得たガラティアに跪いてその手を取るピグマリオンの姿で終わっている。仮にこれに、フランスの画家ジャン・レオン・ジェローム

34

が描くような抱きあうガラティアとピグマリオンを配置し、都合5枚で一連の作品だとでも言おうものならば、バーン＝ジョーンズの連作は一挙にパロディー化されてしまう[22]。同じく古典古代のピグマリオンに素材を求めて描くにしても、バーン＝ジョーンズのそれは表現についてある種の厳しい限定のなかにあり、少なくとも、女奴隷のオークションをさながら衣装なきファッション・ショーの雰囲気で描いてみせるジェロームの画風とは歴然と異なったものなのである。ちなみに彫像から生身の人間ガラティアへと変身する次第を描くピグマリオンのストーリーは、それ自体が変転を遂げた。20世紀に入るとバーナード・ショウによって彫像ではなくロンドンの下町にいる生身の少女を立派に躾け直す話に組み立て直され、オードリー・ヘップバーン主演の映画『マイ・フェア・レディー』へと辿り着く[23]。

　さて、このような連作をめぐって、たとえば画家バーン＝ジョーンズのギリシア彫刻への関心の度合いや、あるいはとくに最初の連作に取り組んだ折の本人の境遇や内面などと関わって解釈することも可能ではある[24]。だがそれでも、古典的主題のうちにおいて宿る中世への強い志向を確認できよう。――神学を修めようとオックスフォードに入学したバーン＝ジョーンズは既に、ニューマンのカトリックへの改宗に象徴されるオックスフォード運動の余韻のなかに浸りながら、モリスとともに図書館で中世の書籍に親しんでいた。妻の手になる回顧録が記すところによればバーン＝ジョーンズはのちに、ケネルム・ディグビー（Kenelm Henry Digby: ?-1880）の著作『名誉の広い石』（*The Broad Stone of Honour*）や『カトリックのしきたり』（*Mores Catholici*）を常に寝室に備え、寝付けない夜など折に触れて読んだという（GB-J 1904: vol.2, 56）。そのディグビーは、ケンブリッジで学び1820年代半ばにカトリックに改宗し、イングランドの紳士が備えるべき素養として勇敢さと名誉を重んじる騎士道精神を育むことを重視した人物であった[25]。たしかにバーン＝ジョーンズについては、初期における中世あるいは騎士道への圧倒的な傾斜に比して、騎士道への執着は徐々に薄らいだとの解釈もある。そしてだからこそ、素材を騎士道物語ではなく、また中世ですらなく、古典古代の物語に取材するモリスの詩に託して、古典的な像を彫るピグマリオンを描きもしたということなのであろう。しかし、ピグマリオンとガラティアとの関わりの軸を身体ではなく精神に置き、もっぱら心理的な一体化を求めるものとして描ききる点に、騎士道精神に惹きつけられたそのスタンスが通底しているのを見出すことができよう。モリスとの対比でいえば、中世への関心を職人芸とクラフツの場における結合を介することによって、結果的にはギルド社会主義の系譜へと未来に向けて連なる側面を持つモリスに対し

て[26]）、バーン=ジョーンズの中世への志向は、時期によってその濃淡が揺らぐにしても方向としては変わることなく騎士道に向けての傾倒であった。

Ⅲ　ギリシア史論に現われた古典古代への志向： W.ミトフォードとG.グロート

　近代イングランドあるいはブリテンにおけるギリシア思想への関心は、大学における古典学としては引き継がれていくものの、17世紀のケンブリッジ・プラトニストののち、概して低調となる[27]。18世紀西欧において古典古代への関心の表舞台に出たのはローマ帝国の盛衰であって、古典古代ギリシアへの関心がさまざまなレヴェルで昂まりを見せるのは19世紀半ばになってからであった[28]。しかし、ヴィクトリア期におけるギリシアへの関心には、ある種の歴史的な伏線がある。

　まず伏線のひとつとなったのは、18世紀半ばドイツでギリシア文化史論を展開したヨハン・ヴィンケルマンの存在である。その初めての著作でザクセン侯に捧げられた『古代ギリシア絵画・彫刻論』は、ほどなく英訳された[29]。18世紀後半に形成が始まったいわゆる大英博物館のコレクションは、やがて白の大理石からなる古代ギリシアの彫刻がその重要な要素をなすことになる。近年の解明によると、大英博物館が古代ギリシアのコレクションの収蔵を進めた時期に、彩色に富んだ彫像を白の大理石によるそれとして強烈に印象づけるように組織的な加工が施された。そしてこのような収集が展開したのは、ヴィンケルマンの著作のインパクトのためでもあったという[30]。いまひとつの伏線は、18世紀には古代ローマへの関心が中心でありつつも、ギリシアへの関心がひそかに温められたことである。18世紀前半にはいわゆる古代-近代論争に続いて、モンテスキューの『ローマ人衰退原因論』（1734）など古典古代ローマ論が展開した。ブリテンにおけるローマ史論としてはいうまでもなくエドワード・ギボンの『ローマ帝国衰亡史』を挙げることができるが、その第1巻刊行は1776年のことであった。そのギボンの前後に、ギリシア史論もある程度は試みられた。E.W.モンターギュは『古代共和制の盛衰に関する考察』（1759）においてギリシア民主政を否定的に評価したが、そのサブ・タイトル「グレート・ブリテンの現在の状態への適用」によって判るように、その議論は盛衰論の主題をギリシア共和制に転用し、しかも過去への考察から反転して名誉革命後半世紀あまりを経たブリテンを照らし出すという仕立てである（Montagu 1759:

144)。またウィリアム・ヤングは、『アテナイの精神――共和国の歴史』を1777年に刊行した (Young 1777)[31]。そしてウィリアム・ミトフォード (William Mitford: 1744-1827) がギボンの勧めによって、『ギリシア史』に着手した。ミトフォードはオックスフォードに学び、卒業には至らなかったが在学中はベンサムとも接点のあった人物である。1784年に『ギリシア史』第1巻を刊行ののち、1790年、1797年、1808年に後続諸巻を刊行し、1818年の第5巻をもって完結した。都合5巻で、ギリシアにおける文明の起源からアレクサンダー大王の長征と病死に至るまでをカバーしている[32]。30年あまりにわたって書き続けられたミトフォードの『ギリシア史』は当時広く受け入れられたようで、1810年代半ばから1830年代半ばにかけて10巻本など数種の流布版も刊行された。ケンブリッジで教材としても活用され、当の書物に因んで学習用の質問集 (Major 1827) が作られたほどである。また、古典古代ギリシアへの関心の高まりを反映するかのように、1820年代にはオックスフォードのクライスト・チャーチ出身のH.F.クリントンによって『ギリシア年表』(Fasti Hellenici) というタイトルで、紀元前560年以降、年ごとに事件、哲学、詩人の項目をマトリックス状に配置する年譜が刊行された (Clinton 1824)[33]。

ところで1819年のことであるが、13歳のジョン・ステュアート・ミルはジェレミー・ベンサムの弟のサミュエル・ベンサムに宛てて手紙をしたためた。それは自分の学習もしくは思想経験を振り返るものであったが、8歳以降に読んで記憶に残るものとして、アダム・ファーガスンのローマ史とミトフォードのギリシア史を挙げた[34]。とはいえ、成人してのちにミルがミトフォードに与えた評価は否定的なものであった。「セジウィックの論稿」(1835) ではおそらくはミトフォードの著作を念頭に、「あらゆるところで反ジャコバン的な精神に満ち満ちている」と述べて反撥を隠そうとしない (CWX: 45/24頁)。何しろミルはそれに先立つ1831年の「時代の精神」のなかで、「常に自分の眼よりも偏見を信じたミトフォード」と決めつけたほどであった (CWXXII 292/83頁)。

さて、ミトフォードの著作は、18世紀におけるローマ史論の系譜に比べた場合にいくつかの点で特徴的である。第1に、18世紀のローマ史論は概して、帝国の盛衰に主題を置いていた。そしてこの関心は、ともに1776年刊行のギボン『ローマ帝国衰亡史』とスミス『諸国民の富の性質と原因に関する考察』(いわゆる『国富論』) とのタイトルを混ぜ合わせたウィリアム・プレイフェアのように、ブリテンの同時代状況を念頭に置いた帝国の盛衰論に連なっていく。経済の趨勢をグラフで示す手法を開発したプレイフェアは、人口や富、財政などの指標によって近代の諸

帝国の盛衰を示す『強力で富裕な国の衰亡の永続的な原因に関する探究』という題名の書物を1805年に刊行したのであった（Playfair 1805）。これに対してギボンの勧めのもとでギリシア史に着手したミトフォードは、盛衰に焦点を当てることよりも当時のスコットランド啓蒙において成立した4段階論の文明史を受け入れ、古典古代ギリシアをブリテンの当時の状況と重ね合わせる手法で描いた。たとえばミトフォードは1784年に刊行された『ギリシア史』第1巻の冒頭で、アッシリア、シリア、エジプトなどの文明に比して後発のギリシアにおいて、エジプトからの植民なども含めて徐々に人口が増えていく次第から語り始める。そこでの説明は、狩猟‐牧畜‐農耕という自然活用の段階性のもとでの人口のキャパシティの推移に着目するものであった。トロイア戦争に前後する初期ギリシアの時期に関しても「宗教、統治、法、科学、芸術、商業、および習俗」を見出しに掲げるなど、ミトフォードの記述にはスコットランド啓蒙の4段階論に馴染みの用語がちりばめられている。

　第2にミトフォードは、民主政に対してきわめて否定的な議論を展開した点で際立っている。ミトフォードによれば、アテナイのデモクラシーは近代におけるトルコの専制と類似点が多く、アテナイの共和国においては富んだ人と貧しい人とが調和をもって生きることは不可能だったという。第3巻（1797）に登場する端的な表現を借りれば、「アテナイの統治は《民衆の掌中にある専制 a tyranny in the hands of people》とまさにその時代において呼ばれ、またそのように呼ばれることを人々が喜ぶ」たぐいのものであった、と[35]。J.S.ミルがアレクシス・ド・トクヴィルの『アメリカのデモクラシー』（1835, 1840）の影響を受けて「多数の専制」の表現と認識とを獲得したことはよく知られているが、直接の継承関係の有無は別として、民衆［mob］の影響力を専制の名のもとに否定的に捉える言明は、トクヴィルに先立ってミトフォードにおいて示されていたのである。なお、アテナイの民主政に対するミトフォードの否定的評価はフランス革命への批判的態度と結びついていると解釈されることもあるのだが、実際には既に1784年の第1巻初版において示されている。紀元前5世紀半ばのペルシアのクセルクセスによるギリシア侵攻に関する節のなかでミトフォードは、スパルタの高圧的な圧制に従うよりはペルシアの支配が広がることを望む人々もいたと述べたうえで、この折には「圧制的なアテナイのデモクラシーは、まだその姿を現わしていなかった」と付け加えたのであった（Mitford 1784: vol.1, 363）。このような民主政への否定的評価は責任ある立場の者たちの判断による統治に信頼を託すことと裏腹にあり、名誉革命体制以来の混合政体を受け入れるという自らの姿勢を歴史論に映し出すものであった[36]。

ジョージ・グロート（George Grote: 1794-1871）は19世紀半ばに下院議員を務めながら古典古代ギリシアに関する著作を書き進めたこと、それに先立つ1820年代にはJ.S.ミルらとともに定期的に議論を行なうクラブを開いたことなどで知られる。12巻に及ぶその重厚な『ギリシア史』は、1845年から1856年にかけて刊行された。アレクサンダー大王の死後、その出身母体のマケドニアによる支配に対してギリシアが抵抗を進めたラミア戦争の、その終結までを守備範囲としている。19世紀中葉のブリテンの文脈において古典古代ギリシアの歴史を論ずる意図としては、たしかに、デモクラシーを専制あるいは圧制の典型としてみなすミトフォードの影響力こそをそぎ落とす歴史観を提示することが、グロートの狙いでもあった。──名誉革命体制以降の推移のもとで少数の政治参加によって担われている統治は、いわば一種のシニスター・インテレストに堕していて新たなる社会的な変化のもとでの課題に応えることができていないというのが、改革を進めようとする功利主義的な議論の立論であり、その影響下にあるグロートは、ミトフォードのそれに代わる古典古代のギリシア史を提供した、というわけである[37]。

　ちなみに一種の偶然の符合であるにしても、ミトフォードがフランス革命に先立つ段階でデモクラシーの専制を指摘し、J.S.ミルはトクヴィルのアメリカ論から吸収して多数者の専制の問題性を指摘するようになったのであるが、これに対してグロートには、アテナイのデモクラシーに関してのこの種の把握は見受けられない。また、近代ブリテンにおいて古典古代ギリシアのデモクラシーを肯定的に評価する議論としては、むろんグロートが最初というわけではない。たとえばミトフォードに先立って1777年に『アテナイの精神』というタイトルでギリシア史論を提供したウィリアム・ヤングは、紀元前5世紀のクレイステネスのもとでのデモクラシーは共和制のなかでも最良のものだと評価していた（Young 1777: 138）[38]。

　グロートはギリシア史を完成させた1850年代半ば以降、プラトン論やアリストテレス論に本腰を入れ、やがて1860年代半ばから1870年代初頭にかけて著作として刊行する。この関心はまた、福音主義と自由主義的改革によって色濃く特徴づけられる政治家ウィリアム・E. グラッドストーンも抱いたものであった。プラトン論、アリストテレス論、さらにはホメロス論が相次いで登場するこの時期に、しかし歴史論としてのギリシア論はほどなく、文明や進歩とはまったく別の側面に力点を置いたかたちで、ブリテンの世界展開という同時代状況を語るための共鳴盤という性格を見せるようになる。それはオックスフォードの近代史講座を担ったエドワード・A.フリーマンによるものであって、『グレーター・ギリシアとグレーター・ブ

リテン』という打ち出しであった。フリーマンによれば、グレーター・ブリテン［Greater Britain, Britannia major］は遅くとも12世紀には用いられた呼び方であって島国の本国を意味し、これに対して大陸の植民側がブルターニュあるいはレッサー・ブリテン［Lesser Britain, Britannia minor］と呼ばれたという。対照的に、古典古代ギリシアにおいてはイタリア半島南部など植民先の側が、英語式にいえばグレーター・グリースと呼ばれていた、としつつ（Freeman 1886: 2-4）、いまやブリテンの外延的な展開という同時代状況を考えるうえでグレーター・ブリテンという設定が持つ含意を論じたのであった。フリーマンの議論は1855年にエディンバラの学生協会で講演として行なわれたものであって、本国からの広がりをグレーター・ブリテンとして論じるチャールズ・W.ディルケなど19世紀末に向けた傾向にとっての先駆となった[39]。

Ⅳ　ヘブライズムとヘレニズム：M.アーノルドをむすびとして

　19世紀末、古代趣味の「無意識のライバル」と題するアルマ＝タデマの画をいわば露払いに配して、小論は時期を数回にわたって往復しながら、ヴィクトリア期の時代思潮の諸相に触れてきた。まずは19世紀前半、ロマン主義的な傾向にあって近代を自己意識に満ちた時代だとして批判的に抉り出すカーライルの言説を見ながら、芸術的な「仕事」の意味づけへと赴く世紀後半のラスキンへと繋げた。つぎに1850年前後の若き画家たちによる絵画の革新運動としてのプレ・ラファエルに触れつつ、オックスフォードの宗教的な雰囲気を背負って登場したバーン＝ジョーンズやモリスそれぞれの特質を検討した。これらは優れて、文芸や社会批評、絵画の領域で表出した中世への志向であった。これに対して、18世紀の第4四半世紀に遡らせてギリシア史への関心の浮上をミトフォードのなかに探りつつ、19世紀半ばのグロートにおけるギリシア史へのスタンスの違いを確認した。これは歴史論を舞台としての、古典への志向のヴェクトルの際立った差異であった。時期の推移のなかでウェイトを変化させ、またさまざまなフィールドのなかに現われ出る中世への志向、そして古典への志向――。この二つの志向は久しく直接の対峙をすることなく、それぞれに展開しており、そのようにして《無意識のライバル》であったが、ヴィクトリア期の後半、ある知識人の評論において交じり合う。それは、産業化の成果が際立って現われ、第2次選挙法改正（1867年）に結実する政治的な自

由の高まりのもとで声高な自己主張が飛び交うとともに、変化に激しく混沌たる社会様相に陥ったことへの警鐘としてもたらされた著作のなかにおいてであった。

ラグビー校の人間的修養のなかで育まれ、オックスフォードで詩学の教授を務めたマシュー・アーノルド (Matthew Arnold: 1822-1888) は、『コーンヒル』誌上の連載 (1867-1868) をもとに『教養と無秩序』(Arnold 1869) を刊行した。知識ばかりは増大し、才覚と主張で動く当時の社会様相はもはや精神的な支柱を失ったアナーキー状況にほかならないという認識が、そのタイトルに込められている。のちの第2版 (1875年) で「ヘブライズムとヘレニズム」と題が付される第4章においてアーノルドは、ヘブライズムとヘレニズムはともに究極目標を「人間の完成あるいは救済」に向ける点では同様だとしながら、その違いを描き出す。ヘレニズムにとっての支配的な観念は事物をありのままに見ること、つまり「意識の自発性」にあり、ヘブライズムのそれは行為と服従に関わる「良心の厳しさ」にある、と (Arnold 1869: 143,145,147)。前者は優美と英知に満ち、後者は罪の自覚と自己犠牲に支えられていて、久しく人間精神はこの二つの傾向のあいだをウェイトを変えながら揺れ動いてきたというのが、アーノルドによる一種の思想史的認識であった (Ibid.: 150f.,159f.)。この認識のもとで、しかしアーノルドは、この二つの傾向を揺れ動くなかで一方が他方を押しつぶすおそれに対して警告を発する (Ibid.: 176f.)。ここでの議論は、ヘブライズムとヘレニズムとの二つの流れが、知的精神的なありようをめぐって偏ったウェイトづけに陥りがちであることへの警鐘であり、その裏返しで、まさに同時代的な知の雰囲気のなかで望まれる陶冶の可能性を探り当てようとする抱負の表明でもあった。

小論では、社会批評、絵画、ギリシア史などの局面に表出する中世への志向と古代への志向の多様な姿を描き出した。この諸傾向のそれぞれのなかにおいて、美や徳、芸術的崇高性や人間的な自然のあり方などについての独自の見方が注ぎ込まれている。アーノルドは自己主張とアナーキーに覆われたと思える1860年代終盤の状況認識のもとで、時代思潮の大きな流れをヘブライズムとヘレニズムのもとに括りだし、人間的な陶冶の方向についての独自の認識を打ち出した。『功利主義論』においてナザレの黄金律を持ち出しながら古典的な、達人倫理とも見える人間性の完成可能性を示唆し、『代議制統治論』では自由と秩序とのあいだを揺れ動くダイナミズムを捉えたJ.S.ミルの人間論、道徳論、陶冶論もまた、ヴィクトリア期における知の胎動のなかにおいて、中世と近代とのコントラストにおいて、そして古典古代以来通底することがらとの緊張のなかで、意味づけられるべきものである[40]。

[注]

* 小論のアイデアは日本イギリス哲学会第35回研究大会（2011年3月、京都大学）において報告された。「主義」という設定について桑島秀樹氏からご質問いただいたが、当該の時期の思想について中世主義として論じる研究が少なからずあるので、そのままとした。

1) タデマは元来、Tad-em-a という区切れで発音。絵画展のカタログで冒頭のほうに並べられるように、ミドルネームの Alma を姓に組み込んで名乗ったという（Ash 1989）。アルマ＝タデマの Unconscious Rivals (1893) への解釈はむろん一様ではなく、ここでは Bristol City Museum and Art Gallery の1998年時点での展示解説による。人物よりも彫刻や色彩に焦点を当てた解釈として、Liversidge & Ewards (eds.) (1996: 161-163) を。

2) 当該の時期の有機的な社会ヴィジョンについて、深貝（2009）において検討した。

3) ワーズワース、サッジー、コールリッジらの政治思想について、岩岡（1990）。

4) このロマン主義の議論は、マルサスやJ.S.ミルにも影響を及ぼした。まず、マルサスが過度な都市化の弊害への抑制として農村の意義を認めた点に、サッジーの議論などとの類似性が見られる。またミルにとって、精神的危機からの離脱に当たってワーズワースの詩などが糸口になっただけではない。1830年代前半にアングリカン体制のもとでの教会財産を論じ、1860年代初頭には『代議制統治論』の冒頭部分で秩序と進歩の関連を論じるなど、ミルはコールリッジ『教会と国家』の問題設定をいわば裏返しにして受け止めた。

5) 『サター・リザータス』はもともと *Fraser's Magazine* に連載。1834年に私家版で刊行ののち、1836年にR.W.エマーソンが関わってアメリカ版が刊行され、ロンドンでは1838年に単行本として刊行された。

6) カーライルの「自己意識」論や『過去と現在』、およびこれらに関する英米の研究文献をめぐっては、20年近く前のものになってしまったが、深貝（1994），（1995）。

7) Ruskin (1872)。ラスキンのユニークな経済論が示された『ムネラ・プルウェリス』には木村正身訳がある。かつて高松で木村先生のお話を伺う機会に恵まれたことがあり、随分と時を経てしまったが小論は木村先生へのささやかな報告である。

8) ロマン主義の経済思想について広範に論じたものとして、塩野谷（2012）。

9) ハントの自伝的著作 Hunt (1905: vol.1, 36f., 89f.) およびミレーの息子による評伝 John Guille Millais (1899: 49f., 74f.)、Hares-Stryker (ed.) (1997: 17-19) をも参照。

10) ヘイズリットの当該の論説は、Hazlitt (1821: vol.1 287-346) に収録されている。

11) Giebelhausen (2000: 173)、Swinglehurst (1994: 9, 16-17)、ニューアル・河村監修（2000: 22-23/114頁）。ちなみに18世紀以来の文芸・政治批評の展開はすさまじく、文筆で生きようとしたカーライルですらも、批評を批評するジャーナルが登場したと驚くほどであった。活発な批評は19世紀半ばには絵画の領域にも及んで、厳しい絵画批評の新聞を手に落胆して妻に慰められる画家の姿も、絵画のテーマとなった（Flint 2000: Ch.7）。

12) Wheeler (2000).「世の光」着想以来の経緯をめぐるハントの回顧として Hunt (1905: vol.1, 299, 308, 347, 350)。ハントは Holman-Hunt と記されることもある。

13) ラファエル前派の風景画についてニューアル・河村監修（2000: 12-13/89-102頁）。

14) Millais (1899: vol.1 312)。近代の絵画市場の展開やオークションの取引価格などを仔細に論じたレイトリンガーによれば、この画は1858年に当時の価格で800ポンドで売れ、1887年に1,365ポンド、1913年には実に8,190ポンドで転売されたという（Reitlinger 1982: vol.1 389-391）。同書の pp.143f. をも参照。ラスキンの絵画論をめぐっては Helsinger (1982) が、ロマン主義的な言説の系譜とも関連づけて検討している。

15） ラスキンの当該の著作（Ruskin 1851-1853）には賀川豊彦訳『ヴェニスの石』（全 2 冊、世界大思想全集、春秋社、1931-1932 年）以来、福田晴虔の全訳『ヴェネツィアの石』（全 3 巻、中央公論美術出版、1994-1996 年）や複数の抄訳がある。川端康雄訳『ゴシックの本質』（みすず書房、2011 年）はモリスの序文も添える。

16） これらの点についてバーン＝ジョーンズの妻による伝記に、むろん後日の聞き書きに基づくのだが（それにしては妙に日付が詳細でもある）、ともあれ記載がある（GB-J 1904: vol.1 114）。モリスの活動来歴を確認するうえで便利な Salmon（1996）をも参照。

17） Crawford 論文所収の Wildman & Christian（1998）は、ニューヨーク、パリ、およびバーミンガムを巡回し、170 点以上を展示した展覧会のための重厚な図録である。

18） モリスの多面にわたる活動の概観として、小野（1973）。

19） 単行本はボストン版が 1890 年、ロンドンでは Longman より 1891 年に出版。

20） 当該の詩集のうち「ピグマリオンと影像」の詩は、20 世紀に入ってからニューヨークで、バーン＝ジョーンズの 4 枚の画を添えて出版された（Morris 1903）。

21） 2012 年は日本ではピグマリオンのちょっとした当たり年で、6 月には音楽家としても才覚を発揮したジャン・ジャック・ルソーのメロドラム「ピグマリオン」が日本語で初演された。また、1987 年の「バーン＝ジョーンズと後期ラファエル展」以来ひさびさに「バーン＝ジョーンズ展」が開かれ、6 月以降、東京、神戸、郡山を巡回した。1987 年には第 1 期の、2012 年には第 2 期の連作「ピグマリオンと影像」が来日したことになる。

22） 2012 年の展示会カタログ（河村監修 2012）は、展示された第 2 期の 4 枚を掲げるほかに、参考図として第 1 期の 4 枚に加えてジェロームの画を配する。むろんこれは、同一主題の描き方についての顕著なコントラストを示しており、巧みである（86 頁）。

23） 一連の概略について Yeates（2010）および新谷（2002）。文化表象としては小野（1997）。

24） 日本で開かれた 1987 年の展覧会カタログ（河村監修 1987: 50 頁以下）および 2012 年のそれ（河村監修 2012: 84 頁以下）は、ブリティッシュ・ミュージアム収蔵の彫刻に刺激されたバーン・ジョーンズの関心の深さ、および第 1 期の連作の折の依頼人の娘であるとともにモデルともなったマリア・ザンバコとの関わりが落とす影などに言及して説明を加えている。当該の連作における憂鬱さを強調する解釈として、久保（2007）。

25） ディグビーの The Broad Stone of Honour は 1822 年に 1 冊本で刊行され、1823 年に増補が行なわれた。1826 年から 1829 年にかけて順不同で、それぞれの副題を付した 4 部に組み替えられた版が出版され、1876-1877 年には 4 部 5 冊で再度刊行された（小論の準備に際して確認しえたのは、1823 年版およびそれ以降のいくつかの版である）。また Mores Catholici は 1830〜40 年代に 11 冊で刊行され、1844 年から 1847 年にかけて 3 巻本に収録された。バーン＝ジョーンズがディグビーの著作のそれぞれどの段階の版を持っていたのか、定かでない。ディグビーは 1825 年にカトリックに改宗しており、その経緯についてはバーナード・ホランドによるおそらく唯一の評伝 Holland（1919: Ch.3）に詳しい。なお、ジロウアードは特段の証拠を挙げることなく、ディグビーが同時代の諸思潮のなかでもとくに功利主義に対して批判的だという（Girouard 1981: Ch.5）。しかし少なくとも 1823 年版の The Broad Stone においては、当該の議論にはわずかな紙幅が費やされているだけである。ディグビーの生年は、しばらく前までは概して 1800 年と記載されたが、最新のオックスフォード人名事典は 1795/1796 年としている。

26） モリスのこの側面を柳宗悦に連なる線でスケッチしたものとして、草光（1995）。

27） 18 世紀のあいだもたとえばオックスフォードでは、古典学としてのギリシア論は絶えることなく存在した（Clarke 1945）。

28） ヴィクトリア期における古典古代ギリシアへの関心について、Turner（1981）。ジョージ・グロートや政治家で首相も務めたウィリアム・E・グラッドストーンらにはプラトン論

やホメロス論の著述もあり、フランク・M・ターナーの浩瀚な著作はこの面でも有益である。

29) 18世紀中葉ドイツのヨハン・ヴィンケルマン（Johann Winckelmann: 1717-1768）による古代ギリシアの絵画・彫刻に関するその初の著作（Winckelmann 1755）は、1760年代になると英訳された（Winckelmann 1765）。また、書簡集の形をとった英訳（Winckelmann 1766）もあり、同時期にフランス語訳もなされた。日本語訳としては澤柳大五郎訳『希臘芸術模倣論』座右寶刊行会、1943年。

30) NHKスペシャル「知られざる大英博物館・第2集・古代ギリシャ――"白い"文明の真実」2012年7月。

31) アテナイのデモクラシー論の近代ブリテンにおける含意をめぐってDemetriou（1996）。

32) Mitford（1784-1818: 5 vols.）、1808年の第4巻刊行の折には最初の3巻も再刊され、第5巻は1818年刊。1808年の4巻本は2010年にCambridge University Pressから復刻。

33) クリントンの年譜はタイトルや項目が微妙に変化しつつも、ローマのアウグストゥス帝の死までを収めた第3巻（1830年）までが刊行された。1834年に3巻本で再刊され、のちにローマ史を扱う続編も出された。

34) 1819年7月30日付、Samuel Bentham 宛の書簡（*CW* XII: 9）。

35) 第3巻については1808年版による（Mitford 1808: vol.3, 8,15,23）。アテナイのデモクラシーに関する18世紀後半以来のブリテンの議論について（Demetriou 1996）。

36) 従来からミトフォードは、とくにデモクラシー批判者の側面で特徴づけられてきた。この面で掘り下げた検討として（Turner 1981: 192f.）、堀井（2002, 2003）をも参照。スコットランド啓蒙の文明史論がミトフォードに浸透している点は、管見の限り小論に独自の指摘である。

37) 最近の研究でいえば、グロートによる古代ギリシア史およびプラトン論などについて精力的に検討を進めるキュリアコス・ドメトリオ（Demetriou 1999）によって、この整理が典型的に提示されている。2010年の日本イギリス哲学会大会におけるグロートに焦点を当てた川名雄一郎氏の報告も、スタンスは同様であった。

38) グロートを功利主義のラインに沿ったデモクラシー擁護者として整理するドメトリオは、いささか功利主義的な響きのもとでヤングの議論を特徴づけている。「ペリクレスの原則の際立ったメリットは、それが普遍的な幸福と繁栄をめざしたことだった、とヤングは信じていた」と（Demetriou 1999: 44）。だが、1777年刊行のヤングの議論を位置づけるに当たっては、前年のアメリカ革命の衝撃と、それに応答したリチャード・プライスらの市民的自由論とのある種の共鳴関係にも留意する必要があろう。

39) 1860年を超えると、オックスフォードのフリーマン、ケンブリッジのジョン・シーリーなど、帝国論の新たな展開が見られた。グレート・ブリテンならざるグレーター・ブリテンという設定は固有の問題圏をなしており、近年ではダンカン・ベルが精力的に解明している（Bell, 2007）。なお、フリーマンは1856年に完結したグロートの『ギリシア史』に対しての書評など、ギリシア論を提示した。当該の書評のなかでフリーデンは、ミトフォードのギリシア論は間違いだらけで悪文でもあるが、ギリシア史はすぐれて現代のあり方に投げかけるものであることを初めて示した、としている（Freeman 1856: 143n.）。

40) 18世紀中葉のイングランドおよびスコットランドの文明論においては、富裕と自由の増進を肯定的に論じる立場と並んで、奢侈の蔓延と徳の喪失として否定的に捉える議論があった。これを起点に、フランス革命の緊張のもとでの人間の完成可能性論、産業化の対極としてのロマン主義的反撥、そして中世もしくは古典古代を引き合いに出しての陶冶論の隆盛に至る。この一連の展開を検討するにあたっては、バージル・ウィリーらいまや古典的ともいうべき精神史研究、あるいは本格的な意味での知性史［intellectual history］研究を踏まえることが不可欠であろう。

［引用・参照文献］

- Arnold, Matthew (1869) *Culture and Anarchy, an essay in political and social criticism*, London: Smith, Elder and Co. 多田英次訳『教養と無秩序』岩波文庫、1965年。
- Ash, Russel (1989) *Sir Lawrence Alma-Tadema*, London: Pavilion.
- Bell, Duncan (2007) *The idea of greater Britain: empire and the future of world order, 1860-1900*, Princeton(NJ), Princeton University Press.
- Carlyle, Thomas (1838) *Sator Resartus: the life and opinions of Herr Teufelsdröeckh*, London. 宇山直亮訳『カーライル選集Ⅰ　衣服の哲学』、日本教文社、1962年。
- Carlyle, Thomas (1843) *Past and Present* 上田和夫訳『カーライル選集Ⅲ　過去と現在』日本教文社、1962年。
- Clarke, M.L. (1945) *Greek Studies in England, 1700-1830*, Cambridge: Cambridge University Press.
- Clinton, Henry Fynes (1824) *Fasti Hellenici: the civil and literary chronology of Greece*, Oxford: Clarendon Press.
- Crawford, Alan (1998) 'Burne-Jones as a Decorative Artist', in Wildman & Christian (1998).
- Demetriou, Kyriakos (1996) 'In Defence of the British Constitution: theoretical implications of the debate over Athenian democracy in Britain, 1770-1850', *History of Political Thought*, 17(2),280-297.
- Demetriou, Kyriacos N. (1999) *George Grote on Plato and Athenian Democracy*, Frankfurt am Main: Peter Lang.
- Digby, Kenelm Henry (1822) *The Broad Stone of Honour, rules for the gentlemen of England*, London: Rivington.
- Flint, Kate (2000) *The Victorians and the Visual Imagination*, Cambridge: Cambridge University Press.
- Freeman, Edward A. (1856) 'Grote's History of Greece', *North British Review*, vol.25, May, 141-172.
- Freeman, Edward A. (1886) *Greater Greece and Greater Britain and George Washington, the Expander of England*, London: MacMillan.
- GB-J [Georgiana Burne-Jones] (1904) *Memorials of Edward Burne-Jones*, 2 vols., London: MacMillan.
- Giebelhausen, Michaela (2000) , 'Academic orthodoxy versus Pre-Raphaelite heresy: debating religious painting at the Royal Academy, 1840-50', in Rafael Cardoso Denis & Colin Trodd(eds.), *Art and the Academy in the Nineteenth Century*, Manchester: Manchester University Press, 2000.
- Girouard, Mark (1981) *The Return to Camelot: Chivalry and the English Gentleman*, New Haven (CT) : Yale University Press. 高宮利行・不破有理訳『騎士道とジェントルマン――ヴィクトリア朝社会精神史』三省堂、1986年。
- Hares-Stryker, Carolyn (ed.) (1997) *An Anthology of Pre-Raphaelite Writings*, Sheffield: Sheffield Academic Press.
- Hazlitt, William (1821) *Table-Talk: or Original essays*, London: John Warren.

- Helsinger, Elizabeth K. (1982) *Ruskin and the Art of the Beholder*, Cambridge (MA) and London: Harvard University Press.
- Holland, Bernard (1919) *Memoir of Kenelm Henry Digby*, London: Longmans, Green and Co.
- Hunt, William Holman (1905) *Pre-Raphaeliticism and the Pre-Raphaelite Brotherhood*, 2 vols., London & New York: MacMillan.
- Liversidge, Michael & Catharine Edwards (eds.) (1996) *Imagining Rome: British Artists and Rome in the Nineteenth Century*, London: Merrell Holberton.
- Major, J. R. (1827) *Questions adapted to Mitford's History of Greece, to which are appended, a chronological synopsis of events, miscellaneous questions proposed at examinations in the University of Cambridge..., for the use of students, and the purposes of education generally*, London.
- Millais, John Guille (1899) *The Life and Letters of John Everett Millais*, 2vols. London: Methuen.
- Mitford, William (1784-1818) *The History of Greece*, 5 vols., London.
- Montagu, E.W. (1759) *Reflections on the Rise and Fall of the Ancient Republicks, adapted to the present state of Great Britain*, London.
- Morris, William (1868) *The Earthly Paradise: A Poem*, London: F.S. Ellis.
- Morris, William (1903) *Pygmalion and the Image, illustrated with pictures by Sir Edward Burne-Jones*, New York: R.H. Russell Publisher.
- Playfair, William (1805) *An Inquiry into the Permanent Causes of the Decline and Fall of Powerful and Wealthy Nations, designed to shew how the prosperity of the British Empire may be prolonged*, London.
- Reitlinger, Gerald (1982) *The Economics of Taste: the rise and fall of picture prices 1760-1960*, 3 vols., New York: Hacker Art Books.
- Reynolds, Joshua (1997) *Discourses on Art*, edited by Robert R. Wark, New Haven (CT): Yale University Press.
- Ruskin, John (1851-1853) *The Stones of Venice*, 3vols., London: Smith, Elder and Co.
- Ruskin, John (1854) *Lectures on Architecture and Painting*, London: Smith, Elder & Co.
- Ruskin, John (1872) *Munera Pulveris: six essays on the elements of political economy*, London: Smith, Elder and Co. 木村正身訳『ムネラ・プルウェリス──政治経済要議論』関書院、1958年.
- Ruskin, John (1892) *The Nature of Gothic: a chapter of the Stone of Venice*, Hammersmith: Kelmscott.
- Salmon, Nicholas (1996) *The William Morris Chronology*, Bristol: Thoemmes Press.
- Swinglehurst, Edmund (1994) *The Art of the Pre-Raphaelites*, Bath: Parragon.
- Turner, Frank M. (1981) *The Greek Heritage in Victorian Britain*, New Haven (CT) : Yale University Press.
- Wheeler, Michael (2000) 'The Light of the Worls as 'true sacred art': Ruskin and William Holman Hunt', in Robert Hewison (ed.) , *Ruskin's Artists: Studies in the Victorian Visual Economy*, Aldershot: Ashgate.
- Wildman, Stephen & John Christian (eds.) (1998) *Edward Burne-Jones: Victorian Artist-Dreamer, with essays by Alan Crawford and Laurence des Cars*, New York: The

Metropolitan Museum of Art.
- Winckelmann, Johann (1755) *Gedanken üeber die Nachahmung der Griechischen Werke in der Malerei und Bildhauerkunst*, zweite Aufl. 1756, Dresden und Leipzig.
- Winckelmann, Johann (1765) *Reflections on the Painting and Sculpture of the Greeks, with Instructions for the Connoisseur, and an Essay on Grace in Works of Art*, London.
- Winckelmann, Johann (1766) *Reflections concerning the Imagination of the Grecian Artists in Painting and sculpture, in a series of letters*, Glasgow.
- Yeates, Amelia (2010) 'Recent Work on Pygmalion in Nineteenth-Century Literature', *Literature Compass*, 7 (7), 586-596.
- Young, William (1777) *The Spirit of Athens: being a political and philosophical investigation of the history of that republic*, London.

- 岩岡中正（1990）『詩の政治学——イギリス・ロマン主義政治思想研究——』木鐸社。
- 小野俊太郎（1997）『ピグマリオン・コンプレックス——プリティ・ウーマンの系譜』ありな書房。
- 小野二郎（1973）『ウィリアム・モリス——ラディカル・デザインの思想』中公新書。
- 河村錠一郎（1993）「ラファエル前派——自然主義、象徴主義、そして唯美主義」、ジェームズ・ディアディン、河村錠一郎監修『ジョン・ラスキンとヴィクトリア朝の美術展』。
- 河村錠一郎（監修）（1987）『バーン＝ジョーンズと後期ラファエル展』東京新聞。
- 河村錠一郎（監修）（2012）『バーン＝ジョーンズ展』東京新聞。
- 草光俊雄（1995）「柳宗悦と英国中世主義——モリス、アーツ・アンド・クラフツ、ギルド社会主義——」、杉原四郎編『近代日本とイギリス思想』日本経済評論社。
- 久保美枝（2007）「バーン＝ジョーンズによる『ピグマリオンと彫像』」、京都ノートルダム女子大学大学院人間文化研究科修士論文。
- クリストファー・ニューアル、河村錠一郎（監修）（2000）『ラファエル前派展カタログ』アルティス。
- 塩野谷祐一（2012）『ロマン主義の経済思想』東京大学出版会。
- 新谷好（2002）「ピグマリオン物語の変容について」、『追手門学院大学文学部紀要』38号、45-55頁。
- 深貝保則（1994）「カーライルの商業社会観——『過去と現在』へのアプローチ——」、『経済貿易研究』（神奈川大学）20号、33-59頁。
- 深貝保則（1995）「T.カーライルの自己意識論——〈特性論〉をめぐって——」、『商経論叢』（神奈川大学）30巻4号、61-96頁。
- 深貝保則（2009）「ウェルフェア、社会的正義、および有機的ヴィジョン——ブリテン福祉国家の成立前後における概念の多元的諸相——」、小野塚知二編『自由と公共性——介入的自由主義とその思想的起点——』日本経済評論社。
- 堀井健一（2002）「ミトフォード『ギリシア史』におけるクレオンの描き方」『長崎大学教育学部紀要・人文科学』64号、1-13頁。
- 堀井健一（2003）「ギリーズとミトフォードにおけるクレオンの描き方についての一考察」、『長崎大学教育学部社会科学論叢』63号、1-12頁。

第3章
イングリッシュ・ユニテリアニズムとヴィクトリア時代思想

舩木　惠子

  Ⅰ　はじめに
  Ⅱ　イングランドにおけるユニテリアン形成史
    1　イングリッシュ・ユニテリアニズムの源泉
    2　プリーストリーの『自然宗教と啓示宗教の原理』
  Ⅲ　J.S.ミルとプリーストリーの自然観
  Ⅳ　ハリエット・マーティーノゥとメアリー・カーペンター
  Ⅴ　おわりに

I　はじめに

「女性たちの知性には、間違いなく男性と同じように進歩の能力がある。そして男性と同じように備わったものがある。重要なことは、彼女たちが男性と同じような時間を持てるならば、同じように読む力と著述によって世界を教える能力の供給源を持つべきであるということである。そしてもし彼女たちが母親になるのならば、一般的に父親よりも子供の教育を支援することが可能な能力を持っているだろう[1]」（ジョーゼフ・プリーストリー）

本章ではイングリッシュ・ユニテリアニズムとヴィクトリア時代思想との関係を考察する。本章のイングリッシュ・ユニテリアニズムとは、イギリスにおける近代ユニテリアニズムを意味し、ここではヴィクトリア時代のプロテスタント、ユニテリアン派とそれにかかわる人や思想、そしてその活動を扱う。

イギリスでは名誉革命後、議会派を占めた多くのプロテスタントに対する寛容が認められた。しかしユニテリアン派は、反三位一体の教義のために異端派として礼拝集会や出版の禁止を強制され、社会的寛容を受けられなかった。彼らはユニテリアン寛容法（The Unitarian Relief Act: 1813）以前には法律的にはラディカルな非国教徒［Radical Dissenters］であり、国教会やプロテスタント諸派にまぎれて存在していた。18世紀にはテオフィラス・リンゼイ（Theophilus Lindsey: 1723-1808）やジョーゼフ・プリーストリー（Joseph Priestley: 1733-1804）など、多方面に交友関係と協力者を持つ人々によって中産階級の知識層に普及し、組織化され、近代的なイングリッシュ・ユニテリアニズム[2]を確立する。

19世紀にはプリーストリーの思想を継承したラント・カーペンター（Lant Carpenter: 1780-1840）により、知識の習得に重点を置く自由で人道的なユニテリアニズムへと進化する。イングリッシュ・ユニテリアニズムの特徴は、プリーストリー由来の男女平等で自由な教育システムにあり、ヴィクトリア時代にはラント・カーペンターの娘、メアリー・カーペンター（Mary Carpenter: 1807-1877）やハリエット・マーティーノゥ（Harriet Martineau: 1802-1876）、バーバラ・ボディション（Barbara Bodichon: 1827-1891）、オクタヴィア・ヒル（Octavia Hill: 1838-1912）など、中産階級出身のユニテリアン教育を受けた女性たちが、様々な分野で貢献をした。

本章ではこうしたヴィクトリア時代のイングリッシュ・ユニテリアニズムとは、

どのようなものであり、この時代思想にどのような影響を与えたのかを中心に論じたい。そして18世紀の科学者であるジョーゼフ・プリーストリーの、自然科学とキリスト教啓蒙を合理的に融合させた近代的なユニテリアニズム[3]が、結果としてヴィクトリア時代思想に、人道主義的な社会改良思想を持ち込んだことを示せるのではないかと考える。さらに本章ではイングリッシュ・ユニテリアニズムがハリエット・マーティーノゥの弟、ジェームズ・マーティーノゥ（James Martineau: 1805-1900）によって、19世紀末のニューリベラリズム思潮の枠内に位置づけられたと主張する。それは、ジェームズ・マーティーノゥの晩年に書かれた彼の著書、*The Types of Ethical Theory and The Study of Religion*（1885）について、ヘンリー・シジウィック（Henry Sidgwick: 1838-1900）がこれを形而上学的な倫理学として『倫理学講義』（Sidgwick 1902）の中で、T.H.グリーンやスペンサーらとともに扱っているためである。

II　イングランドにおけるユニテリアン形成史

1　イングリッシュ・ユニテリアニズムの源泉

　本節ではヴィクトリア時代のユニテリアニズムの系譜や源泉を明らかにする。ユニテリアニズムはヨーロッパ全体を視野に入れれば、その源泉は16世紀以降にローマカトリック批判から生じた大陸の宗教改革と、それに伴うプロテスタントの台頭にあることは明らかであるが、大陸からイギリスへの直接的伝播は、主に教義の合理性への同調にあり、宗教的な布教によるものではないと考える。名称もイギリスでは大陸の呼称ソッツィーニ派やアリウス派とともに、新たにユニテリアンという呼称が使用されているが、なぜ当時の英国知識人がその教義に同調したのか、それがイングリッシュ・ユニテリアニズムを理解する鍵となるのではないかと考える。つまりそれは英国のユニテリアンが少なくとも、新約聖書の中の記述を科学的に、そして合理的に分析すると、ソッツィーニ派の教義の特徴である反三位一体説は、聖書に照らせばむしろ当然のことと理解したからであろう。

　三井（2011: 251-2頁）はソッツィーニ派の特徴である徹底した聖書研究と宗教における理性の主張のうち、理性の扱い方に注目する。つまり聖書の啓示の理解には、理性の導きを必要とし、正しい理性と神の真理は必ず一致すると主張するソッツィーニ派の理性重視が、イギリスの神学に大きな影響を与えたと分析する。例

としてケンブリッジ・プラトン学派や、ラティテューディナリアン、そしてジョン・ロック（1632-1708）などを挙げている。彼らは英国に伝播した「信仰の自由検討、合理主義、寛容」に共感したのである。神は唯一［unity］で、キリストは人間である。そしてキリストの死に関しても贖罪の教義を否定する。そして唯一神の創造物である人間の自由意志を尊重する。従ってカルヴァン派の予定説をその制約性ゆえに否定するのであり、ユニテリアニズムはカルヴァン主義と対立するのである。さらに英国のユニテリアン・ソサエティの形成を促進したのは、フランスのルイ14世がナントの勅令（1598）を廃し、フォンテーヌブローの王令（1685）によってプロテスタントを弾圧したことである。それによって大陸のユグノーが難民となって英国に移入し、英国内の非国教徒の組織編成に影響を与えたのである。英国のユニテリアン商人のトマス・ファーミンなどは大陸からの難民のために慈善活動をおこなったというが（三井 2011: 236頁）、これによって同朋意識を持ったユグノーも多かったはずである。

　筆者は2011年3月にイングランド東部の都市、ノリッジ（Norwich）のユニテリアン教会、オクタゴン・チャペルを訪問し教会史を調べたところ、現在のオクタゴン・チャペルはユニテリアン教会であるが、ユグノー流入期にはこの教会が長老派教会であったことを確認した。数千人にも及ぶ集団難民のユグノーたちが町の中心部にフレンチ・チャーチを設立し、そこを拠点としてノリッジの地域社会に同化していった。彼らユグノーはもともと技術や資本を持っており、徐々にその地域で重要な地位を築いた。そして1813年のユニテリアン寛容法［The Unitarian Relief Act］以後は、彼らはオクタゴン・チャペルに合流するとともに、チャペルは長老派とユニテリアン派の合同教会となり、現在はユニテリアン教会であるが、長老派、バプテスト派など多様なプロテスタント宗派を含む合同教会［General Assembly of Unitarian and Free Christian Churches］となっている。イングランドのユニテリアン教会が皆これと同様の設立過程を持つとは思われない。しかしこの事例は少なくとも世俗においては神学論争とはほとんど無縁にユニテリアン・ソサエティが形成されたことを示している。一般的なユニテリアンは、1813年以前は迫害を恐れて密かに合理的反国教徒［nonconformist］にとどまっていた。しかし彼らは家系の宗派が1689年の寛容法によって認められた長老派や独立派などに属していたとしても信条としては贖罪や三位一体説、予定説を否定するユニテリアンだった[4]。

　さらにイングランドのユニテリアン形成史において重要なのはイギリス国教会内

部でユニテリアニズムが普及したことである。つまり国教会内部の高教会派の聖職者の中からユニテリアンが形成されている（Tarrant 1912: 7）。それは彼らの哲学的探求の結果として、反三位一体説の立場をとらざるを得なかったのが理由である。これら三位一体論争は、スティーヴン・ナイ（1648?-1719）の著作『ユニテリアン派、またはソッツィーニ派小史』（1687）にはじまる。これはナイが前述のファーミンにあてた4通の書簡などから構成されている。三井の解説によれば、この論点は「三位であるが唯一なる神」の意味を、はたして一般大衆は理解することができるか否かの議論にある。つまり一般には「父なる神、子なる神、聖霊なる神」という三神論ではなく、唯一の神にふさわしい用語で語るべきだという（2011: 257頁）。これを契機に三位一体論争が始まった。国教会の内部においてキリスト教三位一体の教義をめぐり、教義の修正論争が繰り広げられたのである。

イギリスのユニテリアン派の父と呼ばれるジョン・ビドル（John Biddle: 1615-1662）は、グロスター校［Gloucester Cathedral］の校長だったが何度も投獄され47歳で獄死した。しかし彼の『聖霊の神性に反対する聖書からの十二の論証』（1647）で主張された三段論法による聖霊の神性の否定はユニテリアニズムの普及を促した。セントジェームズの教区牧師だったサムエル・クラーク（Samuel Clarke: 1675-1729）は1712年にユニテリアニズムの教義を主張し大批判を受けた。またウィリアム・ウィストン（William Whiston: 1667-1752）は39箇条を否定したため、ケンブリッジ大学の数学のルーカス講座教授職を解雇され国教会を離れた。こうした国教会内部の三位一体論争の一方で、国教会の教区牧師であったテオフィラス・リンゼイは、一般のユニテリアン組織を着々とまとめた。彼はリチャード・プライス（Richard Price: 1723-1791）やプリーストリーなどの助力を得て、初めて1774年にロンドン中心部のエセックス・ストリートに認定ユニテリアン教会を設立した。

1761年にプリーストリーはウォリントン・アカデミー［Warrington Academy］の講師に赴任した。彼は非国教徒家庭出身であり、彼の家系はカルヴァン派に近い会衆派教会［Congregational Church］である。プリーストリーはウォリントン・アカデミーで修辞学や歴史学を教えたが彼はまだ牧師ではなく、転居したリーズのミルヒル集会所で初めて牧師として指導するようになった。聖職者になってからの1772年から1774年にかけて、プリーストリーはユニテリアンの標準的指導書となる『自然宗教と啓示宗教の原理』（*Institute of Natural and Revealed Religion*, 1772-4; 2nd edn., 1782）を出版している。この著書でプリーストリーは、ソッツィーニ主義に基づく一方で、ジョン・ロックの理論『キリスト教の合理性』（Lock: 1695）に従

い、独自の宗教論を確立している。これは大陸の科学者たちとの知的交流が始まる1774年の渡仏前の著作であり、これだけではプリーストリーの宗教観全体を見渡すことはできないが、これによってイングリッシュ・ユニテリアニズムの教義が初めて明確に示されたといえるだろう[5]。

　この著作において、プリーストリーは科学だけが神の創造の合理的理解の方法であり、人間が自然界で経験できることのみ、受容可能な宗教的な真理であると主張する。そして人間は神に対して完全に無力であるが、神の意図が無力な人間に及んだとき、人間の行為は神の計画となり、すべてのものは人間の決定によるものになるという理神論的な見解を示している (Priestly 1782: i-ix)。彼の主張する善とは、神によるものではなく人間の知識が発展した結果であり、自由な「問い」が知識を開化させることを主張する。プリーストリーは冒頭で「あなた方の精神が、この宗教的知識の原理を見出すことで確立されるのが悲願である」(*Ibid.*: i)とし、著作が教育目的であることを示す。またプリーストリーの『統治の第一原理』(*Essay of First Principles of Government*, 1768) は、彼の自由に関する論文だが言論の自由や宗教の自由を自然の体系[whole system of nature]の中に位置づける点で、プリーストリーの思想は一貫している。しかしこのことがフランス革命を肯定するような言動を導いたがゆえに、彼はバーミンガムの暴徒たちに襲われ、これによって「ユニテリアンは最も悪意に満ちた非国教徒」というレッテルをはられた。しかしバーミンガム事件とは別にユニテリアン組織は穏健な形で発展する[6]。ロンドンに最初のユニテリアンの認定教会[7]を設立し、ノース・ヨークシャーの教区牧師だった前述のテオフィラス・リンゼイや組織の中心である中産階級の人々が拠点とネットワークづくりに尽力したためである[8]。

　寛容法の問題はこのセクトの強い政治的共通意識である。名誉革命（1689）後、議会で寛容法［Act of Toleration］が成立したが、ユニテリアンの寛容は認められなかった。それは反三位一体説が社会的な混乱を招くという意識が根強かったためである。またピューリタン革命後の保守反動によって成立した非国教徒抑圧のための地方自治体法、統一令や5マイル条令など、一連のクラレンドン法典［Clarendon Code］は継続しており、国教会の「三十九の信仰箇条」による教育の自由の制限も依然として存在した。しかしワッツ (Watts 1998: 3) はイングランド長老派教会やバプテスト教会がユニテリアン教会に徐々に取って代わった事実を示している。ワッツの分析は1851年の人口調査の記録により、イングランドではメソジスト49万人、会衆派16万5千人に比較すると少数派だが、5万人のユニテ

リアンの記録があることを示している。ただしこの時代でもユニテリアンを自称しない人びとが多く本当のところは分析しにくいという。

　また、ハッチオン（Hutcheon 2001: 25-6）によればハリエット・マーティーノゥに至るユニテリアンの歴史記述の中で、大陸からの伝播であるソッツィーニ派については次のように述べられている。16世紀半ばのイタリアで、ローマカトリックの迫害にあったレリオ・ソッツィーニ（Lelio Sozini: 1525-1562）とそれを継承した甥のファウスト・ソッツィーニ（Fausto Sozini: 1539-1604）からはじまったソッツィーニ派は、原初ユダヤ人キリスト教一派のナザレ派を継承するものであり、一神論キリスト教を教理としている。この派の主張は325年のニカイア信条による三位一体説の採用が、大衆への普及によるキリスト教の堕落の原因だと主張する。ニカイア公会議で追放されたアリウス派も教義においてはナザレ派よりも神秘主義的だが、キリストの神性を認めず、神の唯一性を肯定するので、ソッツィーニ、アリウス両派は、トランシルバニアやオランダなどのヨーロッパの一部の地域を除いて異端のキリスト教とされた。ソッツィーニ派はその後三位一体説だけでなく、信仰の意志を持たない子供に強制的に信仰を押しつける幼児洗礼に反対したスイスのセルベトゥス[9]（Michael Servetus: 1511-1553）を経てポーランドのラコウに落ち着き、約300人の集団を形成した。だがそこでも異端を理由にイエズス会の策動で学院や印刷所が破壊され、クラクフ［Krakow］で1604年に大量虐殺がおこなわれ、わずかに残る一部がトランシルバニア[10]やオランダに逃れたとしている。

　これによればイングランド内部にソッツィーニ派が大量に移入した形跡はない。ワッツ（Watts 1998: 3-4）はイングリッシュ・ユニテリアニズムの形成にソッツィーニ派の教義が刺激になったと述べているが、人的な移動を原因としてイングリッシュ・ユニテリアニズムの源泉が大陸から流入したとは考えにくい。確かにソッツィーニ派はイングリッシュ・ユニテリアニズム形成に役立ったかもしれないが、やはりユニテリアニズムはイギリス独自の思想の中から生じたのではないかと考える。つまりイングリッシュ・ユニテリアニズムは、イギリス経験論の伝統上に出現したものではないかというのが本章の主張である。本章では国教会内部の神学的三位一体論争や、ジョン・ロックの「観念」の導入については紙面の制約があり扱えないが、ロックの経験論の精緻化がキリスト教の合理性を主張するプリーストリーの世俗的なユニテリアニズムに継承されたのでないかと推察する。そこで次にプリーストリーの著作の分析をおこなうことにする。

2　プリーストリーの『自然宗教と啓示宗教の原理』[11]（以下『原理』とする）

　プリーストリーは、「リーズ、ミルヒル集会所の非国教徒の若者たち」にあててこの著書『自然宗教と啓示宗教の原理』[Institutes of Natural and Revealed Religion (1st edn., 1772)] を書いた。そして知識は系統的、体系的であることによって、その有利さを伝えられると最初に述べている (1772: xv-xvi)。1771年にプリーストリーは『統治の第一原理』[Essay of First Principles of Government (1st edn., 1768)] の2版を出版し、政治的自由と市民的自由の峻別と宗教的自由の主張をおこなっている。これらの著作の内容は連続しており、『原理』(1772) の冒頭では「宗教的知識の第一原理」を述べている。ここではこの時代の宗教が政治的な影響を受け、極端に抑制的な宗教教育をしていると批判している。従ってこの著作はそうした教育に影響を受ける非国教徒の若者たちに向けてのメッセージだとプリーストリーは主張する。プリーストリーは宗教的権利と宗教的な自由は計り知れない価値があると述べ「もしあなたが困難によって落胆しているならば…すべての宗教、自然宗教も啓示宗教も拒否してその困難さを緩和することを考えるべきである」(1772: xv) と言う。

　つまりプリーストリーは人生の困難は、宗教に頼らず自ら考えるべきとするのである。彼は今日において必要な宗教は合理的宗教 [rational religion] だと強調する (1772: xix)。宗教は、第一に人間の幸福を実現するものであり、その実現は来世ではなく現世のものでなければならないという。プリーストリーは、過去の権威的な宗教教育や行き過ぎた厳格な教育が、子供の持つ探求心や興味を失わせ、子供時代の幸福を減少させると批判する (1772: xxi)。プリーストリーは現状の宗教教育に、多くの人々が何の疑問も感じずに従っていることに対して異議を唱える。プリーストリーは、今日では自然現象の不思議さを問う人はなく、たとえ疑問があっても詳しく調べることもしないと嘆く。このような抑制的な教育方法は子供たちの楽しみを奪い、両親の介入をできなくするという。プリーストリーによれば、我々人間の楽しみは何よりも「自由」なことである。この自由を制限して表面的で気取った教育を子供たちにおこなうことを彼は否定する。さらに若者たちにとって重要なのは両親からの教育であると主張する。今まで教会は家庭教育 [family discipline] の必要性を無視してきたのでないかと述べる。プリーストリーは、教育には体系的な提供が有効であり、すべての知識の支流は確かな事実と原則とから成り立ち、自然によって導かれている固有の秩序を学ぶ必要があるという。例えば宗教だけでなく、組織 [system] の有益さを、さらに実践の教育を、と宗教以外に多岐にわたって

教育することが必要だと強調する。

　だれも薬品のもつ法則性を教えようとは思わないだろう。事実、宗教的なマナーは教えても、科学における、今の競争的な知識というものを教える教師はいないと批判する。彼は18歳から20歳までの若者のために、学術的なクラスを作るべきだと主張する。13歳以下のジュニア・クラスでは聖書だけを教え、それ以上の14歳から18歳までのシニア・クラスでは男女共学とし、平等に聖書の知識を与える。プリーストリーの教育の基本は聖書研究である。その学年を過ぎてもその生徒が希望するならばいつでも教育をおこなうべきであると述べるプリーストリーの柔軟な教育論は、従来の教育が宗教的な権威や規制にとらわれ、人間本性が持っている自由な興味や知識欲を低下させていることに対して主張されている。このように『原理』はプリーストリーの教育指導書であり、プリーストリーのユニテリアン教育のテキストであったことを理解する必要があるだろう。

　以上のような序文のあとに『原理』は自然神学と啓示神学について解説する。しかし『原理』は基本的に自然神学に対する解説と啓示神学への批判から成り立っている。第一節は神の存在と、神の自存とすべての原因である神についての論説である。プリーストリーはこの世界のデザインをおこなった知的創造の原因である神の存在証明を試み、我々の存在は神の意志によるが、神は自存しており、何らかの原因で生じたのではないと分析している (1772: 5)。そしてプリーストリーが解説する人間とは、不完全な能力しか持たず、神が為された創造の起源においては、この人間の存在は未決の困難に含まれる (1772: 10)。プリーストリーの自然神学で強調されるのは神の摂理の説明であり、自然の体系 [system of nature] という言葉が示す自然の必然論である。

　「最も巨大で最も直接的な自然の体系の恐ろしさは、動物が他の動物を餌食にすることである。ライオン、トラ、狼、鷲、ヘビ、牛馬、鳥へと連鎖する、最初は闘いであってもそれらはやがて食肉動物の創造物ではなく、善行として認知されるのである」(1772: 24)。

　後のダーウィンの進化論を思い出させるようなプリーストリーの自然科学からの自然の摂理が主張され、その摂理には人間には認識されなくても神の意志が存在すると主張する。

　「ゆえに、神は重要な目的に応えるためにすべての物を創造した。すなわちそれは彼の創造物の幸福である」(1772: 37)。

　プリーストリーは神の力は偉大で知識は広く、我々は理解することも見ることも

できないが神はどこにでもいると解釈する。そして神の人間創造の目的は我々人間の幸福にあると考える。人間は無限の神の完成について見ることはできないが、想像しようと努力する存在であると述べている。プリーストリーの神学は啓示への批判において示される。最初に強調するのはギリシャ哲学のキリスト教との接続である。プリーストリーはギリシャ哲学にはエジプトをはじめとする東方文化による知識の蓄積がキリストの出現の500年も前から反映されており、高貴とされたギリシャ・ローマの社会には、現実には道徳と宗教原理の堕落によって、道徳的な考え方が期待されていたと分析する。プリーストリーはこのキリスト教の現在に至る堕落の歴史をギリシャ・ローマの哲学や多神教から導く。プリーストリーによればギリシャ的考え方は比較的早い時期にトラキヤなどの東国の蛮国からもたらされたものだと述べている (1772: 178)。

「歴史において、彫像のない唯一神崇拝 [the worship of one God] はすべての国々において、多神教以前に存在していたことが知られている」(1772: 179)。

プリーストリーはギリシャの哲学者は神の摂理を否定していると述べているにもかかわらず、神の摂理を否定するギリシャ哲学と三位一体説が融合することによってキリスト教はその堕落がはじまったのだと分析する。彼のもう一つの目的は「不信心者」[modern unbelievers] に対して正統なキリスト教を示すことである。つまりプリーストリーの神学の目的は三位一体説をとる既存の啓示宗教と、それに対抗する理神論者の両者に向けて合理的神学を主張することにある。彼は自然科学を必然であり、神の摂理としながらも神の啓示の可能性を否定しない。つまりプリーストリーは『原理』において、厳密には完全なる理性主義をとらない。しかし「来世の理論を支持しない、啓示を拒否する現代の不信心者」(理神論者のこと) (1772: 233-234) を批判しつつ、ホッブズ (Thomas Hobbes: 1588-1679) だけはこのような論争が大転換したとして評価する。またヒューム (David Hume: 1711-1776) については少し複雑であるが、我々の周りの観察できることから、創造主を推論することはできないという原因結果の理論によって、我々のすべての推論の基本を覆し、彼ほど知識を確信する作家はいないと高く評価するが、ただしヒュームの懐疑主義を全面的に認めるのではない (1772: 208-209)。彼の奇跡に関する理論は前の自然法則性が後ろの法則性と同一であれば、奇跡は否定されるというような部分的なもので、すべてにおいて奇跡の不存在が証明されたわけではないとして批判する (1772: 256-257)。プリーストリーによれば奇跡は聖書に書かれる事柄である。聖書主義を貫くプリーストリーは聖書に記述されている奇跡は実在と考えるのである。プリー

ストリーの神学をたどると、多くの対象を自然法則性の証拠［the evidence］によって証明することにこだわりながら、聖書主義が貫かれ最終的には唯物論的な神の啓示に行きつく。そこには科学的な実験、検証にもとづく経験的な考え方があると同時に、自然法則への強い信頼からの観念的な必然論が貫かれているように感じる。彼のユニテリアニズムは人間の不完全性と、不完全ゆえに人間に見えず理解できないような、自然の必然性とによって成り立っており、この人間に知覚できない部分に神的存在の必然が挿入され、神［自然法則］への従属が絶対化されると理解できるのである。そこには、もはや人間の意思の存在は見ることができない。プリーストリーは、啓示神学が三位一体説という説明できない問題を受容すると批判しながら、人間の不完全性に内在する、認知することができない法則性を必然だと実証することなく主張するのである。この必然性の問題が次節のテーマである。それは19世紀のヴィクトリア時代思想を形成した一人であるJ.S.ミルが、18世紀の自然神学をどのように理解し、批判したかという問題である。

Ⅲ　J.S.ミルとプリーストリーの自然観

　本節ではJ.S.ミルの『宗教三論』の第一論文「自然論」(1854) を分析し、ミルとプリーストリーの自然概念の考察を試みる。「自然論」はヘレン・テイラーの序文によれば、ミルの亡くなった1873年に出版する予定だったという。ミルの決意は固かったようで、ヘレンによれば、どのような汚名が降りかかろうともミルはこの出版を差し控えることはなかっただろうと述べている (*CW X*: 372)。しかし「自然論」の内容は汚名を着せられるような内容なのだろうか。実際にミルがこの論文を書いた1850年代は万国博覧会がロンドンで開かれ鉄道が敷設された。イギリスの経済発展を十分に経験していた人々にとってこの論文はむしろ違和感なく読めたのではないだろうか。ミルが「汚名」としてそれをとらえるとすれば、同様の内容が約1世紀前にプリーストリーによって書かれており、それこそが当時「汚名」を着せられた過激な論説として人々の記憶に残っていたからではないのだろうか。
　プリーストリーとミルの自然観は哲学的必然といわれるような、人間の意思の問題を別にすればイギリスの伝統的な唯物論の系譜にある。そしてその主題が自然に道徳律［倫理的主題・当為命題］を持ち込むことを拒否する点においては同じ構造である。従ってミルはキリスト教の信仰は保持しないが、プリーストリーが自然神

学の擁護に用いた唯物論的な自然観は保持するのである。ミルとプリーストリーの自然観の相違は「宿命」もしくは「必然」の考え方にほかならず、それこそがミルの思想とプリーストリーのユニテリアニズムの大きな相違となっている。プリーストリーの時代と異なりヴィクトリア時代という進歩と繁栄の時代は、一層の社会発展に期待を寄せる人々がミルのように「宿命」や「必然」を拒否する考え方を受け入れることは容易だったはずである。「自然論」の出版がもっと早い時期であっても、負の社会的評価はなかったのではないか。ヘレン・テイラーはミルの慎重な性格が出版を遅らせたと述べているがそれだけではなく、プリーストリーが受けたいわれなき陰謀と暴力の記憶がミルにそうさせたのではないだろうか[12]。

　ミルは「自然論」において、最初に「自然」という言葉の意味を観念連合の結果にまとわりついた連想から解き放つという目的で、「プラトン的な方法」、つまり曖昧な用語を徹底的に確かめることによって自然の定義をすることからはじめる。

　「人間の意志が原因となって生みだされた現象も、私たちと無関係に発生した現象と変わらず、基本的諸力の特性、つまり基本的な物質やそれらの混合物の特性に依存している。全人類の総力を結集しても、物質一般の新しい特性を一つとして創造することは出来ないであろう。私たちができることは、発見した物質の様々な特性を自分たちの目的のために利用することだけである」(*CWX*: 375/6頁)。

　次にミルは「自然」の二つの意味を導く。第一は外界も内的世界も、存在するすべての力 [power] を意味し、第二に人間の意志作用なしでおこる、つまり人間の自発的で意図的な働きなしに起こるものだけを意味する。さらに倫理的に自然を「あるべき」ものとして、意図的に使用することに対してこれを否定する。つまり社会でよく使用される「自然」ということばの道徳的意味での使用は、なんらかの価値の規則や基準を構成するものだとして、この観念の検討こそが論文の主題であると主張する。ミルは「自然」の物質的な自然法則を自然法として「法に従うべきである」と解釈する考え方を批判する。これは宇宙の物理的法則性に従うという意味と、道徳律に従うという意味を密接に関係づけて、「事実」と「あるべき」こととを同一視するものだと分析する。ここでのミルの批判対象は「自然法」にあるが、あくまでミルが主張する自然法則は存在命題であり「誰もが、そうするほかない」ものである。自然に従わないで行為することができない自然法則のことである。

　「人は必然的に自然法則、あるいは事物の特性に従う。しかし彼は必ずしも自然法則や事物の特性によって自分を導くわけではない。すべてのおこないは自然法則に一致するが、すべてのおこないが自然法則についての知識に基づいているの

ではない。また自然法則を利用することを考えて目的の達成に向けられているのでもない。私たちは全体としての自然法則から自由になることはできないが、それでも特定の自然法則が作用する状況から逃げることができるのならば、その法則からのがれることができるということを示すのである。私たちは自然法則を通さずには何もすることができないが、一つの法則を他の法則に対抗するように使うことができる。ベーコンのよく知られた一般法則によると、私たちは自然に従うことによって自然に命令するのである」(*CWX*: 379/13-14頁)。

ミルは複数の自然法則が個人の意志によって組み合わせられ、意図する方向へ向けられると考える。自然法則自体は必然であっても、その結果を意志によって変化させることが可能だと考える。この部分はプリーストリーには備わっていない概念である。つまりプリーストリーの自然法則の概念は一般法則という単一のものしか存在しない。従って両者の持ちだす例証は類似しているが、その解釈は対照的である。プリーストリーの必然論は、ミルの自由意思論においてその根拠となるのである。

「暴風雨、閃光、伝染病、そして死といった、我々に巨大な恐怖といらだちをもたらす多くの自然のシステムが存在し、それらはしばしば苦しみや悩みの根拠となっている。しかし、それらの害悪はただ一時的なものである。自然のシステム全体をみれば、それらは必然的な結果として、多かれ少なかれ我々が判断できる最高の、そして最も親しみやすいものになることがわかるだろう。これ以外に害悪を除去し、たくさんの幸福を作り出すべき一般法則はないのである」(Priestley 1772: 21-22)。

プリーストリーの自然法則はただひとつの一般法則だけであり、どんなに過酷なものでも全体的な結果は、人間の幸福を増加させる唯一絶対の法則と考える。火を一例としても、プリーストリーは、火災は大きな苦しみをもたらすものだが全体で考えれば火は人類にとって有益であることを説いている。しかしこのようなプリーストリーの主張に対して、ミルの「自然論」は同様の例証を使用して、まさにプリーストリーに逆の答えを提示する。

「暴風雨や伝染病は不正や破壊や死の点で、無政府状態や恐怖政治よりもはるかにひどい。しかし、こうしたことがすべて賢明で善い諸目的のためであるといわれている。これについて私がまず述べなければならないことは、そうであるかないかは、まったく的外れの論点ということである。もし外見に反して、自然によってなされるこれらの恐ろしいことが、良い目的を促進するためであるとい

うことが本当であったとしても、私たちがこの模範に従うことによって善を促進するとはだれも思わないであろう。自然は私たちが真似るべきモデルではありえない」(*CWX*: 385/26頁)。

「自然論」でミルは、まるでプリーストリーに応えるように、ロンドン大火が都市の衛生状態にとても有益な結果をもたらしたと信じられているが、善が悪から出るならば、悪が善からでる逆の事実もあり、もはや現代人はこのようなことを神の目的の兆候であるとはしないと主張している。ミルは人間の利害はとても複雑で、どの出来事の影響も多様な側面をもち、人類全体で考えるならばその影響は善悪の両方であると主張する。さらにミルは自然神学について書いている人たちは、全員完全に道を失ってしまったと主張する。悲惨があるといけないので、そうならないように悲惨があるというテーゼは全能と考えられている創始者には適用できないと述べている。ミルは、「人間は自然に従え」という説を、「事物の自然発生的な運動様式を、人間の意志的な行為の規範にすべきである」と強制するような意味を持つものであると批判し、自然科学の多様な自然法則性と、意志によって選択できる人間行為の可能性をはっきりと述べるのである。これはプリーストリーには存在しない。そしてミルはプリーストリーと異なり、人間の行為はいずれにしても非合理的で一つの法則では解決がつかないほどに複雑であることを強調する。両者の自然法則性は真っ向から対立し、不思議なことにミルはプリーストリーの自然神学を意識しているかのように、「自然論」の随所において例証を呼応させている。しかしプリーストリーの名前を述べることはない。

なぜミルはこのように1850年代に神学的必然論を批判したのだろうか。これはミルだけではない。次に扱うハリエット・マーティーノゥも1850年代に信仰の拠り所であったプリーストリー由来の必然論を捨て去り、コントの実証主義哲学に没頭するのである。バジル・ウィーリー (Basil Willey: 1897-1978) はディビッド・ハートリー (David Hartley: 1705-1757) を「ベーコンに始まり、ボイル、ロック、ニュートンを経て、ジョーゼフ・プリーストリーに至るイギリス自然神学者の、いわば使徒的系譜につながる人物」と称し、「科学と宗教の神聖同盟」というイギリス独特の現象が18世紀イギリス思想だったことを述べている。ハートリーは必然論者であり、彼の著書 *Observations on the Man-his Frame, his Duty, and his Expectations* (1749) においては「彼がまず感覚から始め、ついで想像力を扱い、省察力を検討することによっていかにして<自然>が我々のために (今見る通りの我々という存在) を作り上げるのかを示したものである」と述べている (Willey 1940:

136/152頁)。

　観念連合の基礎の上にハートリーは、道徳感覚が生まれつきのものではなくて「人為的」なもの、つまり諸感覚が連合して習得されることを論証しており、これがプリーストリーの中に、またミルの中にも継承されているのは明白である。しかし両者ともに、ハートリーの観念連合説に基づき、教育（経験）による人間の進歩と到達可能性を述べながら、プリーストリーは単純な自然法則による自然の成り行きを結果とし、ミルは複雑な自然法則の人間による選択可能性による意思の問題を結果とする。こうした両者の自然観の相違は、18世紀から19世紀にかけての自然科学の進歩と産業の進歩による、社会の多様性が影響するのは事実であり、両者の自然観が接近して見れば相違し、イギリス思想という広い視野に立てば、おそらく同一であることも事実である。

Ⅳ　ハリエット・マーティーノゥとメアリー・カーペンター

　ハリエット・マーティーノゥはユニテリアン教育によって育てられた。修行時代の1820年代は、ユニテリアン系の月刊誌マンスリー・レポジトリーの編集者ウイリアム・ジョンソン・フォックス（William Johnson Fox: 1786-1864）のサークルで筆を磨いた。能力があり家庭の経済的な事情から筆で生計を立てようとした彼女は、聴力障害者だったが、すでにユニテリアン系の出版社から8ペニー小説といわれる大衆小説を出版して好評だった。彼女が生活のために書くことから解放されるのは『経済学例解』（H. Martineau 1832-1834）シリーズの大成功による[13]。シリーズ成功後、彼女は新たなテーマを求めてアメリカへ渡り1837年に『アメリカの社会』（Society in America, 1837）を、次に『西部旅行の思い出』（Retrospect of Western Travel, 1838-1839）を出版する。以後彼女は、物語作家からジャーナリストへと脱皮するが、本節では『西部旅行の思い出』の中で、彼女が書いたプリーストリーの巡礼を扱い、マーティーノゥが19世紀のアメリカで彼をどのように回顧したのかを最初に考察しよう。

　彼女は友人夫妻と出かけたアメリカ西部の雄大なガイドツアーを楽しむ。友人夫妻や原住民ガイドとの気のきいた会話と、雄大なアメリカの自然描写を巧みに盛り込んだハリエット・マーティーノゥの筆は、当時の旅行ガイドブックとしては最高の感動を読者に与えただろう。彼女が1850年代に得意とする歴史解説と現実の描

写を交互に配置して読者に感動と知識を与える作風はすでにこの作品に見ることができる。

彼女はノーザンバーランド［Northumberland］へ、ジョーゼフ・プリーストリーの巡礼をする。彼女は真理を追求した人物としてプリーストリーの紹介をする。彼は確固とした意志のある殉教者だが、温厚な探求者。恐れを知らない牧師で、謙虚なキリスト教徒だった。寛大な思想、広い見識を持ち、彼のような開かれた精神や心を持つ者は他に稀であると賞賛する。そして彼は完全に合理的だったために偶像崇拝を否定し、バーミンガム事件（1791）の際に彼を襲った暴徒は、彼の家や教会、哲学的実験装置、論文などすべてを焼きはらったと解説する。彼はバーミンガムを追われた人物、このアメリカに逃れて、この地で死んだとマーティーノゥは紹介する。

なぜ彼がそのような目にあったのかと彼女は問う。当時彼は不穏な人間であり禍を起こす人、そして神学や哲学を独断的に理解する悪人だといわれていたからだと述べる。しかし彼は騒然とした彼の時代をけん引した人物だと評価されると弁護する。マーティーノゥは真理に対する彼の恒常的な擁護をあげ、彼の内面の深遠さはすべて知識にあり、彼は常に偽善的な真理の障害となる設計を憎んだゆえに真理の追求をしたのだと説明する。不幸だった晩年、息子の死、妻の死を乗り越えて、彼は人生を愛し、研究に没頭し、友人たちとの広い交流に満足した。決して殉教を望まず、彼の哲学的な追及や思考をつらぬいたと解説する。愛すべきプリーストリーの真の苦悩はその晩年だったとマーティーノゥは分析する。アメリカにおける晩年のプリーストリーの分析は、彼女のアメリカ観と重なる。あまりにも英国と違う人々、アメリカの風変わりな考え方にプリーストリーは気づかざるを得なかったことを、そしてこの国のあまりに早い世相の移りかわりに、プリーストリーが翻弄されたことを述べている。アメリカ在住期間のプリーストリーの以下の言葉にマーティーノゥはこの哲学者の驚きを読み取る。

「世界の中で活発に動き回り、人々は急速な進歩のスピードに導かれ、彼らの学びの精神は科学に追いつき、自由や道徳が進歩する。それらは一緒になって彼らの哲学や信奉の源泉となる。これらは文明化に付随する利益である」（H. Martineau 1838: 179）。

しかしマーティーノゥは、焦点が定まらず常に変化し、忙しく騒々しいアメリカ社会がプリーストリーをイギリスにいた時と同じ精神的状態にしなかったのではないかと推察する。マーティーノゥはプリーストリーがアメリカの現実にふれて知覚

ラント・カーペンターの寄宿学校(英・ブリストル市内)

をさらに洗練させたが、以前のような鋭さがなくなったと分析する。マーティーノゥは「晩年のプリーストリーにはもはや自然の法則はなく、立ち止まり静かに心の中に光をともすわずかな余裕はない」と述べている (H. Martineau 1838: 180)。

彼女はプリーストリーの住んだ家を訪ね、プリーストリーの丘へ行き墓参りをする。プリーストリーの孫と会い、プリーストリーを知る人々とプリーストリーを語り合う。プリーストリーは間違いをおかしたかもしれない。だがそれはつかの間のこと。彼の間違いは修正された。それよりも彼がおこなった道徳の達成への並はずれた進歩は決して失われるものではないと結論する (H. Martineau 1838: 197-8)。

マーティーノゥのプリーストリー巡礼記は、ヴィクトリア時代のユニテリアニズムを象徴する。それは道徳の達成に重点を置くユニテリアニズムであり、自然の必然を強調するものではない。それを実践した人物としてラント・カーペンターの長女、メアリー・カーペンターについて、次にここで若干述べておきたい。ヴィクトリア時代にはユニテリアン家庭で育った女性たちがソーシャル・ワークで貢献している。彼女たちはユニテリアニズムによって合理的に思考することを身につけ、社会改良につとめた。慈善活動が中産階級の女性の仕事として定着するヴィクトリア時代において、彼女たちは社会的実践活動の先導者であり、このこととヴィクトリア時代のユニテリアニズムとは切り離すことができない。

19世紀にプリーストリーの自然神学を人間教育として拡大したのはラント・カーペンターである。彼は牧師として、教育者として、科学主義に基づくユニテリアンの私立学校を、1817年にブリストルで設立した。彼は牧師として赴任したブリ

メアリー・カーペンター記念プレート（ブリストル聖堂内）

ストルが、あまりに科学教育の素地がないことに驚き、自宅を地域における知識の文化センターとして開放した。そして彼のもとに寄宿して、ハリエットとジェームズ・マーティーノゥの姉弟、後のウエストミンスター・レヴュー編集長のジョン・バウリング（John Bowring: 1792-1872）など、多くのユニテリアン家庭の若者がギリシャ、ラテン語、数学、物理学、自然史などを、カーペンターから学び、厳しく教育された。1840年に父が亡くなると、メアリーはアメリカのフレデリック・ダグラス（1818-95）らと黒人奴隷廃止運動にかかわり、同時に1852年にブリストルに男女別の少年院［Red Lodge］を開設する。イギリスで最初の女子少年院である（Hart 1880）。

彼女は貧しさゆえに子供たちが浮浪児になることと、その子供たちの将来の犯罪率の高さに少年院設立の必要性を感じ、生涯のほとんどをそれに費やした。そして最晩年の1866年からの10年間はインドに渡り、サティー（未亡人の殉教）に代表される激しい女性差別の改善のためにインドの女子教育に携わった。彼女はインド人女性教師や女性医師の養成を訴えインド総督に働きかけ、ベンガル社会科学協会（Bengal Social Science Association）を設立した。国立インド協会の設立（National Indian Association: 1870）に尽力し、1875年にインドの女性犯罪者の刑務所改革に取り組んだ。1877年に亡くなるまで、なぜ彼女はこれほどインドの社会改良に取り組んだのだろうか。

それは1830年にインドの社会改革への協力を訴えてイギリスを訪問したベンガル・ルネッサンスの父、ラジャ・ロマホン・ロイの宗教改革運動［ブラモ・サマージ:Brahmo Samaj］にさかのぼる。これはヒンズー教のユニテリアニズムに基づく運動であり、若き日のメアリーはこの同胞の運動に賛同した[14]。ロイは志半ば

ラジャ・ロマホン・ロイの墓
(ブリストル：アーノス・ベール墓地)

ラジャ・ロマホン・ロイ像
(ブリストル聖堂前)

で亡くなったが、インド人同朋への協力はメアリー・カーペンターの悲願だった。イングリッシュ・ユニテリアニズムの特徴の一つは強力な同朋意識である。インド、ヒンズーのユニテリアンに対する同朋意識もその一つである。ハリエット・マーティーノゥは1850年代の英領インド問題においてデイリー・ニューズのコラムで、インドの直接統治に反対の論陣を張り、東インド会社の解散とインド直轄統治の議会での早急な決議に対して猛然と批判した。彼女の批判の根底にはメアリー・カーペンターと同じようにユニテリアニズムの特徴が示されている。ただし本章では「インド問題」を述べることができない。

V おわりに

　本章ではイングリッシュ・ユニテリアニズムの形成とヴィクトリア時代におけるその受容と変遷について人や思想、活動の面から総合的に論じてきた。重要なのはプリーストリーの自然神学がイギリス経験論の系譜にあり、ジョン・ロックの『キリスト教の合理性』(1695) を継承していることである。ロックの著作はここでは触れなかったが、ロックと同様にプリーストリーはキリスト教の利点を人間の福祉におく。ヴィクトリア時代のユニテリアニズムは、プリーストリー由来の人間のための宗教として、人道主義のヴィクトリア時代思想と融合し、この時代の改良思想

をけん引したと理解できるだろう。特に本章では、プリーストリーの男女平等の教育システムと、中産階級で構成されたユニテリアン・ソサエティが、ラント・カーペンターの教育を経由して、女性の社会改良家を多く輩出したことを述べた。

また本章ではプリーストリーからミルへの自然概念の継承を述べている。一見すると両者の自然法則性の違いや、哲学的必然の問題が立ちふさがり、まったく断絶しているように感じるだろう。しかしその断絶は大きな視点から見ると、断絶が接近に変わる。つまり断絶はバジル・ウィリーが分析する18世紀から19世紀への思想の変化であり、本章ではそれを産業化と科学進歩の影響と位置づけた。プリーストリーがキリスト教の利点を人間の福祉におくように、ヴィクトリア時代のJ.S.ミルも宗教の利点をその功利性にあげている。つまり両者の目的はともに人間の幸福という共通項にあるように思われる。

イングリッシュ・ユニテリアニズムは19世紀末にはジェームズ・マーティーノゥによって整理され形而上学的な倫理学として、ニューリベラリズムの枠内に位置づけされるが、一方で社会学者であるハッチオンは、プリーストリーによってアメリカ社会に持ち込まれたイングリッシュ・ユニテリアニズムが、ヒューマニスト・ユニテリアニズムとして19世紀から20世紀にかけて新たな思想に変化したと分析している（Hutcheon 2002: 35-40）。これは1866年に始まる北米ユニテリアン運動から、ジョン・デューイ（John Dewey: 1859-1953）のプラグマティズム［Pragmatism］に至る思想を分析したものだが、イギリス思想からアメリカ思想を連続させる一考察である。これに関して本章では紙面の都合で扱うことができない。

17世紀の三位一体論争は、ヴィクトリア時代にはヒンドゥー・ユニテリアニズムとの関係でインドの社会改革問題と直面し、キリスト教という枠を超えてユニテリアニズムの同朋意識がインドの社会改良に向かった。この点においてユニテリアニズムは真にキリスト教なのかと問えば、そこに矛盾があることも事実だろう。しかしその寛容さや多様性が人間の福祉を促進させたといえるのではないか。ヴィクトリア時代のイングリッシュ・ユニテリアニズムは17世紀の異端派の時代とは異なる意味で、急進的な改良思想だったのではないかと考える。

［注］

1) Joseph Priestley, LLD.F.R.S. (1790) *Reflection on Death; A Sermon, on occasion of the death of The Rev. Robert Robinson, of Cambridge, delivered at the New meetingin Birmingham…, June 13, 1790.* Birmingham, Printed by J. Belcher and sold by J. Johnson,

London, 23-24. 現代に至るまで、この部分の引用は数多い。

2) ハッチオンは、社会学の歴史において近代的ユニテリアンは重要な役割を担っていると考える。彼女はハリエット・マーティーノウの社会学への傾倒を、ユニテリアンの特殊な歴史性の影響だと考え、ユニテリアニズムの分析が、ハリエット・マーティーノウ研究において重要であると述べている。さらにユニテリアニズムは19世紀全体を通して、英国と米国に類似した役割をもたらしたと分析する（Hutcheon 2001: 23）。

3) 英国国教会の三十九信仰箇条［Thirty-nine Articles］やカルヴァンの予定説への反対など、合理的非国教徒の立場で近代的自由主義を訴えユニテリアン主義をとった。通常プリーストリーの思想は、神学的功利主義に分類される（Schofield 1966）。

4) オクタゴン・チャペルの教会史はSophia Hankinson編集の教会史 *The Octagon Unitarian Chapel Colegate, Norwich* (2007) に詳しい。それによればもともとNorwichやNorfolkには1200年代からThe Blackfriarsという非国教徒の修道士の勢力があり、国教会の規制に反対し、自由な雰囲気を持つ土地柄だった。1570年にはおよそ300人の非国教徒が住み、すでに自由思想のnonconformistが（主に長老派）主流だったという。そこへフランスと北海沿岸低地帯より来たユグノー難民が数千人も住みつくと、まさにこの地域は非国教徒のセクトの集結となり、これらの異なったセクトの牧師が、相互のために、完ぺきな調和で会衆に礼拝を執行したという。しかし1733年にセクト主義をとらない反国教会主義の牧師ジョン・テイラーによって、教会員の合意のもと「ユニテリアン」という言葉が初めて使用され、三位一体に基づかない礼拝がおこなわれるようになった。(pp.6-7)

　また、ユニテリアンの女性史に関しては、ルース・ワッツの研究が優れている（Watts 1998: 3-9）。ユニテリアンの科学主義により18世紀後半には、メアリー・ウォルストンクラーフトをはじめとした女性の著作が、ユニテリアン系の出版社から数多く出版され、それが19世紀の女性解放思想へ継続することを述べている。

5) 宗教的な真理は、唯一自然界における人の経験のみであり、キリストの神性や聖母マリアの処女懐胎は認めない（Priestley 1772-74）。唯物論、必然論の傾向があり、これ以後イギリスのユニテリアンの標準となる。ただしプリースリーに宗教的な影響を与えたのはジョン・テイラー［John Taylor］の'*Be only Christian, and follow only God and Truth*'である。(The Octagon Unitarian Chapel Norwich 2007: 7)

6) プリーストリーのバーミンガム事件は、ユニテリアンにとって打撃となった（Hutcheon 2001: 23）。また杉山忠平（1974）

7) この点について、現代のユニテリアンの標準的サイトでは以下のように記述している。Joseph Priestley, the famous scientist and discoverer of oxygen, was the organizer of modern Unitarianism although not before Theophilus Lindsey Vicar of Catterick, Yorkshire, left the Church of England to found the first avowed Unitarian congregation in Essex Street. Near the Strand in London in 1774. (www.unitarian.org.uk/history.shtml) つまり、プリーストリーを近代的ユニテリアンの組織者と位置づけている。

8) ユニテリアニズムのイギリスにおける開拓者は、理神論者のアイザック・ニュートン（Isaac Newton）やジョン・ロック（John Lock）。ニュートンの場合、トランシルバニアの系譜であるといわれている。トランシルバニアのユニテリアニズムの特徴として霊的、神秘主義的であるとされる。(Hutcheon 2001: 26)。本章が問題とする観点での、イングリッシュ・ユニテリアニズムの開拓者は、サミュエル・クラーク（Samuel Clarke: 1675-1729）。彼は18世紀イギリスの「アリウス論争」の当事者であり、三位一体に関する条項を除外した祈祷書を編集したことから、この論争は緊迫化した。その後リンゼイが、クラークの著作に基づき礼拝形式を定式化した（Willy 1940; 有江 2009）。

9) カルヴァンの指示でジュネーブで火あぶりの刑に処せられた。

10) Transylvaniaは現在のルーマニアにあたる。

11) プリーストリーの著作、*Institute of Natural and Revealed Religion*は、初版は1772年から74年にかけて書かれているが、ここでは1782年1月に献辞（The Dedication）が加えられている1782年版にもとづくElibron Classics 2004を主として使用した。

12) 有江（2009）は「18世紀初頭における知的格闘の例として、つまり、神の存在と自らの信仰を前提とした上での、神の属性と観察や実験によって新たに得られた宇宙や自然についての知見との整合的な理解を求める試みの例として哲学者、神学者、あるいは物理学者たちによって絶え間なく試みられてきた」と述べ、自然神学と啓示神学とのせめぎあいがニュートン以来イギリス社会においては重要事項であったと述べている。

13) ハリエット・マーティーノゥの伝記的分析は清水・櫻井編『ヴィクトリア時代におけるフェミニズムの勃興と経済学』（2012）を参照。

14) ヒンズー教は三位一体の教義である。このトリムルティはブラフマ（創造神）・ヴィシュヌ・シヴァの三大神によって成り立っているがこれらは三神で一体をなすと解釈される。この宗教はサティーという未亡人殉死の習慣、幼児婚、カースト制など人道主義的に問題がある慣行を持つ。1828年、ロイはブラモ・サマージ（Brahmo Samaj）の宗教改革運動をおこす。これはヒンズーのユニタリアニズムである。ヒンズー教のブラフマ（創造神）を唯一の神とする宗教に変革しようとするのがブラモ・サマージである。ベンガル・ルネッサンスの始まりといわれる。ロイはヒンズー教の伝統を維持しながら社会改革をイギリスの協力のもとで成し遂げようと考えた。その中で緊急の目的はサティーの廃止であった。インド総督のベンティンクも協力すると約束したが、ロイはムガール皇帝アクバルⅡ世に、Rajaの称号を得て、協力を得るためにイギリスへ渡った（1830）。ロイの活動にイギリスのユニタリアンは全面的に協力したがロイは髄膜炎にかかり1833年に不慮の死をとげた。（M.Carpenter 1866）

［引用・参照文献］

- Andrews, Stuart (2003) *Unitarian Radicalism: Political rhetoric,1770-1814*, Basingstoke: Palgrave Macmillan.
- Bakewell, W.J. (2009) *Unitarianism untenable :A letter addressed to the Unitarian of Chester, Edinburgh, and Norwich, Grea* Charleston (SC) : BiblioLife.
- Carpenter, Mary (1866) *The Last Days in England of the Rajah Rammohun Roy*, E London: Trübner & Co.
- Hart, Mary H (1880) *The Children of The Street: Mary Carpenter's Work In Relation to Our Own*, London: W.Swan Sonnenschein & Allen.
- Hill, Michael R. and Hocker-Drysdale, Susan (2002) *Harriet Martineau: Theoretical Methodological Perspectives*, London: Routledge.
- Hutcheon, Pat Duffy (2002) 'Harriet Martineau and Unitarian Connection', in Hill and Hocker-Drysdale (eds.) (2002).
- Locke, John (1695) *The Reasonableness of Christianity,as delivered in the Scripture with A Discourse of Miracles*. 服部知文訳『キリスト教の合理性　奇跡論』岬書房1970年。
- Martineau, Harriet (1877) *Harriet Martineau's Autobiography,* vols.1-3, Cambridge: Cambridge University Press.
- —— (2010/1837) *Society in America*, vols1-3, London: Saunders and Otley.
- —— (1838) *Retrospect Western Travel*, vol.1, London: Saunders and Otley.
- Octagon Unitarian Chapel (2007) *The Octagon Unitarian Chapel Norwich*. Norwich:

Colman Print.
- Priestley, Joseph (1993) *Political Writings*, Cambridge: Cambridge University Press.
  - ── (1771) *Essay on first Principles of Government, and on the Nature of Political, Civil, and Religious Liberty, including Remarks on Dr. Brown's Code of Education and on Dr. Balguy's Sermon on Church Authority.* (2ndedn) J.Johnson, London. (1771.)
  - ── (2001) *Institutes of Natural and Revealed Religion* 2vols. Elibron Classics, Chesnut Hill (MA) : Adamat Media Corporation.
  - ── (1782) *Institutes of Natural and Revealed Religion* (2nd edn) (1st edn: 1772-4) Person and Rollason, for J. Jonson. London.
- Schofield, R.E. (1966) *A Scientific Autobiography of Joseph Priestley, 1733-1804*, Cambridge (MA) : MIT Press.
- Sidgwick, Henry (2000/1902) *Lectures on the Ethics of T.H.Green Mr.Herbert Spencer and J. Martineau.* Elibron Classics, Chesnut Hill (MA) : Adamat Media Corporation.
- Tarrant ,W.G. (2012/1912) *Unitarianism*, Charleston (SC) : Biblio Life.
- Toland, John (1698) *Christianity not Mysterious*, London: Sam Buckley. 三井礼子訳『秘儀なきキリスト教』法政大学出版局、2011年。
- Watts, Ruth (1998) *Gender, Power and the Unitarians in England 1760-1860*, Scarborough: Prentice Hall of Canada Ltd.
  - ── (2000) 'Breaking the Boundaries of Victorian Imperialism or Extending a reformed "paternalism"?, Mary Carpenter and India', *History of Education*, 29 (5), 443-456.
- Willey, Basil (1940) *The Eighteenth Century Background: -Studies on the Idea of Nature in the Thought of the period*, London: Chatto and Windus. 三田他共訳『十八世紀の自然思想』みすず書房、1975年。
- 有江大介（2009）「クラーク＝ライプニッツ論争（1715-16）の社会科学的含意」『エコノミア』（横浜国立大学）60巻1号、1-42頁。
- 杉山忠平（1974）『理性と革命の時代に生きて― プリーストリー伝』 岩波新書。
- 舩木恵子（2001）「J.S.ミル『自然論』の思想」『研究年報経済学』東北大学62巻4号、57-74頁。
  - ── (2012)「ヴィクトリア時代のフェミニズムにおける経済学の役割」、清水敦・櫻井毅編著『ヴィクトリア時代におけるフェミニズムの勃興と経済学』御茶の水書房、135-193頁。

第4章

J.H. ニューマンの知識論
──ヴィクトリア時代の信仰と科学

有江　大介

　Ⅰ　はじめに
　Ⅱ　ミルから見たオクスフォード運動
　Ⅲ　ニューマンの知識論：信仰と科学
　　1　宗教的知識と科学的知識
　　2　蓋然性とその超克への途
　　3　『承認の原理』：了解・推論・直観・確信
　Ⅳ　おわりに：ヴィクトリア時代の知的環境とニューマン

I　はじめに

　ヴィクトリア時代（ヴィクトリア女王の在位期間：1837-1901）は、我が国での一般的な印象に比べて実は相当に宗教的な雰囲気にあふれていた。確かに、時代精神の基調は科学であり（Dennis & Skilton 1987: 8-10）、それに呼応して「ヴィクトリア時代の大部分に渡って、ミルにおいて最高点に達した功利主義の伝統が中枢の地位を占め続けた」（Cehsterton 1913: 38/35頁）といわれる。しかし、その一方で、ニューマン（J.H.Newman: 1801-1890）らが主導したオクスフォード運動（1833-1845）はイングランド国教会に対する巨大な信仰復興運動であり[1]、関連するロマン主義とともに知識階級に深く大きな影響を与えた。一般大衆の間でも福音主義が拡大し[2]、ラファエル前派の画家ホウルマン・ハント（William Holman Hunt: 1827-1910）の『世の光』は、ブリテン・プロテスタントを象徴するアイコンとして、ヴィクトリア絵画の中で最も人気を集めた（Barringer et.al. 2012: 92）[3]。

　本章では、この科学と功利主義と宗教の時代にブリテンの宗教史、知性史に大きな足跡を残したニューマンの知識論の意義を明らかにする。キリスト教文化に疎遠な我が国では、1845年、44歳の時にオクスフォード大学と国教会でのすべての役職や地位を捨て、彼がカトリックに改宗したことの意味は、キリスト教信仰を持つ研究者以外にはそれほどの関心を持たれていない[4]。ましてや彼の神学と思想の同時代知性史における位置づけなどは、ミル（J.S.Mill: 1806-1873）やダーウィン（Charles Darwin: 1809-1882）とは反対方向を向いた保守的な一宗教家のエピソードとして言及されるにとどまっている[5]。例外は、劣化し続ける我が国の高等教育を考える際に、折に触れて繰り返し言及される彼の大学論である（長倉 2005; 猪木 2009; 片山 2011; 吉永 2011）。

　知性史から見ると、啓示や奇蹟による信仰の根拠付けはニューマンの時代には既に力を失っていた。代わりに普及した、自然科学の新しい知見に基礎をおく自然神学的なキリスト教擁護論さえも、『種の起源』（1859）の登場によって決定的な打撃を受けることになり、信仰への「大衆的懐疑」[secular doubts]（Secord 2000: 253）が浸透するという事態が進行して

「世の光」

いた[6]。こうした状況は、文化全体では"科学 vs. 信仰"、思想史的には"功利主義 vs. ロマン主義"、方法論的には"経験主義 vs. 直覚主義"という対抗軸となって現れた（Altholz 1988: 160; Turner & Arx 1988: 208ff）。

以上を前提に、まず議論の手がかりとして、ミルによるオクスフォード運動への論評を紹介する。その後、ニューマン知識論の枠組みの出発点を『オクスフォード大学説教集』（1843: 以下 OS と略記）、『大学の理念』（1859: 以下 IU と略記）等に即して整理する。次に、『アポロギア』（1864: 以下 AP と略記）、『承認の原理』（1870: 以下 GA と略記）からニューマンの知識論と信仰論のエッセンスである「推断的感覚」[illative sense] の論理とその特色を摘出する。これらによって、ニューマンの同時代における思想的・宗教的な位置が明らかになり、併せて科学と信仰という視点から見たヴィクトリア時代の思想史的特色の一端が示されることになろう。

II　ミルから見たオクスフォード運動

不思議なことに、ニューマンはミルとともに同時代の代表的な知識人であるにもかかわらず、また、古典的リベラル・アーツを大学教育から排除しようしているとして功利主義者を敵視していたにもかかわらず、ニューマンからミルへの直接的言及はない[7]。一方、ミルによるニューマンへの言及は、オクスフォード運動全般の評価についてのギュスターヴ・デシュタール宛手紙（1839年12月27日付: CWXIII: 415-416）と「ピュージー主義」[Puseyism] と題する『モーニング・クロニクル』への２度にわたる長文の寄稿（1842年1月1日、13日号: CWXXIV: 811-822）、および、ニューマンの『アポロギア』の書評を書いたJ.F.スティーヴン宛の短い手紙（1865年6月18日付: CWXXXII: 154）の数回である。ニューマンはその中で名前が何回か記されているだけである。

とはいえ、1840年前後にそれらに示されたオクスフォード運動全体へのミルの論評は、以下に見るようにさすがに同時代人として運動の特質と時代的役割とを極めて正確に捉えている。

デシュタール宛手紙では、まず、「オクスフォード派 [the Oxford School] は、教皇抜きの新カトリック派である。」と喝破した後、①教会の霊的な力は、イエスからの使徒伝承 [apostolic succession] に権威を持つ。②プロテスタントとの分離を確定した、トリエント公会議（1545-1563）以降のカトリック教会が本来のイン

グランド国教会の起源である。③キリスト教の源泉は『聖書』の記述のみにとどまらず歴史にも存すると、彼らの主たる主張をまとめる。加えて、「超プロテスタンティズム」と呼ばれる福音主義に敵意を持っている点を彼らの「最大の特徴」として挙げ、以上を「それ［オクスフォード運動］は、メソディズム、信仰への懐疑、そして合理主義に対するアングリカニズムからの、現在そしてこれまでで最良の反抗である」とまとめ、最後にピュージーとニューマンの二人を指導者として挙げている（CXXIII: 415-416）。以下、方法論的観点からのミルの評価を見てみよう。

周知のようにミルは、信仰と神の存在について1830年代中盤には既に次のような徹底して経験的な認識論の立場を表明していた[8]。

「私にとって、創造者の存在は<u>信仰や直覚の問題ではなく、証拠によって証明されるべき命題です</u>。それはある仮説に過ぎず、その諸々の証明は、……完全には確かなものにはならないのです」（トーマス・カーライル宛1834年1月12日手紙; CWXII: 206; 強調は筆者）。

つまり、ミルから見れば、第一に、オクスフォード派が神と信仰を考える際の出発点は、日常の経験や実験と観察に基づいて獲得された知識ではなく、それらとは区別される超越的で神秘的な認識ということになる。

その反面で第二に、福音主義が人間の慎慮や世界や歴史に対する陶冶された知性の働きを考慮せず、信仰の担保を個人の過度に主観的で内面的な感情的確信や特殊な心理状態に全面的に置いていると見なす点を、オクスフォード派による福音主義批判の内容と見る。

見られるように、ミルの評価はオクスフォード運動が持っている知識論における2面性をよく捉えている。つまり、オクスフォード派は、世俗性を徹底して排除する姿勢において、時代精神としての功利主義に抗し経験とその理性的認識に対して超越性をそれらの上位に置く。その一方で、ロマン主義が理性に代替して依拠した感情や直観にも懐疑的であることが指摘されている。つまり、この運動はある意味で、上述したヴィクトリア時代の"功利主義 vs. ロマン主義"という思想的対峙における両面批判を企図した側面がある。結果としてオクスフォード派に問われるのは、宗教的信念や知識とは何であるかであり、方法論的には、基軸となっている宗教的信念の認識論における"直覚主義"の妥当性である。

経験論と合理主義のチャンピオンとしてのミルはもちろん、一貫してロックに淵源を持つブリテン18世紀啓蒙の知識論を固守している。「人間の知識の源泉に関する根本的な意見の相違」(*CWX*:128/40頁) を自覚していたミルは、コウルリッジのロマン主義に対峙する1840年段階では次のように述べている。

　　「先験的な知識というものは存在しない。精神の内なる光によって認識されうるいかなる真理もなく、直覚的な上に打ち立てられるいかなる真理も存在しない」(「コウルリッジ論」; *CWX*: 125/34頁)。

　つまり、ミルにとっても、直覚主義こそが自らの知的営為にとって対峙すべき最大の対象であったことが推察される。ミル自身は、その直覚主義について、「彼らはすべて、多かれ少なかれ客観的実在とその法則についての知識は、人間によって達成され人間精神の生来の推論によって得られると主張する」(*CWXI*: 343) と特徴づける。そして、彼の『論理学大系』(1843) および後年の大著『ウィリアム・ハミルトン卿の哲学の検討』(1865) に通底するのは経験主義の立場からの直覚主義批判である事はよく知られている[9]。
　こうした状況に、直覚主義が不可欠な有神論者ニューマンはどのように対処するのであろうか。

Ⅲ　ニューマンの知識論：信仰と科学

1　宗教的知識と科学的知識

　ニューマンは、宗教の超越性に依拠した反動として特徴づけられる事が多い (注4参照)。そのため時に「科学に無関心」(松永 1996: 203) と評されるが、科学という時代精神と格闘するキリスト教の立場からして「無関心」はあり得ない。カーが「信仰と理性との関係が『オクスフォード大学説教集』(1843) の主題である」と指摘しているように (Ker 1988: 259)、1826年7月2日、20代最初の説教「哲学的性向」から、ニューマンは個人の内面における宗教的信念と外界に関する科学的知識との整合性の問題を採りあげている (*Ibid*.: 258-269)。そして、この内面的信念の視点からニューマンが独自に抽出したキリスト教の教理の発展的特質が、13番目の説教「潜在的理性と顕在的理性」(1840) 等を通じ、最後の説教「宗教的教理に内

在する発展の理論」(1843) に結実する形で説かれている。これらの主題はそのまま、『教義発展論』、『大学の理念』、『承認の原理』などのその後の著作に引き継がれている。

実際、ニューマンはオクスフォードでの第1番目の説教を、「不信仰者が啓示宗教への強い非難を頻繁に主張することが、啓示宗教が哲学や科学の発展に対立する場合よりも少なくなってきた。」(OS: 15) と述べることで始める。つまり、啓示にあからさまに対峙する必要が乏しくなるほどに科学の側が自信を持ってきた反面で、信仰の側が受け身になり時代精神に抗わざるを得なくなっているというのである。それに対して、キリスト教が本来「叡智的な宗教」[a learned religion] であり『聖書』の歴史と解釈の探求が幅広い学際性を持つことを言い (Ibid.)、キリスト教が哲学や科学に意味づけを与える上位の知識体系である事を主張する。しかし同時に、よりリアルな現状認識として、「科学的知識の拡大を目の当たりにして、羨望を感じ怖れが現れることは科学的知識と啓示の間に不一致があるかもしれないということをほとんど認めることになる」(OS: 16) と正直な表明を行う。このように、ニューマンは若い時代から、信仰への危機感とともに科学の発展への強い関心を持っていたことがうかがわれる。そして、社会的に出来した"信仰 vs. 科学"ないし"宗教 vs. 科学"という対峙関係において、啓示の優位性の主張によって信仰を担保するのがニューマンの役割であった。

彼の戦略を再構成してみよう。まず、以降の議論の前提としてニューマンは、「自然と恩寵、理性と啓示は同じ神的制作者から生み出されており、その作品の間に矛盾は生じ得ない」(IU: 152) とする。その上で現状を踏まえて、「にもかかわらず、実際問題として、宗教哲学者と自然科学者との間に常に嫉妬や敵意の類が生じてきたことは否定できない。」(Ibid.) と述べる。しかし、こうした事態が生ずるのは、「理性と啓示が本質的には整合しているにもかかわらず、見かけではしばしば両者は相反するように現象する」ためであるとニューマンは見なす (IU, Lecture V, 'A Form Of Infidelity Of The Day', Sec2, Part4) [10]。では、なぜ、そうした衝突が見かけ上のものと言いうるのであろうか。

ニューマンは、宗教的知識である神学と世俗的な知識である科学を明確に分離するところから出発する。「知識は自然的なものと超自然的なものに分けることができ」(IU: 201)、その際、自然とは事物の巨大な体系であって人間は自らの自然的な力によってそれを認識する一方で、超自然的世界は荘厳な宇宙全体を意味し、人間の自然的な能力によってではなく創造者から特に付与される直接的な伝達 [direct communication from Him] によって知ることができるという。その結果、「二つの世界の二つの種類の知識は相互に区分されており、そのため、両者は矛盾しようがない」(*Ibid.*) ことになる。「神学が超自然的世界の哲学であり科学が自然的世界の哲学であるとすれば、両者はそれぞれの理念であろうが現実世界についてであろうが、最終的には交流することはできず、衝突することもできず、仮にせいぜい関連があったとしても［両者の間に］折り合いを付ける必要もないのである」(*Ibid.*)。ここで重要なのは、截然と区別された二つの種類の知識のうち、自然的世界の知識をも含む上位にある超自然的知識（神学）は直覚的に認識されるとする一方で、下位の自然的世界の知識は超自然を推論［inference］するための情報となると、ニューマンが特徴づけている点である（*Ibid.*）。つまり、ニューマンは同時代の単純なロマン主義者のように<u>直覚主義にのみ依拠するのではない、ある種の妥協的な立場を表明しているのである</u>（下線強調は筆者）。出発点を個人的な直覚に置きつつも、その直覚的な認識が自然的な世界の知識からも推断されるという二重の構成になっている次第である。したがって、ニューマンの次の課題は、後者のプロセスを説得的に示すことになる。そして、その際の契機的な役割を担うのがバトラー司教（Joseph Butler: 1692-1752）の示した蓋然性［probability］である。

2 蓋然性とその超克への途

バトラーの『宗教の類比』(*Analogy of Religion*, 1736) は、啓蒙期のキリスト教擁護論に最も有力な議論を提供した。すなわち、世界の創造者の存在は認めるが人格神や人間理性によって把握できない啓示を否定する理神論、理性と信仰の両立可能性を言うロックの議論などを蓋然性［probability］という概念によって一蹴した。人智を越えた神のような存在は人間の理性によっては確実なものとして認識できず、蓋然性としてのみ把握しうるという主張で、理神論やロック、あるいはS.クラークなどの過度の理性主義の瑕疵を衝いたのである。小田川（1999: 148-149頁）が紹介しているように、現在なお優れたバトラー解説と言われるモスナーは、「人間と自然に関する諸事実をありのままに検討し、それによって人間の経験を越えた事物の蓋然性を示す試み」(Mossner 1936: 81) が『宗教の類比』の議論の核心であるという。

ニューマン自身は1823年頃に『宗教の類比』を次のように読み大きく影響を受けたという。

「もしこの書物から得た最大のものは何かを挙げることができるとすれば、私

自身にとってはそれは以下の二点である。それらは……私の大部分の教説にとって基礎となる原理である。第一に、神による個別の様々な業の間の類比というまさにこの観念によってこそ、重要度の低い体系はより重要な体系に摂理的［economically］、あるいは秘蹟的［sacramentally］に結びついているという結論が導かれるということ。少年時代に私が考えたかった<u>物質的現象の非現実性という理論</u>がその結論の究極の姿なのである。……第二に、蓋然性は人が生きるための指針であるというバトラーの教義は、少なくとも私が数年後に受けることになった教説の下で、<u>信仰の論理的な説得力の問題</u>に私を導いたのであった。これについての私の著述ははなはだ多い。かくして、私の教説中のこの二つの原理はバトラーに由来するものであって、後年、それらによって私は空想的［fancifulness］であると同時に懐疑主義的［scepticism］であるとも非難されることになった」(AP: 140-141／26-27頁；下線強調は筆者)。

ニューマンの述懐が本当であるとすれば、先述した神学的知識の包括性、世俗的知識に対する優位性の主張や、直覚だけに頼らない信仰や神の存在の担保という二つの指向は、バトラーからの強い影響の結果と見てよかろう。ただし、バトラー自身は「自然の真理と啓示の真理には大きな類似があり」、従って、「自然と超自然の真理と知識に対する障害物も同じ種類のものであり続けてきた」(Butler *Analogy*: 244)と捉えている点で、ニューマンによる2者の懸隔が強調された知識の2区分とは異なる。また、「聖書が理解されるとすれば、それは自然の知識が理解されるのと同じ仕方であるに違いない。つまり、学問と自由の継続と進歩によってである」(*Ibid.*)とあるように、バトラーにとっての神学的知識、啓示的知識の理解は、自然の秩序や斉一性についての理性に基づく経験的知識の蓄積と発展との類比に重点を置いて捉えられている。理神論の直接的な理性主義を批判しつつ、類比、したがってあくまでも蓋然性の枠内での、言いかえれば啓示の持つ超越性を承認した上での、啓示信仰の擁護論と解釈できる。しかし、明らかに、自然科学の知識による目的論的な神の存在証明を目指す自然神学的立場を積極的に承認している点で、「それは神学的にはリベラルな所謂『広教主義者』に特有の考え方であった」(小田川 1999: 150頁)といえる。新興科学の成果と信仰との架橋に腐心するリベラリズム、これはオクスフォード運動の主敵の一つでもあったはずであるが、その神学的背景を成したバトラーの蓋然性論を、逆に、神学的知識の自然的知識からの、信仰の世俗からの断絶に対応させた議論のコンテクストにニューマンは移植しているともい

える[11]。絶対者の存在と信仰の擁護を目指すときに、こうした断絶は論理的には一方で直覚への依拠に回帰するか、他方で懐疑論、不可知論、ないし無神論に帰着するかである。ニューマンが上の引用の末尾で、両方の陣営から非難されたとの表明をするのも当然のことである。

にもかかわらず、ニューマンはこれまで見たように、幾分かの直覚と幾分かの理性的推論を同時に満たそうという敢えて難しい道を選んだ。ニューマンは知識の２区分を前提に次のように自らの出発点を述べている。

「私は神学の原理と心理学の原理が同一だとは考えていない。あるいは、人の働きによってできたものから神の業を論ずることも考えていない。これはペイリーがやったことであり、ヒュームが批判したことでもある。私はデザイン論という手法を使って神の存在と属性を証明することに我が身を置くつもりはない。私は超越者について何ものをも証明しようとしているわけではなく、逆に、私はその存在を前提［assuming］している」(*IU*: 49-50; 下線強調は有江)。

「では、神の存在から出発することにしよう（このことは、既に言ったように、私にとっては自らの存在が確実であるのと同様に確実なのである。もっとも、その確実性［certainty］の根拠を論理的に表現しようとすると、自分の気分や言葉の上で満足できるまでにそれを行うことは難しいと自覚している）」(*AP*: 322／下107頁)。

この「存在を前提している」という表明は、前段と併せて、超自然的な存在の証明、従って神の存在に相即する道徳的な価値の説明は自然主義的にはおこなわない、ないし不可能であると含意することになる。そして、「確実」な「前提」と断言しうる理由については、ニューマンは現実社会に存在している一定の道徳規則の根拠となっている良心の確からしさに帰着させている。

「よくあるように、もし、良心の声［the voice of conscience］に背いて責任を感じ、恥じ、怖れを抱くならば、これは当然にも次のことを意味している。我々がそれに対して責任を感じ、それの前で恥じ、それが我々に要求することを怖れるような、そうした一者が存在することを。…… もし、こうした感情の生ずる原因がこの目に見える世界に属さないのであれば、［良心を聞く］人の知覚

が向けられる対象は超自然的なものであり、神的なものであるに違いない」(*GA*: 101)[12]。

　見られるように、ニューマンの説明のこうした枠組みは、予め存在を確信しているものの存在の理由を後から示す、あるいは、自然的なものでは超自然的ないし道徳的なものは説明できないと仮定した上で道徳性の根拠を超自然的なものに帰着させるという、循環論法ないし論点先取に陥っていると言わざるを得ない。おそらくニューマンはそれを承知で、宗教的信念を論理的に承認、正当化することがいかに可能であるかをできる限り示そうとしたのであろう。
　既に1841年に『タイムズ』編集者に宛てた「タムワース読書室」第6書簡 (*DA*: 292-306) では、宗教的承認までの階梯のおおよその枠組みを示している。まず、科学がそこから宗教的真実を推測 [infer] することになるような前提を提供する。しかし、科学は現象としての事実を我々の前に提示するだけで、宗教的真実の推測には至らない。そのかわり、「我々が諸事実を獲得し、それらに意味を与え、それらから我々のための結論を引き出す。始めに知識、次に見解、そして推論、最後に信念/信仰である。……普通、確信にはそうした推論を通じてではなく、直接的な印象、事物事柄の諸々の証拠、歴史と記述によって惹起された<u>想像力を通じてたどり着くのである</u>」(*DA*, 293; Short 2011: 389) という。

　チャドウィックはこのニューマンの課題を、「信仰はその対象について確かであるが、証拠の提供する確かさは決して蓋然性以上のものではない。どのようにして宗教的精神はこの蓋然性から確実性への飛躍 [leap]（もしそれが飛躍であるなら）をするのであろうか。」とまとめている (Chadwick 1983: 34/60頁)。『アポロギア』において、「私の論証の概略は以下のようなものである。すなわち、我々が自分のものにできた絶対的な確信は、自然神学上の諸々の真理ついてであれ、ある啓示の事実についてにせよ一点に集まり収束した蓋然性の集積の結果なのであった。……<u>確信は精神の一習性であり確実性は命題の一性質</u>であって、<u>論理的な確実性に達しない蓋然性も十分に精神的確信となるかもしれない。</u>」(*AP*: 150/35頁) とニューマンは述べていた。ここで留意しておくべきは、宗教的確信を最終的に担保するのは何らかの一般的な事象ではなく、自分自身の存在の確からしさの確認や自らの良心の事実性の自覚などの個人における直覚的認識であって、しかもそれを、あくまでも個人の内面における意志的な作用であるとニューマンが見なしている点である[13]。

川中（2005: 208頁）が紹介するように、既に『オクスフォード大学説教集』第13番説教「潜在的理性と顕在的理性」(1840) の中でティロットソンから「信仰とは…神によって啓示されたあるものに対する心の承認であり、そうである以上はすべての承認 [assent] は証拠に基礎づけられねばならない。」を肯定的に引用している。しかし、これには「何らかの理性的推論による承認を経ない場合、だれも何事をも信じることはできない。というのは、理性的判断抜きの事物についての確信は信仰ではない……」(OS: 260) という引用が続いており、1853年段階の「承認とは命題の真理性の受容であり、承認は推論に続くもので意志の働きである」（川中 2005: 209頁）とまとめられるニューマン本来の個人の意志性に依拠した「飛躍」を導く承認とは異なっている。もっとも、人間理性の役割を福音派のように極小化することを拒むニューマンは、この第13講のタイトルにあるように、形式的・分析的・意識的な理性としての「顕在的理性」[explicit reason] とは別に、内容的・総合的・無意識的で広く深い理性としての「潜在的理性」[implicit reason] をもって、宗教的な確信への動因と考えるのではある。ニューマンの折衷的な立場がよく現れている。

そして、その方向での飛躍に至る階梯を跡付けようとしたのが、最も重要な作品と言われる『承認の原理』(1870) である。

3　『承認の原理』：了解・推論・直観・確信

これまで見たように、ニューマンにとって、蓋然性を基軸に据えることは、まず、宗教的知識そのものは、理性によってはそこに至る懸隔を越えられない超自然的なものであることを含意した。同時にそれに加えて、蓋然性の壁を突破して超越的な信仰に到達するためには、形式的な理性だけではない内面的な個人の意志作用が要請されるということを導くものでもあった。その作用の過程を示す『承認の原理』は2部構成となっており、第1部「承認と了解」[Assent and Apprehension] と第2部「承認と推論」[Assent and Inference] を通じ、了解から推論を経て信念の承認に至る経緯が巨細に説明されている。これはおおよそ、かつてタムワース読書室の書簡に示された "知識 [knowledge] → 見解 [view] → 推論 [reasoning] → 信念 [belief]" という、信仰にたどり着くある種の階梯的構成に対応するものである (DA: 293)。ニューマンは『承認の原理』の始めでは、それを宗教的確信に向かっての「疑問、推論、承認という精神の3つの行為」によってなされると言う。(GA: 26)。そして、ここで確信に向かう「承認」とは、最終的

には「前提の無条件の絶対的受容」[the absolute acceptance of a proposition without any condition]（*GA*: 32）となる。

　こうしたニューマンの『承認の原理』の議論は、良心の存在の確信を前提にしつつも、あえて推論や了解といった人間の理性的な意志作用を媒介することを通じて、再び良心の確かな実在の確信に間接的・迂回的に回帰させ、しかもそれを神の実在に等値させようという、回帰と飛躍の二重の構成を採っている。

　そして、この迂回的論理構成で先導的な役割を果たしているのは第一部第4章「概念的および実体的承認」[Notional and Real Assent]で示される「概念的」と「実体的」への、了解と承認における2区分である。ニューマンは、「概念とは事物の色々な側面でしかない」（*GA*: 60）という。敷衍すれば、当事者が特定の視点から対象となる事物の様々な側面を捨象することによってある一つの側面を取り出し、それを一つの属性として抽象化したものが概念となる。ニューマンの概念[notion]は、事物のある側面の抽象的な名辞であり、それが「概念的了解」の対象となる（*GA*: 50）。そのようにして抽象として得られた対象についての了解の仕方は、理性の営為である科学における典型的な抽象化、理論化の方法と共通する。この概念的了解に対峙するものが、我々の心に概念よりも強く印象や感情として直接働きかける「実体的了解」である。この2者の差異について、「諸々の経験とさまざまな心像は心を打ち引きつけるが、諸々の抽象とその組み合わせにはそうした力はない」（*GA*: 50）として実体的了解と概念的了解を区別する。また、通常の事物を対象とする概念的了解の大部分が理性の営為としての推論の課題となる一方で、実体的了解を担う個人の意志作用に関わっては、「ただ個人に関する前提のみが概念的ではなく、めったに推論の対象にならない」（*GA*: 51）と、その直覚的特色を強調する。

　見られるように、ニューマンにおいては、一貫して科学的知識と宗教的知識への2区分という出発点の枠組みが保持され、それが概念的と実体的という了解の2区分に適用され、さらに了解より高次の承認レベルでの「概念的」、「実体的」の2区分に対応させられている。そして、概念的な承認が推論を含めた形式的・理性的・概念的・一般的思惟の承認であるとする一方で、宗教的信念に到達すべき実体的承認は、現実の個々人の具体的な経験に依拠しなければならないとみなす（*GA*: 55）。より詳細には、「実体的承認すなわち信仰は、……推論された事物についての何らかの了解を求めない推論とは異なり、確信された事物についての何らかの了解を前提とするのである。」（*GA*: 86-87）という、外面的・形式的妥当性ではない個人の内

面における「了解」という意志行為抜きには信仰に到達し得ないことを力説する。

しかし、やはり残る問題は、「宗教は個人的であるがゆえに実体的である」(*GA*: 62)と位置づけ、「信仰は…本質的に個人的人格的なものと関連している」(*GA*: 87)と述べたとき、その個人の内面における了解や推論からどのように宗教的確信すなわち神の存在の確実な承認へと飛躍することができるのかである。そこに再び、蓋然性による媒介という枠組みが登場する。

すでに、第4章での科学的知識に対応する概念的承認の中で、その承認に至る過程における諸々の意見 [opinion] の多様性が述べられていた。そこで、真理の暗示的な承認を言う信用 [Credence] (*GA*: 65) に対比させて、概念的承認の内容は、外的事物に対する意見が多様にありうることからしてそれは際限なく変容しうる蓋然性として、そもそも「蓋然的な真理」(*GA*: 64) であるとニューマンは宣言した。これが示すものは、外的な世界は確かに実在していると蓋然的に推論しそれを我々が概念的に承認できるとすれば、同じようにして、実体的な承認の領域であっても神の存在の確からしさはたとえば良心の存在の確からしさから蓋然的に推論してもよいという主張である。『オクスフォード大学説教』段階ではこの過程が「先行的蓋然性」[the antecedent probability] という捉え方でいわばブラック・ボックスになっていた。すなわち、自然の完全性や斉一性といった、観察される自然神学的なデザイン論のさまざまな論拠に依拠するのではなく、「一般に"啓示の証拠"と呼ばれている諸々の事実から導かれるそれらの議論に意味を付与するものこそ、先行的蓋然性なのであると言いたい。単なる蓋然性は何も証明せず、単なる事実は誰も説得しない。」(*OS*: 200) とニューマンは述べていた[14]。

第5章「宗教における直感的了解と同意」では、結論先取り的に、個人的意志作用の出発点の良心と、到達点である信仰と神の存在の円環的関係について次のように述べる。

> 「私が直接に目ざしているものは、どのようにして我々が神の姿を獲得し神が存在するという前提を承認するのか、ということである。そして次に、これを遂行するために、私はある第一原理から出発しなければならない。それは、証明を試みる必要のない前提であり、また、それら二つの探求の基礎として利用するもの、すなわち、我々が生来良心を持っているということである」(*GA*: 97-98)。

見られるように、「[神の存在は] 私にとっては自らの存在が確実であるのと同

様に確実なのである」(*AP*: 322/107頁) という確信をもたらすものが、神の声としての良心の存在への確信であったとする『アポロギア』での表明が反芻されている。すなわち、この良心を前提しつつ、先行的蓋然性、推断的推論といったアプリオリな人間の理性的能力を介して信仰の確信に至る過程を経て、神の存在に回帰するという構成となっているわけである。『承認の原理』の第二部ではこの点について、推論からどのように宗教的確信の承認が、つまり飛躍が導かれるのかという形でニューマン独自の説明が示されている。

第二部の主要な論理構成もこれまでと同様である。第6章から10章までの中心的な議論を再構成してみると以下のようになる。まず、先の概念的了解に対応する論理的必然性に基づく分析的命題の承認とは区別された問題として、宗教的確信の承認を捉えている点を基底とする。次に、その際の先行的蓋然性にあたる位置に「承認以前の先行する承認」[the antecedents of assent before assenting] (*GA*: 157-158) を置き、その承認自体がさらに承認を担保するという回帰的、円環的な説明をここでも行う。ニューマンはこの過程全体を推論 [inference] とみなす。

「推論という行為は、承認以前に先行的に承認することであるとともに承認後に普通に付随する行為でもある。たとえば、私は我々がインドと呼ぶ国が信頼できる証拠に基づき存在していることを確かであると考える。そして次に、その同じ根拠に基づき私はそのことを引き続き確信することができる」(*GA*: 157-158)。

承認への道程を、個人の意志的な行為の過程として考えるニューマンの特色がここに現れている。すなわち、諸々の前提を承認にいたる条件として推論する際に、当初は偏見と区別がつき難い単純な承認の内容が、時間の経過の中で反省と経験を繰り返すことで確認され是正を加えられた概念や形象として承認されると、ニューマンは考える (*GA*: 161-162)。これは明瞭で熟慮された「承認への承認」[an assent to an assent] であり、いわば承認が繰り返されることで確信 [conviction] に至るわけである (*GA*: 162)。しかも、この信念の確実性 [certitude] は同時に現実の個人の経験に担保された確実性でもあり、その状態には充足感、自己満足、知的確信、成功感、達成感、目的意識などの個々人に固有の特別な感情を伴うと考えられた (*GA*: 168)。

第8章「推論」の冒頭でニューマンは、「推論とは前提の条件付き受容であり、承認とは無条件の受容である。承認の目標は真理であり、推論の目標は準真理

［truth-like］すなわち本当らしいことである」とし、その「条件付」がどのように「無条件」へと導かれるのかという問題を「私は引き受けてきた」と改めて述べる (GA: 209)。第一節「形式的推論」、第二節「非形式的推論」において、これまでの2区分を再び適用し、形式的推論に対応する理性的能力を「論理」、非形式的推論に対応するものを「先天的推理能力」［ratiocination］とする (GA: 212)[15]。その後に、前者による信仰の担保の典型としてS.クラークの『神の存在と属性』をとりあげ (GA: 250)、その単なる合理的計算法や三段論法に擬せられる自然神学的形式性の限界を突破するものとして、後者に対応する個人の天賦の能力たる「事実的な推理能力と現前する想像力」［real ratiocination and present imagination］を挙げる。これが形式的な論理や書かれた言葉の字義を越えてそれらに真の意味を与え、承認とその確実性をもたらすとする (Ibid.)。宗教的確信は抽象的・一般的論理ではなく個人の直覚的・非形式的な意志作用によって最終的には担保されるとする次第である。

　ニューマンは推論が確実性に至る説明を補強するために、宗教のような倫理的・霊的な問題と地球や宇宙の問題を並置し、ヴィンス (Samuel Vince: 1749-1821) の『天文学の完全大系』(1814) とバトラー『類比』を援用する。まず、地球が自転していることを人々が確信する過程の、ヴィンスによる以下の説明を紹介する。①誰も地球の自転自体を見ることはない、②さまざまな法則に基づく複数の自転理由の集まりがあり、これは独立した蓋然性の集積である、③これらの蓄積された証拠によってあたかも自転が厳密に証明されたと人々が感じ、④自転は確実だと人々は満足して安心する (GA: 252)。次に、啓示、奇蹟、そして目には見えない神の存在について、様々な蓋然的な証明が付加されることによって存在の証拠が増加するだけでなく倍化していくというバトラーの『類比』の引用を紹介する。そして、天文学の場合と同様に、不可視な存在から出発しつつもその存在の徴に収斂する理由の集積があることで、間接的であってそのままでは証明が不可能であるにもかかわらず「結論は蓋然的であるだけでなく真実となるのである」とまとめる (GA: 252-253)。その後、同様の論理となるケースを力学や法学の中から抽出する。特に、当時の訴訟手続の標準的な教科書と目されたフィリップス (Smuel March Phillipps: 1780-1862) の『証拠法論』から状況証拠について、「事実関係によっては実際の犯罪行為を直接には証明できないが、それによって犯罪者が当該事案を犯したという結論を導く」という文言を引用し、様々な目撃者の証言と状況証拠の積み重ねによって徐々に犯罪事実が発見されることをもって、蓋然性から真理への飛躍という自らの論拠

の例示としている（*GA*: 257-258）。第3節「自然的推論」では、こうした推論のプロセスの動力が人間に固有の先天的推理能力［Ratiocination］として概括される。しかし、ニューマンはあえて、「推論は……過程としてではなく、あたかも前提と結論の間に何の媒介も存在せず、その移行は本能のような自然的なものであると、私は言ってきている」（*GA*: 260）と述べて、それが人間に自然に備わる能力である事を改めて示唆する。

以上を総括する形で、ニューマンは第9章で「推断的感覚」［The Illative Sense］を導入する。

「具体的な事実についての推論が有効であるか否かの唯一で最終的な判断は、先天的推理能力という個人的行為に委ねられており、その極致ないし力能を私は推断的感覚と呼んだ」（*GA*: 271）。

この感覚は、これまで見たように、様々に把握される蓋然性の考慮を通じて1つの確実性を確信する人間生来の「先天的推理能力という個人的行為」［the personal action of the ratiocinative faculty］（*GA*: 271）ないし「推理能力」［the reasoning faculty］（*GA*: 283）を意味している。ここには二つの特色がある。第一に、ニューマンは章の最初から、「私にとって［信念は］確実であると感じられることで十分である」（*GA*: 270）、あるいは「確実性とはある心の状態である」と（*GA*: 271）、徹底して個人性に定位している点である。バトラーの蓋然性の議論が懐疑や便宜や義務といった一般的・哲学的問題を含むのに対して、ニューマンは徹底して議論を真理に向かっての確信を希求する個人の意志作用に限定するのである。したがって、感覚という言葉の用法を、感覚一般ではなく、「優れた感覚」、「共通感覚」、「美的感覚」という個人に固有の意識に対応した使い方であると主張する（*Ibid*.）。ニューマンにとって、信仰ないし宗教とは抽象や形式ではなく、あくまでも人間心理における具体的な事実なのである。しかし、第二に、感覚ではあっても「推断的感覚」は推論する理性的な能力でもある。つまり、直覚的であると同時に理性的・反省的であるというニューマンの最初の区分がここでも貫徹していることがわかる。

最終の第10章「宗教的事柄についての推論と承認」では、5章の場合と同様に、「宗教についての我々の内面の教師は、…、我々の良心である。良心は個人にとっての導き手であり、私はそれを利用している。なぜなら私は私自身を利用せねばならないからである。」（*GA*: 304）と、最終的に出発点に回帰している。

では、ニューマンのこうした信仰の承認の論理は成功しているのだろうか。「ニューマンは神への承認を、……非概念的に捉え、私の良心と私、そして第一原理において根拠づけようとしているのである」という川中のまとめはその限りでニューマンの企図をよく捉えている。(2005: 215頁)。しかし、知識論として考察した場合に、既に見たように、論理的には論点先取の循環論であり（Hick 1963: 27/38頁）、チャドウィックの言う蓋然性から信仰の承認への「飛躍」はなされていない。ニューマンを懐疑論者に分類する評価が現れるのも当然である（Griffin 2008: 980; Williams 1992）[16]。つまり、自然的知識と宗教的知識の間の懸隔は残ったままなのである。しかし、「自己認識はすべての真の宗教的知識の根源にある」(Chadwick 1983: 28/50頁) と述べ、「信仰は、具体的な事物に結びついており抽象的なものではない。……個人的で人格的なものに密接に結びついている」(*GA*: 87) と考えるニューマンにとって、最後の担保は信仰に向かう個人の意志に置かれる以外にない。
　以下最後に、このニューマンの試みの意味をヴィクトリア時代の知性史的文脈の中で考えてみよう。

IV　おわりに：ヴィクトリア時代の知的環境とニューマン

　若い同時代人の一人であるレズリー・スティーヴンはニューマンの試みについて、『不可知論者の弁明』(1876) で、「自然の人間は決して神的な本質を知ることはできない」という見地から、「彼の良心は神は存在すると言うかもしれないが、彼の目が告げるのは神は存在しないということであろう。……ニューマンの解釈は彼のような直観を持てなかった人——それが大部分なのだが——には何らの力も持たないのである」(Stephen 1893: 12/65頁) と認定する。併せて、「ニューマンの主張は理性に導かれた人は不可知論者になるべきだということ……を論証する結果となっている」(*Ibid.*/同上) と極めて的確に、ニューマンの議論の矛盾的な2面性を捉えている[17]。キリスト教の本質としての神的存在の超越性［transcendence］(Storr 1913: 148) を承認した上で、ニューマンのようなアプローチを採る限り、それは当然の帰結である。では、なぜ、彼はそうした困難な道程を辿ることにしたのであろうか。そしてニューマンの試みは現代から見てどのような意味があるのか。
　ヴィクトリア時代は、科学の時代、世俗化の時代、大衆の時代の幕開けであり、それは進化論の登場とも相俟って信仰にとって本質的な危機の時代であった。

ニューマンはその危機に対して、単なる直覚主義では信仰を担保できないことを自覚し、科学的認識の意義を承認しつつその上で信仰の確実性を求めた。というより、求めざるを得なかったと言えよう。もちろん、ニューマンが念頭に置いていたのは一般人ではなく「知的エリート」であって (Wilson 1957: 226/136頁)、事実、始めに示したように特に『アポロギア』(1864)、そして『承認の原理』(1870) は賛否の議論を伴って彼ら、特に国教会や信仰を擁護したい知識人層に大きな影響を与えた。実はこの経緯は、ミルが経験論の立場から直覚主義を批判しておきながら、遺作『宗教三論』(1874) の「有神論」で霊魂不滅を希求する"希望の宗教"を披瀝し、反宗教の立場の合理主義的知識人層に衝撃を与えたことと表裏一体を成している。まさしく、理念としての宗教、制度としての教会が力を失い、徹底した世俗的社会に向かう過渡期の最終盤にあったヴィクトリア時代の宗教的時代意識が反映している[18]。我々が当時の思想や文化を考える際に忘れてはならない知性史の一つの側面である。しかし、歴史的には、産業化、都市化、世俗化が急速に進展したヴィクトリア時代後期には、「時代精神は1880年代には宗教から社会問題に移ってしまった」(Lipkes 1999: 43) のである。

　最後に、ニューマンの現代的意義について簡単に言及しておこう。宗教者から見た場合の多様な評価は山中 (2005) 第4節、西原 (2005) に詳しい。ここでは、「結局の所、人間は理性的動物ではない。人間は見、感じ、考え、行動する動物である」(*GA*: 90)、「信仰は、……個人的で人格的なものに密接に結びついている」(*GA*: 87) という、ニューマンの極めて現代的な人間観と宗教論における自然主義と個人主義を指摘しておきたい。それらを象徴するのは、'Sentio ergo sum.' (Dulles 2002: 49, 61) というニューマンの言葉である。個人の自然で心理的な感覚から出発するニューマンに対しては、既に、「信仰の心理学」(Ferreira 1986: 231) と特徴づけたり、「ニューマンの場合、信仰は論理というよりむしろ心理学に依っている」(Alexander 1965: 138) と評されてきている。これは、感覚的認知に着目する先駆者として現象学の系譜の中にニューマンを位置づけ直す近年の傾向に繋がるとともに (Ekeh 2011)、信仰の個人性を重視する福音主義的な側面をニューマンに改めて見出す解釈にも現れている (Ramsay 2012)。ニューマンをめぐる以上のような多様な評価は、欧米先進国で教会や宗教が単に日常社会の文化的現象の一つと見なされる一方で[19]、原理主義的な傾向やエキュメニカルな模索が見られるように、宗教とは何か、あるいはキリスト教の位置や役割の変容が広く再考されていることの反映である。ニューマンがその先駆者であるならば、ヴィクトリア時代はこの面でも現

代の先駆けといえる。以上のように欧米各国の思想や哲学を理解するには、キリスト教をはじめとした宗教的背景についての十分な配慮が不可欠なのである。

[注]

1) より正確には、教会や国家や大学に浸透しつつあった「リベラリズム」に対する「17世紀高教会派の復興」であり、それは同時に「福音主義の優位への反動」でもあった（Sykes 1953: 79/ 167頁）。

2) 福音主義の社会的影響については山田（1979）が今でも簡明でわかりやすい。

3) オクスフォード運動とニューマンのラファエル前派への影響について、近藤（2011）には通常あまり触れられない美術的側面からの評価があり興味深い。ハントの≪雇われ羊飼い≫で描かれた群れから離れようとする羊は教会から離れようとする人々を意味しており、「世俗化著しいイングランド国教会の無気力と無関心を的確に象徴している」と解釈する（近藤 2011: 151頁）。

4) この点については、知識人の世界が中心であるが、「ヴィクトリア朝のイギリスの思想文化を通観するためには、宗教界ばかりでなく、イギリス全土を大激震の渦に巻き込み、計り知れないほどの精神的影響を及ぼした、この天才思想家を無視して通り抜けることは、ほとんど不可能です」（荻野 2005: 135）という評価を参照されたい。『アポロギア』出版の経緯と影響については、同じく荻野（2007: 4章）が詳しい。なお、ニューマンについて総括的には Ker & Merrigan（2009）があるが、予備知識なしには難解である。

5) 松永（1996）ではリベラルな広教主義を評価する視点から、オクスフォード大学ではニューマン個人の影響力により「学生たちの科学への関心は衰えてい」（197頁）くなど、オクスフォード運動は「本質的には保守的な運動だったため、聖書批判や自然科学の発展を阻害する方向に働いた」（202頁）と否定的な側面を強調している。

6) この点につき、「労働者階級が礼拝に行かないのは、物理的に教会から排除されていただけではなく礼拝自体を受け付けなくなってきていたからである」という評を参照されたい（Inglis 1963: 19）。

7) この点につきデサンは、「ニューマンが、ジェレミー・ベンサムの功利主義を批判し、その追随者ブルーム卿の『有益な知識』を宗教の代替物として扱う考え方に反対するのは当然の帰結である」とまとめている（Dessain 1980: 68）。また、『ニューマンと同時代人』と題する500ページを越えるショートの近著（Short 2011）には、ミルの名はベンサムや功利主義も同様に索引も含めて一切登場しない。

8) ミルの宗教論全体については有江（2008）を参照されたい。

9) 矢島によれば「直覚主義的な、カント的要素（この要素との対決がミル倫理学の主要テーマである…．）」と概括されている（1993: 145頁）。直覚主義とミルの認識論についての詳細は、本書第7章大久保論文を参照されたい。

10) 『大学の理念』の Yale University Press のテキストにはこの第5講が収録されていないので、グーテンベルクの電子ファイル版 http://www.gutenberg.org/files/24526/24526-0.txt を使用した。

11) ガーネットはオクスフォード派によるバトラーの蓋然性解釈について、「ニューマンとキーブルはバトラーの有名な金言"蓋然性は人の生き方の指針"を極めて異なった解釈に発展させたが、それは悪評紛々であった」と述べている（Garnett 1992: 68）。モスナーは、「ニューマンは実際はバトラー自身よりヒュームに近い」と評している（Mossner 1936: 208）。

12) ニューマン自身は、「良心とは被造物と創造主とを結びつける根源であり、神学的真理は個人の宗教的習慣によって最も確実に獲得される」（GA: 106）と述べ、その良心論の超越論的特質については、竹内（2005）がその信仰告白的バイアスを割り引いても、東洋的倫理観との対比も含めて有益である。
13) 信仰の確認に向かう個人内面の指向性を重視するこうした方向について、ロウランドはニューマンを「人格主義」の系譜に位置づけ、同時に、そこにニューマン自身の意図を越えた「霊的エキュメニズム」を読み込んでいる（Rowland 2010: 4, 142）。
14) 小田川（1999: 153）は、この部分を引用し、先行的蓋然性とは「事実認識に先行して発生し、認識した事実に意味を付与するある種の価値理念」と性格付け、「啓示とは、証明されるものではなく信仰されるべきもの」とまとめる。しかし、問題はニューマンの説明が十分に説得的かである。
15) 神の完全な理性の一部が人間にのみ分与されているというキリスト教的前提からすれば当然の見解ではある。ニューマンは、「他の動物と比較して人間を区別するものを我々は理性と呼んでいる」（GA: 225）と言っているが、理性の働き抜きに信仰を根拠付けることを拒否しつつその理性に論理以上の役割を果させようという基本戦略がここでの区別にも反映している。
16) バックリーではさらに、ニューマンはニーチェとならんで、ヨーロッパ先進国で個々人の枠を越えて知識社会全体に広がる現代の無神論の予見者とみなされている（Buckley 1987: 28-29）。
17) スティーヴンは'Newman's Theory of Belief'でこの見地からより詳細にニューマンのロジックを検討している（Stephen 1893: 168-241）。スティーヴンはその中で、科学や懐疑主義に対する態度の点で、対極に位置するかに見えるミルとニューマンには実は共通点が多いと見ている。アレクサンダーも同様な評価を示している（Alexander 1965: 6）。
18) コーンウェルは、「『アポロギア』と『承認の原理』が出版された1860年代と1870年代は、科学と宗教の闘いが最高潮となり喧噪となった時代として刻印された」と言う（Cornwell 2010: 234）。
19) ターナーとアークスは、こうした宗教自体の世俗化の転換は「科学と世俗と進歩」によって「宗教的信念の認識論は深刻な攻撃に曝された」ヴィクトリア時代後期の1860年代から70年代に起こったという（Turner & Arx 1988: 210, 217）。

［引用・参照文献］

・Newman, John Henry (1906/1843) *Fifteen Sermons preached Before the University of Oxford Between A.D. 1823 and 1843*, London: Longmans, Green, and Co.
　―― (2008/1865) *Apologia Pro Vita Sua & Six Sermons*, ed. & introduced by Frank M. Turner, New Haven & London: Yale University Press. 巽豊彦訳『アポロギア』上・下、エンデルレ書店、1948-1958年。
　―― (1979/1870) *An Essay in Aid of a Grammar and Assent*, intro. by Nicholas Lash, Notre Dame (IN): University of Notre Dame Press.（『承認の原理』）
　―― (2004/1872) *Discussions and Arguments on Various Subjects*, intro. and Notes by Gerard Tracey, Leominster: Gracewing.
　―― (1996/1873), *The Idea of a University*, New Haven & London: Yale University Press.

ピーター・ミルワード編、田中秀人訳『大学で何を学ぶか』大修館書店、1983年。

―― (2005) *The Idea of a University*, PROJECT GUTENBERG EBOOK: http://www.gutenberg.org/files/24526/24526-pdf.pdf.

・Butler, Joseph (2006/1736) *The Analogy of Religion, Natural and Revealed, to the Constitution and Course of Nature*, in the Part Four of *The Works of Bishop Butler*, ed. with intro. by David E White, Rochester (NY): University of Rochester Press.

・Alexander, Edward (1965) *Matthew Arnold and John Stuart Mill*, London: Routledge & Kegan Paul.
・Altholz, Jpseph L. (1988) 'The Warfare of Conscience with Theology', in G. Parsons (1988), 150-169.
・Barringer, T., Rosenfeld, J., Smith, A (2012) *Pre-Raphaelites: Victorian Avan-Garde*, London: Tate Publishing.
・Buckley, Michael J. (1987) *At the Origins of Modern Atheism*, New Haven (NJ): Yale University Press, 28-29, cited in Gavin Hyman(2007) 'Atheism in Modern History', in Martin, Michael (2007) *The Cambridge Companion to Atheism*, Cambridge: Cambridge University Press, 27-46.
・Chadwick, O. (1983) *Newman*, Oxford: Oxford University Press. 川中なほ子訳『ニューマン』教文館、1995年。
・Chapman, Raymond (1968) *The Victorian Debate: English Literature and Society, 1832-1901*, London: Weidenfeld and Nicolson.
・Chesterton, G.K. (1913) *The Victorian Age in Literature*, Home University Library ed., Oxford: Oxford University Press. 安西徹雄訳『ヴィクトリア朝の英文学』春秋社、1979年。
・Cornwell, John (2010) *Newman's Unquiet Grave: The Reluctant Saint*, London/ New York: Continuum.
・Dennis, B. & Skilton, D. (eds.) (1987) *Reform and Intellectual Debate in Victorian England*, London: Croom Helm.
・Dessain, C. S. (1980) *John Henry Newman*, new ed. , Oxford: Oxford University Press.
・Dulles, Avery (2002) *John Hery Newman*, London/New York: Continuum.
・Ekeh, O.P. (2011) 'Newman's Cogito: John Henry Newman's Phenomenological Meditations on First Phisosophy', in *The Heythrop Journal*, 52, 90-103.
・Elliot-Bins, L. E. (1936) *Religion in the Victorian Era*, London: Lutterworth Press.
・Faber, Geoffrey (1933) *Oxford Apostles: A Character Study of the Oxford Movement*, London: Faber and Faber.
・Ferreira, Jamie (1989) *Scepticism and Reasonable Doubt: The British Naturalist Tradition in Wilkins, Hume, Reid, and Newman*, Oxford: Clarendon Press.
・Garnett, Jane (1992) 'Bishop Butler and the *Zeitgeist*: Butler and the Development of Christian Moral Philosophy in Victorian Britain', in Christopher Cunliffe (ed.), *Joseph Butler's Moral and Religious Thought: Tercentenary Essays*, Oxford: Clarendon Press.
・Griffin, John (2008) 'Cardinal Newman and the Origins of Victorian Skepticism', *in The Heythrop Journal*, 49, 980-994.

- Hayman, Gavin (2007) 'Atheism in Modern Society' in Michael Martin (ed.), *The Cambridge Companion to Atheism*, Cambridge: Cambridge University Press, 2007, 27-46.
- Hick, John (1963) *Philosophy of Religion*, Englewood Cliffs (NJ): Prentice-Hall. 間瀬啓充訳『宗教の哲学』培風館、1968年。
- Inglis, K. S. (1963) *Churches and the Working Class in Victorian England*, London: Routledge and Kegan Paul.
- Ker, Ian (1988) *John Henry Newman*, Oxford: Oxford University Press.
- Ker, Ian & Merrigan, Terrence (eds.) (2009) *The Cambridge Companion to John Henry Newman*, Cambridge: Cambridge University Press.
- Lipkes, Jeff (1999) *Politics, Religion and Classical Political Economy in Britain*, New York: St Martin's Press.
- Loughlin, Gerard (2009) 'Theology in the University', in Ker op.cit (2009), 221-240.
- Mossner, Ernest C. (1936) *Bishop Butler and the Age of Reason*, New York: Macmillan Company.
- Parsons, Gerald (ed.) (1989) *Religion in Victorian Britain IV: Interpretations*, Manchester: Manchester University press.
- Ramsay, Matthew (2012) 'Ex Umbris: Newman's New Evangelization', in *New Blackfriars*, 93(1045), 339-357.
- Rowland, Tracy (2010) *Venedict XVI: A Guide for the Perplexed*, New York: T & T Clark Ltd.
- Secord, James A. (2000) *Victorian Sensation: The Extraordinary Publication, Reception,and Secret Authorship of Vestiges of the Natural History of Creation*, Chicago (IN): University of Chicago Press.
- Short, Edward (2011) *Newman and His Contemporaries*, London/New York: Continuum.
- Stephen, Leslie (1893) *An Agnostic Apology and Other Essays*, London:Smith, Elder & Co. 高橋和子抄訳「不可知論者の弁明」、高橋（1993）53-96頁所収。
- Storr, Vernon F. (1913) *The Development of English Theology in the Nineteenth Century 1800-1860*, London, NewYork, Bombay, and Calcutta: Longmans, Green and Co.
- Sykes, Norman (1953)*The English Religious Tradition*, London: SCM Press. 野谷啓二訳『イングランド文化と宗教伝統：近代化形成の原動力となったキリスト教』開文社出版、2000年。
- Turner, F. M. and Arx, Jeffrey von (1988) 'Victorian Ethics of Belief: A Reconsideration,' in Parson (1988), 198-217.
- Welch, Claude (1979) *Protestant Thought in the Nineteenth Century Vol I, 1799-1870*, New Haven: Yale University Press.
- Williams, Ieaun (1992) 'Faith and Scepticism: Newman and the Naturalist Tradition', in *Philosophical Investigation*, 15(1), 51-55.
- Wilson, Colin (1957) *Religion and the Rebel*, Cambridge(MS): The Riverside Press. 中村保男訳『宗教と反抗人』紀伊國屋書店、1965年。

- 有江大介（2008）「J.S.ミルの宗教論：自然・人類教・"希望の宗教"」『横浜国際社会科学研究』12 (6)、1-34頁。

- 猪木武徳（2009）『大学の反省』NTT出版。
- 岡村祥子・川中なほ子編（2005）『J.H.ニューマンの現代性を探る』南窓社。
- 荻野昌利（1978）「ヴィクトリア朝文学の社会風土」、斎藤美洲編著（1978）『イギリス文学史序説：社会と文化』中京出版341-368頁。
  - ――（2005）『歴史を＜読む＞――ヴィクトリア朝の思想と文化』英宝社。
  - ――（2007）『ヴィクトリア朝筆禍事件始末記：宗教と芸術』4章、英宝社。
- 小田川大典（1999）「『発展』と『蓋然性』：バトラー、ニューマン、アーノルド」行安茂編著『近代イギリス倫理学と宗教：バトラーとシジウィック』晃洋書房、1999年、146-167頁。
- 片山　寛（2011）「ジョン・ヘンリー・ニューマンの「大学の理念」」『西南学院大学神学論集』68（1）、77-93頁。
- 川中なほ子（2005）「『承認の原理』の問いかけるもの」岡村・川中編（2005）204-232頁。
- 近藤存志（2011）「暴かれた現実とキリスト教的憐れみの実践：ラファエル前派が見た改良されるべき社会」、向井秀忠・近藤存志編著『ヴィクトリア朝の文芸と社会改良』音羽書房鶴見書店、2011年、139-182頁。
- 髙橋和子（1993）『不可知論の世界：T.ハーディをめぐって』創元社。
- 竹内修一（2005）「倫理と霊性の交差点――ニューマンの良心理解への一考察――」岡村・川中編（2005）、157-179頁。
- 長倉禮子（2005）「ニューマンの大学論をめぐって」岡村・川中編（2005）128-156頁。
- 西原廉太（2005）「エキュメニカル時代におけるニューマン理解の可能性」岡村・川中編（2005）233-248頁。
- 松永俊男（1996）『ダーウィンの時代――宗教と科学――』名古屋大学出版会。
- 矢島杜夫（1993）『ミル『論理学大系』の形成』木鐸社。
- 山田泰司（1979）「ヴィクトリア朝の宗教と社会」『一橋論叢』82巻4号、17-33頁。
- 吉永契一郎（2011）「ジョン・ヘンリー・ニューマンの『大学論』」広島大学『大学論集』42号、265-278頁。

第5章

オウエン、トンプソン、J.S. ミル
―― ヴィクトリア時代のアソシエーション論

安井　俊一

Ⅰ　はじめに
Ⅱ　オウエンとトンプソンのアソシエーション論
Ⅲ　ミルのオウエン主義批判――社会主義論の萌芽
Ⅳ　オウエン主義とミル
Ⅴ　おわりに

I　はじめに

　自由・平等・友愛のスローガンを掲げた市民革命が、現実には人民の真の解放に程遠かったと感じる人々の幻滅は、市民革命の指導的理念の背景にある啓蒙思想の批判を招いた。人間の理性を中心に考える近代合理主義を批判する思想は、人間の非合理的な感情と想像力を重視するロマン主義や人間を取り巻く環境や制度の改善を図る社会主義思想となって現れた。J.S. ミル（John Stuart Mill: 1806-73）は、18世紀啓蒙思想を批判する新しい思想に接し、新旧の思想の対立を18世紀と19世紀との闘いとして捉えてそれらの思想の和解を図った。ミルは啓蒙思想を別の思想で置き換えるのではなく、功利主義に対してロマン主義、そして自由主義に対して社会主義が調和する可能性を探ったのである。反資本主義の思想を唱える初期社会主義者の中でもロバート・オウエン（Robert Owen: 1771-1851）とオウエン主義者ウィリアム・トンプソン（WilliamThompson: 1775-1833）は、ヴィクトリア時代のアソシエーションの展開に大きな影響を与えたが、ミルはサン・シモン主義やフーリエ主義とともに、オウエン主義には強い関心を示した。オウエンの陰に隠れて、これまで十分に議論されたわけではないトンプソンに光をあて、オウエンとトンプソンの思想がミルの思想形成といかなる関係にあるかを探りながら、当時のアソシエーション論の時代的特色を眺めることにしよう。

II　オウエンとトンプソンのアソシエーション論

　オウエンは、スコットランドのニュー・ラナーク綿紡績工場の総支配人として経営に携わり、労働者の生活や労働条件の改善によって生産性が向上し経営の成果が上がることを経験的に学んだ。オウエンがニュー・ラナークの経営実践からえられた思想の指導原理は、四つのエッセイからなる『社会に関する新見解』（1813,14）で示された性格形成原理である。彼は性格形成原理を解説しながら、幼児、児童、労働者などに対する教育の重要性を訴えた。そして機械破壊（ラダイト）運動に象徴される労働問題に心を痛めるオウエンは、最大多数の最大幸福を目標に掲げて穏健で漸進的な社会改革の提案を行う。彼は人間の性格は教育を含む環境によって形成されると考えるから、人間の狭い利己心を超え公益を考えることのできる精神を形

成する環境改善を図ることが彼の改革の重要な施策となった。オウエンはこの原理が貧困や失業問題をはじめとする深刻な社会問題を解決する道であるとして、その教義に基づく相互協働社会の建設とその普及につとめた。彼はナポレオン戦争後のイギリスの経済不況のもとで、世界最初の幼稚園を開き、児童労働者に対する教育や労働時間短縮の主張、失業者救済のための共産村の設立、公正な分配と正常な交換のための労働貨幣による通貨改革案などを政府、財界、ラナーク州などに提言した。しかしながら、1815年からの彼のかずかずの提言は一部の関心をよんだものの、関係先や世間一般に受け入れられるには程遠く、オウエンは失意と敗北感のうちに実業界から身をひきアメリカに渡る。1825年にオウエンは、インディアナ州のニュー・ハーモニー協同体をドイツ人の宗教団体ラップから買収し、理想主義的な協同の実験を開始する。1826年のアメリカ建国50年記念のオウエンのニュー・ハーモニーでの精神的独立宣言の演説で、彼は悪の三位一体として私有財産、既成の宗教、結婚制度をあげている。オウエンはニュー・ハーモニーで3年間、多くの障害と闘いながら実験を試みるが成功せず1828年には実験の失敗を認める（Beer 1940: 160-180/(2) 7-40頁）。

オウエンは、イギリス社会主義の父、協同組合運動の父などといわれる。オウエンの実験は失敗に終わったとはいえ、競争と私有財産を社会的に有害なものとみる彼のアソシエーション論は、イギリスの労働運動や協同組合運動に大きな影響をおよぼした。彼の教義によってチャーティストの運動家が育成され、また1844年「ロッチディル公正開拓者組合」[1]もオウエン主義の影響にもとに生まれたのであった。オウエンの経済思想の評価についてクレイズは次のようにいう。

「ラダイト運動に衝撃を受けたオウエンは貧困の主たる原因が機械の発達によるものと考える。彼はリカードの労働価値説を認めたが、労働生産物のすべてに労働者の権利を主張するリカード派社会主義者とは言い難い（Claeys 1987b: 57,58）。オウエンには搾取の思想はなかったが、分配の正義をはかる教義を示す交換論で市場の完全な廃止への道を示した。彼が労働貨幣を主張したのは、労働と労働の交換を唯一公平な交換と考えたからである（Ibid.: 63-65）。資本主義において競争が進み富の集中化によって体制のすべての基礎が崩されるというオウエンの予言は、経済法則が体制を改変するという思想であり、彼以前の社会主義者を超えて、マルクスに近い発想が認められる」（Ibid.: 66）。

永井はオウエンの思想について次のようにいう。

「オウエンの思想の核心は環境決定論から教育を重視して分業と私的所有の廃止を主張したことである。環境決定論は、人間の性格が遺伝および社会的環境によって決定されるという理論であるから、社会的調和をもたらすために近視眼的な利己心など調和の錯乱要因を除去する環境を整備することが先決である。このために最大幸福を目指す性格形成原理による教育と国家による分業の止揚（協同生産原理の導入と私的所有廃棄）を強制力の発動なしに実現できるというのである」（永井1993: 182頁）。

一方、土方はオウエンとオウエン主義について次のようにいう。

「オウエンの思想は、成功した工場主の体験に根差す経営者的視点から、公正な企業倫理を実現するためのコーポレート・ガヴァナンスを先駆的に示した思想として捉えられる。オウエン主義については多様な研究が進んでおり、マルクス主義の科学的社会主義に対するユートピア社会主義として単純化する解釈は改められなければならない」（土方2003: 1-9頁）。

以上のようにオウエンは環境決定論に基づき自らの工場経営の経験から、競争と私有財産を廃止して社会的調和をもたらす道を探り、実際に共産村の建設によるアソシエーションを試みた。オウエンの思想はユートピア社会主義として単純化されるものでなく、経済法則が体制を改変するというマルクスに近い発想があり、オウエン主義に関する多様な研究が進んでいるとみられる。しかしここではオウエン主義とミルとがいかなる関係にあるかという点に焦点をしぼって議論を進めることにしよう。オウエンの協同的実験は無惨な失敗に終わったが、利己主義に基づく競争を社会的に有害なものとする資本主義批判と共産主義的協同社会の建設を唱えるオウエンの教義は、多くのオウエン主義者を輩出しその後のイギリスの政治・社会運動に影響を及ぼすことになった。そのオウエン主義を代表する思想家の一人がトンプソンであった。

トンプソンは、南アイルランドのコーク州の大地主でリカード派社会主義の立場にたつ協同運動の理論的指導者である。彼は自分の生活は地代収入に依存しながら、他方で不労所得を否定する思想を主張し、相互協働によるオウエン主義を唱えて私

財を投入しその普及を図った。

　トンプソンは、ベンサムの倫理学、リカード経済学、オウエンの社会思想を源泉として思想体系を形成した（Beer *Ibid*.: vol.1, 218/(2)931頁）。ベンサム（Jeremy Bentham: 1748-1832）を崇拝するトンプソンは、教育思想をめぐってベンサムと交信し交流を深める。1822年10月から4か月ベンサム邸に招かれ、オウエンやジェイムズ・ミル（James Mill: 1773-1836, 以下父ミルと略記）と面識をえている。

　トンプソンは1824年に主著『人間の幸福にもっとも連なる富の分配の諸原理』（以下『分配の諸原理』と略記）を著した。『分配の諸原理』における富の分配の規準をなす指導原理は功利の原理であり、ベンサムの唱える最大多数の最大幸福である（Thompson 1824: 1/(1)3頁）。しかしトンプソンはこの著書でベンサムにはない「自発的な相互協働」[voluntary Mutual Co-operation] という思想を主張する。トンプソンはベンサムを尊敬する一方で、分配論を研究してオウエン主義に応用しベンサムとは異なる道を歩んだ。彼は人々の最大幸福のためには労働者に労働生産物のすべてを保障する分配の方式が必要であるという労働全収権の思想を主軸として、オウエン主義を思想的基盤に解決の道を探った。しかしトンプソンの思想はオウエン主義といわれるものの、オウエンのアソシエーション論とは違いがみられる。トンプソンはオウエンとの出会いと彼との協働の方式の違いについて次のように述べている。

　　「私がはじめてオウエンの協同体制の世界を知った時、オウエンの思想は貧民管理の改善されたシステムくらいにしか思わなかった。その一方で、私は人間の幸福に連なる富の分配という課題に取り組み、この課題のための研究を辛抱強く続けることによって、労働によって生まれた成果のすべてを労働者に保障するという、以前からの私の大目標に近づくための唯一の方法は労働者の自発的な相互協働による労働組織を採用すること以外にはないと確信するに至った。私はこのような状況のもとでオウエンと知己をえたのであるが、ヨーロッパの専制的な法令に習い立法者に支援を求めるオウエンのやり方は、政府や資金提供者によって管理の制約をうけるから好ましくないと考えた。これまでの研究や熟考の積み重ねと、実験や経験によってえた知識によって、私は労働者の「自発的なアソシエーション」[the voluntary association] の制度と労働生産物の「平等な分配」[the equal distribution] を強く好ましいと思うようになったのである」（Thompson 1827: 99）。

ベンサムは、経験主義の立場から先験的な自然法の思想を批判し、功利の原理によって法律を改善し社会改革を実現しようと図っていた。彼は私有財産や資本を前提に平等に対して漸進的に接近し最大幸福を追求しようとした。これに対してトンプソンは、労働の果実の自然な分配による完全な平等の保障がなければ最大幸福は追求できないと考える。それでは最大幸福を目標としながら、ベンサムともそしてオウエンとも異なる道で「安全」[2)]と平等の調和をはかるトンプソンの相互協働の思想を理解するために、分配の自然法則を論じた『分配の諸原理』(1824) と、平等を保障する制度を論じる『労働報酬論』(1827) および共同体建設のための手引書である『共同体建設の実践的指針』(1830、以下『実践的指針』と略記) を概観することにしよう。
　『分配の諸原理』の冒頭でトンプソンは貧富の格差を認識しない父ミルを批判し、自分が目指す社会科学の目的を次のようにいう。

　「社会科学ないし政治経済学の目的は、功利の原理にもとづき「社会的幸福のアート」[the art of social happiness] を目指すことである (Thompson 1824: viii / ix-x頁)。本書の目的は、分配の自然法則による正しい分配を探究し、人々に安全と平等が両立し、知的道徳的教養をともなった幸福を探る試みである。『経済学綱要』(1821) の著者ジェイムズ・ミルは、分配の自然法則を自由にまかせればよいというが、彼は富が著しく偏在している現状を不問に付す推論の誤謬を犯している。彼の理論によって人類が最大幸福を目指すことができるとは思われない」(Ibid.: ix-xiii/xi-xiv頁)。

　『分配の諸原理』でトンプソンは、彼の分配論が最大幸福を指導原理とする労働価値説の立場にたつこと、その理論の核心となる分配の自然法則、法則の障害となっている「搾取」[abstraction]、分配の自然法則の支配する相互協働の社会における経済的ならびに道徳的効果について次のように述べる。

　富の分配の目的は富を生産する人の (感覚的か知的道徳的快楽かによる) 最大幸福を目指すものでなければならず、その富の (価値の) 唯一の普遍的尺度は労働である。この目的のために、生産への最も強い刺激は、労働生産物をその生産者が完全利用できるという「安全」[security] である (Ibid.: 6-35/10-54頁)。
　分配原理の核心である分配の自然法則とは、すべての労働が自由で自発的で

あり、生産を担う労働者に労働生産物のすべてを安全に使用することを保障し、その労働生産物のすべての交換が自由で自発的であるという思想である (*Ibid*.: 178/266頁)。ところが現実の分配様式はこれとは異なっている。生産手段を所有しているだけで労働をしない資本家が労働者を収奪することによって不平等が生じている。働かないで死せる労働である資本の所有者たちは、勤勉で熟練した生産者の楽しみを奪い自分たちが楽しみを享受している。彼らはどんな手段で金儲けをしたかは問われずに、蓄財の額に応じて懸命に働いた労働者の10倍、100倍、1000倍もの富をえるのである。このような富の不平等は労働生産物からの「限りなき控除」[the immense deductions]が現存の分配制度において生じることによる。この控除こそが資本家による労働者からの「強制取り立て」[exactions]であり、労働から生まれる「剰余価値」[surplus value]なのである (*Ibid*.: 163-167/245-251頁)。

　分配の自然法則に従う搾取のない平等な分配制度、労働生産物の資本家による収奪を排除して労働者に富の平等な分配を保障する制度は、相互協働の社会において労働者が資金を出し合って労働者自身が資本家になることによって実現される。分配の自然法則が守られている場合には、競争原理は現在のように害悪をもたらすものではなく、大きな経済的効果をもたらすであろう (*Ibid*.: 255-259/383-389頁)。そして相互協働の社会においては、競争原理が経済的効果をもたらすばかりでなく、次のような著しい道徳的効果を生むのである。すなわち、安全に立脚した分配の自然法則の支配する協働社会では悪徳は同感をもって認められない。協働社会において勤労する人々の道徳の第一原理は「自発性」[voluntariness] (*Ibid*.: 265/398頁) であるから、自発的な労働によって徳の高い社会が形成される。「自制」[self-restraint]、「節制」[Temperance]、「普遍的同感」[universal sympathy] などの道徳的効果によって個人的競争は人々に知的道徳的快楽を誘発し幸福の増大に寄与するであろう (*Ibid*.: 262-264/394-396頁)。人生に「仁愛」[benevolence] とは相容れない利己主義を行動原理とする個人的競争の制度が相互協働の労働制度へ代替されることによって、人間に美徳と幸福がもたらされるのである (*Ibid*.: 366-369/141-145頁)。

　トンプソンは第二の著書『労働報酬論』(1827) で、労働者が労働組合に出資して組合の株主となり、労働組合が生産活動によって資金を蓄えて漸進的に相互協働の国家を建設する思想を述べる。『労働報酬論』はトマス・ホジスキン (Thomas

Hodgskin: 1787-1869)の『労働擁護論』(1825)批判の書である。ホジスキンは労働全収権をよりどころとして資本家による搾取を非難し個人主義と競争の制度による社会改良を主張した。これに対しトンプソンは、個人的競争制度は労働全収権と両立しないことを見抜いて相互協働制度を主張した（鎌田 2000: 211-222）。彼は次のようにいう。

「労働者が労働組合の株主になれば「資本家＝労働者」[capitalist-laborers]となるため資本家による労働者からの搾取がなくなる。労働者によって経営活動がなされ、階級が消滅する。労働の報酬は組合と労働者の双方の合意で決められ、資本は搾取のない労働によって蓄積される。組合は節約した資金で生産手段を購入して「組合工場」[Trades-Manufactories]で製造販売し投資活動を行う。組合工場は「労働者自身の共同出資会社」[joint-stock companies of the laborers themselves]によって所有される。各労働組合の上にたつ総連合は、組合から集められた資金で組合への資金援助や投資活動の支援や失業救済の活動を行う。労働者の平等をはかるため労働者は一株を超える株主となることは許されない。組合工場は資本家との企業競争にさらされるが、搾取のない分競争力のある組合工場が優位を保つであろう。「農業アソシエーション」[Agricultural Association]もこの組合原理により増えることが期待され、組合工場が経済社会で支配力を発揮することになれば、資本家の搾取や中間業者による利益が排除され、孤立した個人的競争がもたらす悪徳がなくなり、労働者に労働全収権を保障する「相互協働のコミュニティ」[Communities of Mutual Co-operation]を建設することができる」(Thompson 1827: 86-94)。

トンプソンは1830年に、協同主義者のために『実践的指針』を発行し相互協働のコミュニティの構想を描いている。彼は序論で、コミュニティの目的、平等な分配思想とコミュニティの概要について次のように述べる。

「我々の目的は、最小限の労働の支出をもって、最大幸福を獲得するコミュニティを建設することである。このコミュニティは、自分の労働で各人相互の欲求のすべてを供給する人々のアソシエーションである (Thompson 1830: 2,3)。男女の労働は平等である。個人の能力と成果に従って最大幸福を目標として自発的に発揮された労働であれば、労働の質は捨象されて各人の労働は平等なものとして

評価される。各人の分配は平等な労働の量に依存し、すべての人々に平等に幸福が保障される（*Ibid.*: 4-10)。コミュニティの株式は額面20ポンドであるが、労働者はコミュニティに加入するために出資金を（成人男女一人あたり）5ポンド、（子供）2ポンド10シリング支払わなければならない。額面と出資金との差額は労働者に融資される。コミュニティの成員は当初は200名から出発するが、コミュニティの成員全員の幸福達成のためには、経済的な最適規模である老若男女合わせて2000名にまで適宜増員をはかるものとする（*Ibid.*: 13,14)。2000名のうち未成年者を600名とすれば、成人の数は1400名である。そのうち400名強が農業労働、200名弱が製造業に従事するとして、残りの800名は工場や住宅建設、生活備品の製造ほかの雑務にあたる。これらの活動のための敷地は2000エーカーの土地を必要とするであろう（*Ibid.*: 29,30)。このコミュニティの建設資金は、借入金と労働階級自身のわずかな出資金から出発する（*Ibid.*: 11,12)。このように、資本家や政府の援助を仰ぐことなしに労働者自身が出資者になることによって、コミュニティの経営活動は労働者＝資本家によって行われるのである」。

以上のようなアソシエーションの思想におけるオウエンとトンプソンの違いについて鎌田は次のように述べる。

「オウエンは協働社会の創設にあたって、その資金や土地を資本家の出資や政府の支援を仰いだ。必ずしも社会構成員の出資を条件とせず、有能な経営者による家父長制的・効率的運営を待ち、相応の利益をあげることで高配当を予想できてこそ協働社会に出資する資本家を見出しうるという企業家的発想をした。これに対して、トンプソンは労働者が株式を所有することを協働社会の一員になる資格として、メンバーの選挙による運営委員会のもとで、いわば小生産者による民主的経営を想定していた」(鎌田 2000: 360頁)。

企業家的発想をするオウエンと、労働全収権思想にもとづいて実験的に小規模で民主主義的なアソシエーションを建設しようとしたトンプソンとの構想の差は明らかであった。1832年4月にロンドンで開催された第3回協同組合コングレスで両者は決定的に対立した。「労働紙券」[labour notes] を交換手段として労働交換銀行の設置による大規模な共同社会の建設をはかるオウエンの計画が、資金、規模、専制的な管理などの点で異なるトンプソンに近いメンバーの理解をえられるはずは

なく、会議は激論の末トンプソンの提案が合意書として採択された（同上345-353頁）。
一方、クレイズはトンプソンの思想について次のように述べる。

「トンプソンはマルクス以前に剰余価値の用語を使い、オウエン主義者の中でオウエンと対等に議論をすることのできた独創的な思想家である（Claeys 1987: (2)90,91）。トンプソンはベンサムの功利主義を受容し、政治経済学の目的を導く新しい社会科学を「社会的幸福のアート」[the art of social happiness] と名付けた。彼の社会科学は道徳原理である人間の幸福に結びつく学問領域の一部門となって、分配の自然法則を明らかにすることを課題とする（*Ibid.*: 92）。トンプソンとオウエンとの違いは、オウエンが競争の必要のない正しい交換の制度を提案したのに対し、トンプソンは分配の自然法則が貫徹することによって競争が徳を発揮する自発的な交換を主張した（*Ibid.*: 98）。彼は競争原理を放棄したのではなく、協働の利益と競争の経済効果を調和させ、管理と統制ではなく、分配の正義と相互の仁愛の支配する道徳革命をはかったのである」（*Ibid.*: 109）。

クレイズのトンプソン解釈のように、分配の自然法則を探究する社会科学を社会的幸福のアートとして、分配の正義を図る制度改革の道徳性を重視すると、トンプソンからミルへの道が開けるのである。土方は、トンプソンの思想に高い道徳性を認め「ベンサムとミルの中間に位置する」思想家として次のようにいう。

トンプソンは、富の分配こそ幸福実現にとって重要であるとして、分配論を重視した（土方 2011: 43頁）。彼はベンサムの功利の原理の補助的原理（安全・生存・豊富・平等）を継承し、所有の安全が労働全収権という平等な分配と矛盾するのでなく、自発的な相互協同のコミュニティで労働者が資本家になることにより両立し融合すると考える（同上: 47-52頁）。彼はオウエンの環境決定論を更に発展させ、人間の性格は後天的に可変であるという前提にたって、労働者の自立と共感によって、オウエンとは異なるアソシエーションの原理を主張した。トンプソンは自制心によって徳を高め、快楽の質の区別を導入して労働者の質の高い人生を保障することを模索する点で、ベンサムとミルの中間に位置する思想家である。トンプソンは、労働者の経済的自立の思想を功利主義道徳と結びつけることによって社会主義へのパラダイム転換を試みたのである（同上: 72-76頁）。

以上のように、オウエンとトンプソンはともに功利主義者であり、アソシエーションの創設による穏健かつ漸進的な制度改革を進める点では共通していた。しかしながら、オウエンはアソシエーションの設立に資本家や政府の出資を期待し、アソシエーションの経営は有能な経営者による家父長的で専制的な経営を想定した。これに対しトンプソンは、労働全収権の思想と自由で自発的な労働観に基づく、労働者が資本家になる民主的で小規模なアソシエーションの実験的な試みを主張した。トンプソンの自由で自発的な労働観の基礎に彼の自由な人間観があり、分配の正義をはかる制度改革が労働者の自立と最大幸福を目標とする道徳の向上を目指すのであれば、ミルのアソシエーション論は、以下にみるように、オウエンよりもトンプソンに近い思想を示すことになる。

Ⅲ　ミルのオウエン主義批判──社会主義論の萌芽

　1825年にミルは、「哲学的急進派」[The Philosophic Radicals] と「協同主義協会」[The Cooperative Society] との間で行われた公開討論会でオウエン主義者と出会う。哲学的急進派は、父ミルが主導してベンサム主義、リカード経済学、マルサスの人口原理、ハートリ哲学などを共通の理論的基盤として、急進的に議会の全面的な改革をはかる運動を展開した活動グループである。彼らはベンサム主義にもとづいて私有財産と憲法の枠内で改革を図るから、私有制に反対するオウエン主義者とは激しい議論の応酬となった。ミルは急進派を代表し、トンプソンはオウエン派を代表した。人口問題にはじまった議論の応酬で、ミルは急進派とオウエン主義の各々の論点が明らかとなり、特に両者が「見解に同じ諸目的」[the same objects in view] をもっていることがわかったと述べている（*Autobiography* 1873, *CWⅠ*: 129/山下訳172頁）。ミルの演説の中でアソシエーション論に焦点をしぼることにしよう。
　オウエン主義者は人類社会の最大幸福を追求するという哲学的急進派と共通の目的を有する。しかし、ミルは人間性について誤った考えにもとづく彼らの社会改革が目的を達成せず、彼らの努力は徒労に終わるだろうと考える。問題は正しい人間性の把握によって富の分配がいかになされるべきかであり、果たして私有財産を廃止したオウエン主義のアソシエーションで所有の不平等が是正されるかどうかである（'Cooperation: Intended Speech', 1825, *CW*ⅩⅩⅥ: 308-313）。ミルは彼らの主張

には空虚で非現実的でありながら真実で重要な主張の両面性があると批評している（'Cooperation: Closing Speech', 1825; *CW* XXVI: 318,319）。

ミルはまず労働が富の唯一の源泉であり労働生産物はすべて労働者に帰属すべきであるという労働全収論は誤りであり、過去の労働生産物であり勤勉と節約の結果である資本は認められるべきであるとして次のようにいう。

「オウエン主義の第一の原理は、労働が富の唯一の源泉であり、一国の富はすべて労働によって生産されるということである。この説によれば労働階級のみが富を獲得する権利を有することになる。従って労働階級以外のすべての階級は、労働階級に属する権利の一部を力ずくで強奪するか、労働階級の慈善か寛容によって生活していると考えざるをえない。この思想は誤りでありオウエン主義の主張に対する答えは次の通りである。富はまさに労働の産物である。しかし、資本家が資本を提供することなしに、労働者は労働を発揮することができるのであろうか？資本家は資本という生産手段の提供に対する報酬をえる権利があるはずである。この資本は労働の産物である一方で、資本家あるいはその先祖たちの労働の産物の蓄積であり、その蓄積は生産物を消費せずに節約から生まれた結果なのである」（*Ibid.*: 309,310）。

次にミルはオウエン主義が競争体制の弊害のみを指摘するのは偏見であると批判し、競争原理の利点をもっと評価するのが正しいという。ミルは富の正しい分配を目指して「競争か協同か」[whether Competition or Co-operation]、どちらの制度を選択するのかという重大な問題は、両体制の弊害を公平に比較して検討すべきであるとして、次のようにいう。

「オウエン主義は競争が仁愛の原理に反し専ら富の追及に奉仕しているとして競争に反対する。しかし、富を追及する競争が必ずしも悪いわけではなく、良い競争もあれば、好ましくない競争もある。オウエン主義のコミュニティの内部は仁愛の世界であり競争はなくなるというが、商業による商品交換がある限り多くのコミュニティ同士は互いにライバル関係で競争はなくならない。競争か協同かというこの重大な問題は、人間の幸福にとっていかなる制度がすぐれているかを考えるためのもっともよいチャンスを与える。この問題の検討は、オウエン主義のように競争体制の弊害を批判するのではなしに、競争体制の弊害と協同体制の

弊害とを公平に比較することによってなされなければならない」(*Ibid*: 316-319)。

このようにオウエン主義批判を契機としてミルが認識したことは、分配の正義を目指した競争か協同かの重大な問題は、人間の幸福にとっていかなる制度がすぐれているのかを考えるためのもっともよいチャンスを与えるということである。そしてこの重大な制度問題を決めるためのミルの方法は比較体制論[3]である。ミルは競争と協同の体制を比較して、オウエン主義の四つの欠点を次のように述べる。

「第1に、共同体における経済の生産力は低下する。なぜなら、労働者が働いた労働の成果や貢献度などが問われずに、報酬が完全に平等であるなら多くの労働者の勤労意欲は減退する。それは完全な平等が勤労意欲にもたらす弊害である。この結果、働かない労働者は世論によって非難されるばかりでなく、激しい罰が用意されることになるだろう。もし労働者が罰を恐れて労働することになれば、それは人間性に逆らうことになり、人間の幸福の総計は大きく失われるであろう」(*Ibid*.: 319,320)。

「第2に、共同体において競争心が希薄になれば労働者は「安易さを好む」[the love of ease]傾向が強まる。同様に競争意識の低い経営者が安易な経営をすれば、よい経営を行うという保障がえられることにならないであろう」(*Ibid*.: 320)。

「第3に、共同体はその性格の本質において全体的に規則の制度である。もし規則や管理によってえられる特別の利点があるなら私は社会の規則や管理に反対はしない。しかしながら、人間は「行動の完全な自由」[perfect freedom of action]を享受する楽しみがあることを否定するものは誰もいないであろう。たとえ管理者が善意で管理するとしても、管理者の命令に従うよりは、与えられた目標に向かって自由に行動するほうが人間性にとって限りなくよいのである。私が共同体に反対するのはそれが「過剰管理」[overrule]という極めて強い理由があるからなのである」(*Ibid*.: 321)。

「最後に、建物だけでも9億ポンド以上も多額の費用がかかることからわかるように、オウエンの提案する共同体建設の費用は膨大である。イギリスとアイルランド全土にコミュニティを建設して多額の費用をかけるよりは、その費用で英国民全員に可能な限りの教育をほどこすほうが最大幸福の目的達成のためにははるかに効果的と思われる」(*Ibid*.: 321,322)。

このように競争に対する偏見、共同体における過剰管理、共同体の膨大な建設費

用を批判するミルの演説で明らかなことは、トンプソンが労働全収権の思想を除いてオウエン主義者を代表して主としてオウエンの構想を表明しているとみられることである。ミルは、父ミルを通じてオウエンがニューラナークの経営に多額の資金を要し、専制的な経営をしていたことを知っていたと推測される。当時ベンサムはオウエンの共同体を支援しニューラナーク会社の一株一万ポンドの株主であった（土方 2003: 30-32頁）。ミルは当時、哲学的急進派の課題である政治的経済的自由と言論や思想の自由を急務と考えていたから、人間の自由を前提とする競争体制に反対するオウエンの構想は管理過剰であり、本質的に規制の制度であると判断したものと思われる。

ところでミルの「競争か協同か？」という問題設定は、競争と私的所有の制度と共同所有の制度という対立する二つの体制という意味と理解される。ミルがこの討論会で批判した協同体制における①分配の完全な平等、②労働者の勤労意欲と経営者の経営意欲の減退、③人間の行動の完全な自由が保障されるかどうかという問題に加えて、討論会の最初に議論された④制度変化と人口問題という四つの論点は、ミルがのちに『経済学原理』(1848-71) 第2編第1章「所有論」や遺稿「社会主義論集」(1879)（以下「遺稿」と略記）で展開される社会主義論の主要な論点を先取りしている。18歳のミルのオウエン批判は哲学的急進派の立場からなされたとはいえ、ミルが生涯問い続けた経済体制の問題の基本的な論点を「真実で重要な」問題として意識する契機となったのである。

Ⅳ　オウエン主義とミル

オウエン、トンプソン、ミルは、ともに最大幸福を第一原理として社会改革を図った。オウエンはラダイト運動に象徴される労働問題に心を痛め、そしてトンプソンは資本家の搾取による分配の不平等を是正するため、労働者アソシエーションによる体制変革を夢みて実践を試みた。ミルはオウエン主義のアソシエーション論に強い関心をよせた。若きミルはオウエン主義を批判したが、その批判が彼のその後のサン・シモン派との密接な交流にはじまる社会制度の探究の道を開いた。ミルは穏健で漸進的な社会改革を主張する点ではオウエンと共通するが、オウエンのアソシエーションにおける過剰管理や分配の完全な平等、競争や私有財産を否定する思想、家父長的で専制的な統治には反対であった。他方、ミルは労働全収権と私有

財産を廃止する思想には反対するが、自由で自発的な労働観に基づき競争原理を認め、労働者が資本家になる民主的で小規模なアソシエーションを主張するトンプソン型コミュニティの実験には賛成である。また、分配の正義を図る制度改革における道徳性を重視する点も、トンプソンはミルに近い。ミルは「労働の主張」(1845) では、父権主義的な雇用制度を批判し、労働者が少額の資金を持ち寄って資本家となり、パートナーシップを形成する協同組合の実験を「きわめて好ましいアソシエーションの実験 (*CW*IV: 385,386)」として賞賛している。

　ミルの著作からはオウエンよりもむしろ「トンプソンから影響をうけたのではないか (鎌田 2012: 520)」と見る方が自然な叙述がみられる。しかしミルはトンプソンを「非常に尊敬できる人物」であるとして、彼の人物を褒めるだけで彼の思想や文献にはふれない (*CW*I: 129/172頁)。ミルが「労働の主張」で労働者が資本家になるトンプソン型コミュニティの実験について述べる際にも、ミルはトンプソンを引用するのではなく、チャールズ・ナイト『勤労の権利』(1831) を引用する (*CW*IV: 385)。

　だがミルがトンプソンの著作を引用せず、彼の思想に関する言及が全くないとしても、オウエンよりもトンプソンの方がミルに近い思想を示している。ミルは功利主義者であるとともに、自由主義者であり、経験主義者であるといわれる (Skorupski 2006b: 45)。　この思想的特質はミルのアソシエーション論においては次のように現れる。ミルはオウエンの大規模なコミュニティにおける専制的な管理には反対するが、自由な労働観に基づき徳の高い小規模で民主的なコミュニティを実験的に建設するトンプソンの構想は、ミルの自由主義的な比較体制論の実験の対象の一つになるとみられる。すなわち、それはミルが「所有論」で述べた「人間の自由と自発性」[human Liberty and Spontaneity] を最大限に発揮する社会制度を実験によって経験的に確かめながら選択する思想 (*CW*II: 207,208/(2) 28-31頁) が目指す範囲の中にあると考えられるのである。

　しかしながら、ミルはオウエンやトンプソンと異なり、環境決定論からのみ人間の幸福を実現できるとは考えなかった。環境決定論に基づく環境や社会制度の整備からのみではなく、精神の内的陶冶と制度改革の両面から問題の解決を図るのである。父ミルは教育に無限の信頼をおいたが、ミルは父の環境決定論を継承する一方で、自由で自発的な精神の内的陶冶を幸福の源泉と考える。ミルは「自由と必然」の調和を図り、『論理学体系』(1843) でオウエン主義の環境決定論を次のように批判する。

「我々の性格は環境によって形成されるのであるが、我々自身の欲求がそのような環境を作り出すのに大いに役立つ自由意志の理論が人心を鼓舞し崇高にする。しかし我々が「意志すれば」[If we will]、我々自身の性格を形成することができるといえば、オウエン主義者は「我々自身の性格を変える意志は、我々のどうすることもできない環境によって生じる」と答えるであろう。しかしながら、我々の性格は我々の経験によってえられた「意志」[the wish]の働きによって我々によって形成されるものなのである。我々の意志によって性格を変えうるという感情は道徳的自由の感情であり、徳を備える人だけが完全に自由である。性格の形成に精神があずかる力をもっているという自由意志の理論は、その支持者に自己陶冶の強い精神を養成したと私は信じる」(*CW* VIII: 840-842/(6) 18-21頁)。

ミルは20歳の時に精神の危機を経験した後、ワーズワス（William Wordsworth: 1770-1850）やコウルリッジ（S.T.Coleridge: 1772-1834）などロマン主義詩人と交流し、それ以降、ギリシャ的な徳に加えて人間精神の自己陶冶に道徳的自由をみるようになった。ミルはロマン主義の影響を受け、自由主義者として人間精神の自由の観点からオウエン主義の環境決定論を批判したと思われる。ミルはオウエンのように経済法則が体制を改変する思想ではなく、またトンプソンのように剰余価値について述べることもない。この点はのちにマルクスが、ミルの経済学には歴史性がなくブルジョワ経済学の立場にたつために剰余価値の秘密に迫ることができないとしてミルを批判する論点である。ミルは唯物史観に基づくマルクス主義とは異なり、資本主義から社会主義への体制変革を歴史的必然とはみなさなかった[4]。ミルにとって経済体制の問題は、アソシエーションの実験をはじめとする経験に基づく実証的な探究の問題であると同時に、人間の自由と自発性を最大限に発揮する制度を探る選択の問題として未解決であり続けるのであった。

V　おわりに

オウエン、トンプソン、ミルの三人は、ともに19世紀の思想家として啓蒙思想の残した課題を担いながら啓蒙思想の限界を超えるべく社会改革の道を模索した。オウエンとトンプソンは思想家であると同時に活動家として、人類の最大幸福を究

極の原理として分配の正義、労働の尊厳、勤労の組織化を目指して、労働者アソシエーションの思想の実践を試みた。ミルは思想家であるとともに科学者としてアソシエーションを研究の対象とした。

エンゲルスは『共産党宣言』(1848)の「1890年ドイツ語版への序文」で、真の労働運動である共産主義と区別される二つの社会主義思想として、空想的社会主義と「社会的やぶ医者」をあげている。彼は空想的社会主義にオウエン主義とフーリエ主義の名をあげるが、「社会的やぶ医者」である思想家の名をあげない。しかしエンゲルスの叙述は、『資本論』(1867)などにみられるマルクスの批判の対象となるミルのイメージに一致しているので、恐らくミルが彼の標的の一人だったのであろうと推測される。エンゲルスは次のようにいう。

「1847年当時、社会主義者には次の二種類の人々が含まれた。一つはさまざまな空想的体系の信奉者、特にイギリスのオウエン主義者とフランスのフーリエ主義者であり、もう一つはさまざまな万能薬を飲ませ、膏薬をべたべたはって、資本や利潤を少しも痛めずに社会の弊害を取り除こうとする「社会的やぶ医者」[die sozialen Quacksalber]である」(Marx-Engels 1848: *Werke* Bd.4, 585,586/18,19頁)。

エンゲルスのオウエン主義とミルに対する批判は、彼らのアソシエーション論の基礎にある功利主義に対する批判を意味しているとみられる。オウエンには経済法則が体制を改変するという思想があり、またトンプソンはマルクスに先駆けて労働価値説における「剰余価値」の概念を示した。だが科学的社会主義を目指すマルクス主義の立場からみれば、唯物史観と経済学にもとづかないで、最大幸福を目指すアソシエーションを夢みて実践する思想は「空想的」にすぎない。他方、旧い古典派のドグマを前提として歴史観の欠如した経済学にもとづき、ブルジョワの立場から穏健な改革の処方箋を示すミルの思想は、マルクス主義の推進する労働運動にとって障害になるのである。

19世紀中葉の産業革命の進展は、経済発展の陰で貧富の格差を拡大させた結果、労働運動は先鋭化し国際的な広がりをみせた。プロレタリア的階級闘争と革命主義の方向を目指して国際的な労働運動の理論的指導を行っていたマルクスにとって、「安全」を重視して穏健で漸進的な改革をはかる功利主義思想は容認できない思想であったに違いない。

これに対しミルは「遺稿」において功利主義の立場から、過激で革命的な社会主義を拒否した。ミルにとって重要なことは、最大幸福を目指して人間性にふさわしい制度を科学的に探究することであり、それは、個人の最大の自由と労働の成果の公正な分配が両立する経済体制がいかなるものか、改善された私有制と生産手段を共有し分配を規制する共産主義の間にあるいかなる体制が、知的道徳的な水準の高い人間性の完成のために寄与することができるのか（CWⅡ: xciii/(1) 26,27頁）を、実験などによる実証に基づいた経験によって比較しながら選択するアソシエーション論なのであった。

[注]

1)「ロッチディル公正開拓者組合」[the Rochdale Society of Equitable Pioneers]、ミルは『経済学原理』第5版（1862）の「将来の見通し」の章でロッチディル組合について詳細に述べている。ミルがロッチディル組合を高く評価するのは、組合が外部の資金援助や支援を受けずに、労働者自身が少額の資本を出しあって労働者＝資本家となり民主的な運営によって成功したことによる。まさにトンプソン型アソシエーションの成功例の一つとしてみられる。ミルはホリオーク（George J. Holyoake: 1817-1906）の著書（1855）に依拠して、これを読者に紹介している。ロッチディル組合は1844年に28名の先駆者たちが、少額の資金を出資して消費協同組合として発足し、店舗経営から活動を展開したがその発展はめざましかった。1855年には組合員数は10年前の50倍、基金総額は約400倍、事業量は約63倍、剰余金は約100倍に増大し、1854年には生産協同組合を設立するまでに発展した（中川 1986: 40頁）。

2)「安全」[security]、ミルは『功利主義』（1861）で、「安全」があるお蔭で安心して「生存」することができ、あらゆる善の価値を享受できるが故に、功利の原理の中で人々にもっとも強い感情を伴うと述べている（CWX: 250,251/164,165頁）。ホランダーはミルにおける究極の社会的功利に「安全」をみる（Hollander 1985: vol.2, 650）。ローゼンもミルがベンサムから継承した重要な概念を「安全」としてみる（Rosen 1987: 121-138）。オウエン、トンプソン、ミルに共通する穏健で漸進的な社会改革の思想はベンサムの「安全」の思想を基礎にしていると思われる（Riley 1996: 45）。

3) 比較体制論、ミルは「所有論」をはじめ随所で、経済体制の問題はいかなる制度がすぐれているのかを比較して選択する問題であると述べている。我が国では杉原と馬渡が比較体制論をミルの社会主義論の特徴として把握しており、筆者もこの解釈に同意するものである。ミルは比較体制論を主張したが、いかなる制度がすぐれているかという結論を示すことはなかった。ミルは私有制の改善と共産主義を両極において、アソシエーションの実験など経験的な根拠にもとづいて功利の原理による制度の選択を行うべきと考えたのである。しかしミルの社会主義論は真理を多面的に捉えようとするなどいくつかの理由により、古くから解釈が分かれている（安井 2003: 91-94）。近年でも、「労働諸階級の将来の見通し」の章を重視してミルの社会主義論を解釈し、資本主義の漸進的な改革が分権的な社会主義への唯一の道であり、それは人類の「自然発生的」な「文明化」の歴史的過程であるというライリィ（Riley 1996: 42）、ミルは社会主義体制を拒否して人類が道徳的な完成を目指すユートピアに基礎を置く体制論を主張したと解釈するローラ・ドゥ・マットス（Laura de Mattos 2000: 95,96）、ミルを古典的自由主義者として捉え、ミルが社会主義論で「資本主義の下での社会主義」[socialism-under-capitalism]における雑多な企業の共

存する「混合経済」[patchwork economy] を主張したと解釈するミラー（Dale E.Miller 2003: 229）などさまざまな解釈がなされている。
4）ミルの決定論的でない歴史観、ミルがマルクスと異なり、決定論的な歴史観を有していなかったことは、フォイアとコリーニによって述べられている。フォイアは、マルクスより前に歴史は階級闘争の歴史であると主張したギゾーをミルが批判し、歴史の進歩を制度面から捉えないミルの歴史観が決定論的でないと解釈する（Feuer 1976: 90,91/171,172頁）。コリーニはミルが「歴史の不可逆的進歩の法則」には興味がなく、ミルの興味は人間性の検証を伴った、人間性と環境ないし制度と相互作用にあったと解釈する（Collini 1983: 151/128頁）。

［引用・参照文献］

I. 一次文献（欧文献）

・Bentham, Jeremy (1776) *A Fragment on Government*, Oxford: Basil Blackwell, 永井義雄抄訳「統治論断片」『人間の知的遺産44 ベンサム』講談社、1982年。

―― (1780, 出版は89年) *An Introduction to the Principles of Morals and Legislation*, Oxford: Basil Blackwell, 山下重一訳「道徳および立法の諸原理序説」『世界の名著38』中央公論社、1967年。

・Hodgskin,Thomas (1825) *Labour Defended against the Claim of Capital, or the Unproductiveness of Capital Proved*, Cole's ed., London, Labour, 1922, 安藤悦子訳「労働擁護論」『イギリスの近代経済思想』河出書房新社、1964年。

・Holyoake, George Jacob (1855) *Self-help by the people; History of Co-operation in Rochdale*, London, G.Allen & Unwin, 協同組合経営研究所訳『ロッチデールの先駆者たち』、1993年。

・Knight, Charles (1831) *The Right of Industry* (Capital and Labour), London: W. Clowers.

・Marx,Karl, Engels,Friedlich, (1848) *Manifest der Kommunistischen Partei, Marx/Engels-Werke*, Bd.4, Berlin: Dietz Verlag, 大内兵衛・向坂逸郎訳『共産党宣言』岩波文庫、1951年。

・Marx, Karl (1867) *Das Kapital* I , *Marx/Engels, Gesamtausgabe* II , Berlin: Dietz Verlag, 向坂逸郎訳『資本論』岩波文庫（全9冊），1969, 1970年。

・Mill, James (1821) *Elements of Political Economy*, London: Baldwin, Cradock & Joy ／ 渡辺輝雄訳『経済学綱要』春秋社、1948年。

・Owen, Robert (1816) *A New View of Society: or Essays on the Principle of the Formation of the Human Character*, London: MacMillan, 白井厚訳「社会にかんする新見解」『世界の名著、続8』中央公論社、1975年。

―― (1820) *Report to the County of Lanark of a Plan for relieving Public Distress and removing Discontent*, Glasgow: University Press, 永井義雄・鈴木幹久訳『ラナーク州への報告』未来社、1970年。

・Thompson, William (1824) *An Inquiry Into the Principles of the Distribution of Wealth , Most Conductive To Human Happiness*, Lomdon: Longman, Hurst Rees, Orme, Brown and Green, 鎌田武治訳『富の分配の諸原理1,2』京都大学学術出版会、2011-12年。

―― (1827) *Labour Rewarded. The Claims Of Labour And Capital Conciliated: or, How to Secure to Labor the Whole Products of its Exertions*, London: Hunt and Clarke,「労働の報酬」（抄訳）都築忠七訳編『資料イギリス初期社会主義 オーエンとチャーチズム』平

凡社、1975年。

―― (1830) *Practical Directions for the Speedy and Economical Establishment of Communities on the Principles of Mutual Co-operation, United Possessions and Equality of Exertions and Means of Enjoyments*, London: Strange and E. Wilson.

Ⅱ．二次文献（欧文献）

- Beer, Max (1940) *History of British Socialism*. London. 大島清訳『イギリス社会主義史』岩波文庫、1968-75年。
- Claeys, Gregory (1987a) 'Justice, Independence, and Industrial Democracy: The Development of John Stuart Mill's Views on Socialism', *Journal of Politics*, 49:1, 122-147.
  ―― (1987b) *Machinery, Money and the Millenium, from Moral Economy to Social Economy, 1815-1860*, Cambridge: Polity Press.
- Collini, Stefan (1983) 'The tendencies of things: John Stuart Mill and the philosophic method', 坂本達哉訳「ものごとの傾向――ジョン・スチュアート・ミルと哲学の方法――」、*That Noble Science of Politics- A study in nineteenth century intellectual history*, Cambridge: Cambridge University Press, 永井義雄・坂本達哉・井上義朗訳『かの高貴なる政治の科学』ミネルヴァ書房、2005年。
- Feuer, Lewis S. (1976) 'John Stuart Mill as a Socialist—The Unwritten Ethology', 泉谷周三郎訳「社会学者としてのJ.S.ミル――書かれざる性格学――」、*James and John Stuart Mill—Paper of the Centenary Conference*, Toronto: Toronto University Press, 『ミル記念論文集』木鐸社、1979年。
- Halévy, Elie (1928) *The Growth of Philosophic Radicalism*, translated by Mary Morris, London: Faber & Faber.
- Harrison, J.F.C. (1969) *Robert Owen and Owenites in Britain and America; The Quest for the New Moral World*, London: Routledge and Kegan Paul.
- Hollander, Samuel. (1985) *The Economics of John Stuart Mill*, vol.2, Oxford: Basil Blackwell.
- Laura Valladão de Mattos (2000) 'John Stuart Mill, Socialism and his liberal Utopia: an Application of his View of Social Institutions', *History of Economic Ideas*, Ⅷ/2, 95-120.
- Miller, Dale E. (2003) 'Mill's socialism', *in Politics, Philosophy & Economics*, 2(2): 213-229.
- Riley, Jonathan (1996) 'J. S. Mill's Liberal Utilitarian Assessment of Capitalism Versus Socialism', *Utilitas* 8(1) Mar, 39-71.
- Rosen, Frederick (1987) 'Bentham and Mill on Liberty and Justice', G. Feaver and F. Rosen, eds. *Lives, Liberty, and the Public Good*, New York: St.Martin's Press, 121-138.
- Schofield, Philip (2006) *Utility and Democracy: The Political Thought of Jeremy Bentham*, Oxford: Oxford University Press.
- Skorupski, John (2006a) *Why Read Mill Today?*, London and Newyork: Routledge.
  ―― (2006b) 'The Place of Utilitarianism in Mill's Philosophy', *The Blackwell Guide to Mill's Utilitarianism*, Oxford: Blackwell Publishing, 45-59.
- Thomas, William (1979) *The Philosophic Radicals: Nine Studies in Theory and Practice, 1817-1841*, Oxford: Clarendon Press.

Ⅲ．二次文献（日本語文献）

・土方直史（2003）『ロバート・オウエン』研究社。

――（2011）「ウィリアム・トンプソンにおける功利主義と経済思想」音無通宏編著『功利主義と政策思想の展開』中央大学出版部，31-81頁。

・泉谷周三郎（2002）「J.S.ミルにおける自由原理と個性」『横浜国大教育人間科学紀要』3、1-17頁。

・鎌田武治（1968）『古典経済学と初期社会主義』未来社。

――（2000）『市場経済と協働社会思想――イギリス資本主義批判の思想的源流』未来社。

――（2012）「J.S.ミルへの影響」『W.トンプソン富の分配の諸原理2』京都大学学術出版会、519-520頁。

・馬渡尚憲（1997）『J.S.ミルの経済学』御茶の水書房。

・水田洋（1997）ミル『代議制統治論』「解説」岩波文庫、443-452頁。

・永井義雄（1993）『ロバアト・オウエンと近代社会主義』ミネルヴァ書房。

――（2003）『ベンサム』研究社。

・中川雄一郎（1984）『イギリス協同組合思想史研究』日本経済評論社。

――（1986）「消費協同組合思想の発展」『協同組合事典』家の光協会、38-43頁。

――（2002）『キリスト教社会主義と協同組合――E.V.ニールの協同居住福祉論』日本経済評論社。

・杉原四郎（2003）「J.S.ミルと現代」『杉原四郎著作集Ⅱ』藤原書店、13-156頁。

・高草木光一（2005）「アソシアシオン概念をどう捉えるか」『ロバアト・オウエン協会年報』(30) 26-44頁。

・安井俊一（2003）「J.S.ミルの社会主義論とハリエット・テイラー」『三田学会雑誌』96(1)、91-109頁。

・山下重一（1970）『J.S.ミルの思想形成』小峰書店。

――（2009）「J.S.ミルの個性論――『自由論』の一研究」『国学院法学』47(3)、85-131頁。

第6章

J.S. ミルと S. スマイルズ
―― ヴィクトリア時代の思潮

矢島　杜夫

Ⅰ　ミルとスマイルズの時代
Ⅱ　意志の自由と自立
Ⅲ　人格の形成と人間幸福
Ⅳ　ミルとスマイルズの社会問題
Ⅴ　中村敬宇による翻訳と明治日本

I　ミルとスマイルズの時代

　ミルは『論理学体系』(*A System of Logic*, 1843: *CW*VIII, BookVI, Chap.12) で「目的論」「teleology」を扱い、人類の目指すべき目的が「幸福」にあることを指摘し、それを後の『功利主義論』(*Utilitarianism*, 1861: *CW*X) でも再説している。そしてミルは『自由論』(*On Liberty*, 1859: *CW*XVIII) で、功利の原理をすべての倫理的問題の究極的な判定基準としているのである。けだし、ミルの功利は、ベンサムや父ジェイムズ・ミルのそれとは異なる「人間の恒久的な利害に基礎を置く、もっと広い意味での功利」(*CW*XVIII: 224/26頁) であった。

　このミルの言う「広い意味での功利」とは、単に幸福の量的増大だけを目指すのではなく、その質的な側面、すなわち人格の向上を目指すものであった。18世紀に成熟した啓蒙的理性主義（功利の原理もそれに含まれる）は、確かに人類を自由と平等へと近付けるのに大きな役割を果たした。しかしながら、他方でそれは様々な欠陥も伴っていることが時代の変遷とともに明らかになってきた。まず、民主主義の徹底（ベンサムの最大幸福の原理の実現）は、凡庸な大衆社会を作り出し、人々から個性や自立の精神を奪うことになった。さらには「世論の専制」という由々しき事態も起こってきたのである。このような状況に対して、「18世紀に対する19世紀の反動」がロマン主義思潮となってイギリスにも流れ込んできたのである。ロマン主義は、理性や知性に対して感情を、普遍に対して特殊歴史性を、進歩に対して保守性（秩序）を対峙させようとするものである。このような思潮が、ミルやスマイルズの生きたヴィクトリア時代（ヴィクトリア女王の治世：1837-1901）のイギリスに流れていた。

　ミル個人においても、このような相対立する思潮の只中で葛藤し、思索し続けたのである。すなわち、父ジェイムズ・ミルによりベンサムの功利の原理を注入された若きミルが、20歳の頃に行き詰まり（精神の危機）、その克服をロマン主義の精神に見出したことがそれである。啓蒙的理性は物事を「分析」するのに長けているが、物事を「創造」したり「総合」することは不得手である。物事を創造し総合する能力はロマン主義に特有の美的精神である。最終的にミルは、人間幸福にとって「理性」や「知性」とともに「感情」ないし「美的要素」が重要であることを自らの体験から気付いたのである。

　この「より広い意味での功利」、人間の個性や自立性を尊重した人格の向上を具

体的に実現するために、ミルは「生活の技術」［Art of Life］が重要であることを指摘する（『論理学体系』第6編、第12章）。ミルの言う「生活の技術」とは、①道徳、②深慮（政策）、そして③美学である（CWVIII: 949/208頁）。すなわち、道徳は正と不正を、深慮は分別と無分別を、また美は崇高と下品を判断し、かつ人間をあるべき行為へと導く。ところが、ミルによればベンサムはこの中で最後の美的要素を無視してしまったのである（『ベンサム論』）。だが、美的要素は理性的な自己決定をしたり、自発的に自らを改善しようとするためにも不可欠である。もとより、人類の目的が幸福にあり、この幸福が単に量的なものにあるのではなく、個性や人格といった質的なものにあることを特に強調したのはカントである。ミルは、直覚派においても功利主義の原理（幸福論）が重要であることを示す（『功利主義論』）。とはいえ、個性や自立を極端に強調することは、反面一部の人だけの自由を認めることにもなりかねない。ミルは一時ベンサムから距離を置いたが、再び「最大幸福の原理」に訴えて、多くの人が個性や自立の精神を培って自由になることが人間幸福につながると考えたのである。個性を強調した『自由論』と、公平（平等）を重視した『功利主義論』とは、相補うものといえる。

　他方、スマイルズもミルと同時代人であり、彼はミルのような理論家ではなかったが、ミルと同様、人間の個性や自立の重要性を説き、人格の向上を一連の著作で訴え続けていったのである。スマイルズは伝記作家であり、彼の本領は、人間のあるべき幸福を具体的な個々の人間の範例を通して人々に訴えることであった。すなわち、勤勉、忍耐、克己、品性、向上心等を身につけることが、人間を幸福に導くものであることを様々な人の実例を挙げて説いたのである。それは、スマイルズの『自助論』（Self-Help, 奇しくもミルの『自由論』と同じ1859年に刊行）、『人格論』（Character, 1871）、『節倹論』（Thrift, 1875）、『義務論』（Duty, 1880）等に見出せる。実際、スマイルズ自身も鉄道会社に勤務しながら、わずかな時間を活用して、勤勉と忍耐を持ってこれらの著作を著したのである。

　また、スマイルズもミルと同様、社会問題に並々ならぬ関心を示している。ミルと異なり、彼の著作は個人の伝記的著作で占められているが、人々に大きな感銘を与えた『自助論』は、当時のイギリスの時代を反映したもので、1850年から80年にかけて、イギリスが自由主義の全盛時代を迎えていた頃のものであった。そのような時代は「自助の精神」を大いに奨励し、要求していたのである。だから彼の著書はヨーロッパでも大きな反響を呼んだのである。ミルの『自由論』が出版されたのも、そのような延長線上にあることは言うまでもない。ただし、ミルやスマイル

ズの時代は、反面自由放任主義にも陰りが見えてきており、むしろその弊害が目立つようになっていた。ミルが『自由論』を著さねばならなかったのも、民主主義の成長によって多数者の圧力が個人の自由を妨げていたからであり、スマイルズの『自助論』にしても、すべての人々が富を得て「幸福」になれるわけではなかったので、人間の幸福を富を得ることではなく、自助による人格の完成に求めたのである。『自助論』は、何よりも眼前の労働者が抱える切実な社会問題に対処するために書かれたのである。ただ、ミルは彼の時代の抱える政治や経済の問題を前面に取り上げたが、スマイルズはあくまでもそのような時代にあって、個人の生きるべき理想を抽象的な理念ではなく、実践的倫理を通して追求したといえるであろう（ミルとスマイルズの社会問題はⅣで触れる）。

そして、ミルの『自由論』および『功利主義論』と、スマイルズの『自助論』ないし『人格論』との間に、双方の方法は異なっていても、共通の要素が流れているのを見ることができるのである。それは、人間の個性や自立が自由および幸福に導くものであること、また人間の幸福が人格の向上にあることである。つまり、ミルおよびスマイルズの思想に流れているものは、19世紀ヴィクトリア時代の水脈であったといえる。本論は、ミルの『自由論』、『功利主義論』と、スマイルズの『自助論』、『人格論』に注目し、両者が人間の幸福をどのように捉えていたのかを探ろうとするものである。

Ⅱ　意志の自由と自立

ミルは『自由論』で、個人と国家との関係を次のように述べる。

　「国家の価値は、長い目で見ればそれを構成している個人の価値によって決まる」。
　「専制政治でさえ、その治下に個性が存在している限りは、まだその最悪の結果を生み出しているとはいえない。また、個性を抑圧するものはいかなる名称で呼ばれようとも専制政治である」(*CW*XVIII: 266, 310/128, 229頁)。

そして、スマイルズは右の言葉を『自助論』で引き合いに出して次のように指摘している。

「一国民の政治は、それを構成する国民各自の個性の反映に他ならない。……品格ある国民は品格ある政治により、愚劣・堕落せる国民は愚劣な政治によって支配される」。
　「国家の進歩は国民各自の勤勉と精力と正直の集合したものであり、国家の衰亡は各自の怠惰と私欲と不徳の集積したものである。……法令を改めたり、制度を変えたりすることよりも、人々をして各自の自由独立の行動によって、彼ら自身を向上・改善させるよう誘導・奨励することでなければならない」(Smiles 1897: 1-3/2-3頁)。

　ミルの『自由論』は、直接意志の自由を問題にしたのではなく、社会的な自由、つまり社会(世論)が個人に対して与える圧力からどうしたら個人が自由を維持することができるかということを問題にした。それは、当時ヨーロッパ全体に普及しつつあった民主主義の成長が「諸条件の平等」をもたらし、個人の力を弱め、世論の圧力が個人の上に重くのしかかり、もはやいかなる個人もこの圧力に抵抗することができなくなってきたからである。ミルはこの危険にトクヴィルの『アメリカの民主主義』を読んで気付くのであるが、このような状態がアメリカのみならずヨーロッパ全体を覆い始め、ミルの生きたヴィクトリア時代のイギリスにも浸透してきていたのである。だからミルは、このような世論の圧力にどうしたら個人の自由を維持できるのかを問題にし、それには何よりも個性や多様性を尊重する必要があり、そのためにも個人の自主・自立の精神を涵養することの必要性を訴えたのである。「意志の自由」の問題は『自由論』の直接の対象とはなっていないが、その問題は『自由論』の前提として置かれており、それなくしては「世論の圧力」に抗することはできないといえよう。

　「知覚、判断、識別する感情、心的活動、さらに道徳的選択にいたる人間的諸機能は、自ら選択を行うことによってのみ練磨される」。
　「自分の計画を自ら選択する者こそ、彼のすべての能力を活用するのである。彼は見るためには観察力を、予知するためには推理力と判断力を、決断を下すに必要な材料を蒐集するためには活動力を、決断を下すためには識別力を使用し、またひとたび決断を下した場合には、その考え抜いた決断を固守するために毅然たる性格と自制心とを用いなくてはならない」(*CW* XVIII: 262-3/118-9頁)。

みられるように、ここには道徳的選択をするための決断力や識別力等、意志の力や意志の自由が強調されていることが分かる。

「人間性は模型に従って作り上げられ、あらかじめ指定された仕事を正確にやらされる機械ではなく、自らを生命体となしている内的諸力の傾向に従ってあらゆる方向に伸び広がらねばならない樹木のようなものである」。
「人間が高貴で美しい観照の対象となるのは、彼自身の内にある個性的なものをすべてすり減らして画一的なものにしてしまうことによってではなく、他人の権利と利益によって課された限界の範囲内で個性的なものを開発し、喚起することによる」(*Ibid*.: 263, 266/120, 127頁)。

ここには、ミルが『論理学体系』で指摘した「生活の技術」の中の美的要素を見出すことができよう。すなわち、個性の自由な発展が幸福の主要な要素の一つであるという主張である。

個性や意志の自由が重要であることをスマイルズも強調している。ただし、ミルのように体系的に述べているのではなく、異なった諸個人の様々な生き方を通して示している。

「ある仕事に対して成功を保証するのに必要なことは、卓越した才能ではなく目的であり、成し遂げようとあせる力だけではなく、精力的、忍耐的に働こうとする意志そのものである。それだから、意志のエネルギーこそ、人間の人格の中心力ということができる」。
「日常生活における要務と行動、すなわち家庭内の規定、社会的協定、公共の制度等、いずれも意志は自由であるという実際的確信の下に成り立っている」。
「強い意志は人類の最大幸福への王者であり知恵はその大臣である」(Smiles 1897: 224-8/290-296頁)。

また、スマイルズの強調した「自助の精神」や「意志の力」は、ミルと同様「多数者の圧力」に対抗できる精神を培うことにもなる。スマイルズは『人格論』で、高潔で誠実な人格を築くには勇気が不可欠であることを強調する。

「社会と呼ばれる腐敗した勢力に抵抗するには、かなりの道徳的な勇気を行使する必要がある。〈グランデイ婦人（世間）〉の影響力は絶大で、社会は無意識の内に個人に対しある種の規準を与え、それに従わねばならなくなる。……そのため、個人は狭い考えの中に閉じ込められ、仲間と違った行動をしたり、自由な雰囲気の中に進もうとする勇気は失われる。……今や〈大衆〉が政治的な力を行使し、彼らにへつらい、おべっかを使い、彼らにあたりの良い言葉でしか話しかけない傾向が増大している」（脚注にミル『自由論』への示唆あり）。

「世間の偏見に立ち向かうことよりも、それに屈し、卑屈になって媚びへつらう方が容易である。……大衆に迎合し、彼らの人気に付け込むという奴隷根性が、政治家の人格を低め、品位を落としている。……だが、人はどうしても支配的な世間に対し、自分の意見を語り世間と対立する立場をとらねばならぬ場合がある。それは、同調することが意志の弱さであるだけでなく、罪になる場合である」。

「人格を形成する一層強い力である意志は、決断を下すという習慣にまで鍛えられねばならない。さもなければ、悪に対抗することはおろか、善に従うこともできなくなるであろう」。

「知性を伴う大胆さは、独立独行の人格を示す活力ある状態の一つである。人は自分自身を貫く勇気を持たねばならない。また他人の影であったり、こだまであってはならない。彼は自分の力を試し、自分の頭で考え、自分の意見を語らねばならない。彼は自分の考えを練り上げ、自分自身の信念を築かねばならない」（Smiles 1913: 153）。

ところで、E.H.キンモンスによれば、スマイルズの「個人主義」[individualism] の定義は、ミルのそれよりも狭いと言う。キンモンスは、スマイルズが「個人主義」という言葉を用いた時、個人のイニシアティブ、あるいは独立独行以上のものを意味しておらず、「精力的な個人主義」や「個人的勤勉」というような表現は哲学ともロマンティックな個人主義とも少しも関係がないと言うのだ。そして、そこからスマイルズの思想は、その後の技術的・社会的進歩への貢献によって常に正当化される社会的な諸規範 [norms] に反対するようになると見ている（Kinmonth 1980: 547）。このキンモンスの指摘はなかなか鋭く、たとえばその例をミルとスマイルズの女性論の違いに見出すことができよう。そこで、双方の女性論に触れてみよう。

ミルは、『女性の隷従』（*The Subjection of Women*, 1869: *CW* XXI）を著し、男女の

差別が、人類が長いこと黙認してきた悪弊であるとして、なかば習慣となっている女性の隷従を正当化する見解を論駁する。ミルは、男女差別の理由を、長い間女性を劣っているようにしておいた方が男性にとって都合が良いからだとする点に見出す。仕事や科学・芸術の分野で優れた成果がないのは、女性に才能がないからではなく、それらの分野で栄誉を得るための十分な時間がないからである。ミルは、権力と権威の唯一の正統な資格は功績であって生まれではないことを正義に訴える（CWXXI: 324/159頁）。

　スマイルズは、ミルのように女性解放のための政治活動をしたり、一冊の本を著したわけではないが、多くの著書で女性が果たすべき勤め、役割を説く。彼は、女性の重要な役割を家庭生活に求める。家庭は人間にとって最初の最も重要な人間形成の場だからであり、母親は子供に強い影響力を及ぼしているからである。ミルと同様、スマイルズも女性が自立し幸福となるためには、知性や教養が必要だと考える。「女性は男性の飾り物になったりするために生まれてきたわけではない。女性の責任ある務めには、優しい心だけでなく啓発された知性も必要である。……女性を啓発することは、男性を啓発することにつながる。女性の精神的自由を広げることは、社会全体の精神的自由を広げて守ることになる」（Smiles 1913: 61-4）。

　しかし、スマイルズはミルと異なり、女性が選挙権を獲得することによって彼女たちが政治的に自立することには消極的であった。当時のヴィクトリア時代では、女性はもとより男子すべての成員に選挙権が与えられていたわけではなく、女性の政治的な主張は、夫である男性が代表すればよいと一般に考えられていた。そのような中で、ミルはハリエットの影響も手伝って、たびたび議会で女性参政権の必要を訴えたのである。ところがスマイルズは、女性の進歩や改善が、彼女たちに政治的な実験を授けることによって確実になると信じる理由はどこにもないとして、この問題に立ち入ることを避けている。女性たちは、愛という「絶対的な全体の力」を持っており、その力は議会の成員や立法府のために投票するよりもはるかに大きいとして、その力の行使を家庭という枠の中に封じ込めてしまったといえよう（Smiles 1913: 66-8）。

III　人格の形成と人間幸福

　スマイルズは、たえず奮闘し、努力しようとする意欲のある人に「天才」を見出

している。つまり、「天才」とは、目標に向けて「人間の内なる情熱の焔を燃え立たせる力」(Smiles 1897: 95/126頁) のことである。またミルも、「天才」をカーライルのように天与の稀な人間ではなく、「適切な教養によってすべての人々が持つことのできるもの」とみなし、丸暗記や詰め込みではなく、精神を訓練することの重要性を説いた (*CW*I: 334)。ところが、父ジェイムズ・ミルによって幼い頃から英才教育を施されたミルは、最初からこのような考えを抱いていたわけではなかった。

ミルは「精神の危機」に陥る前に才能と人格を区別せず、才能のある人は同時に人格の優れた人だと思っていた。つまり、1823年の演説草稿「知識の有用性」[The Utility of Knowledge] で、ミルは科学・技術を発展させた知識に全幅の信頼を置き、この進歩が富を増大させ、間接的に道徳性を発展させると考え、文明の進歩を野蛮な状態と同一視したルソーの思想を、人類の知的進歩と幸福の増進に逆行する「禁欲主義的詭弁」だと断じる (*CW*XXVI: 257-9/86-89頁)。しかし、5年後の1828年に書かれた「完成可能性」[Perfectibility] と題する演説草稿では、「道徳的卓越性は高度の知的教養を前提にしない」(*CW*XXVI: 432/246頁) という主張に変わっている。この草稿でミルは人間の持つ情熱や感情を重視するが、このことは分析的な知性だけを重視したがために危機に陥ったミル自身の反省と、ベンサムや父の主張する功利主義的道徳観だけでは、人間の有徳な習慣を作ることはできないことに気付いたことをうかがわせる。ミルの「完成可能性」は、人間の知的・道徳的人格形成の進歩に信頼を置きながらも、従来の知識を重視して情熱などの感情の育成を省みない世論や道徳教育のあり方に疑問を投げかけるものである。

このことは、「知識の有用性」でミルが批判したルソーの見解に接近する。ルソーの文明批判は、学問・技術そのものを批判することではなく、徳性と結びつかぬ学問や技術を批判することであった。ルソーは、文明の進歩にうつつを抜かし、人間にとって一番重要な徳性を省みない当時の知識人やサロンの人々を批判したのである。「自然へ帰れ」という彼の叫びは、文明 (徳性に欠けた知性) に毒されぬ一般民衆の立場に立てという叫びである。つまり、多くの知識を持った者が必ずしも道徳的に優れた者ではないということである。ミルが後年『自由論』で、18世紀の人々が文明を賛美していたその時にルソーの逆説が炸裂して、一面的な意見の密集体を攪乱し、より新しい形で再結合させたことが有益であったことを指摘したのも、民衆の立場という半面の真理を強調すればこそである (*CW*XVIII: 253/96頁)。多くの大衆の中には知的に優れた者もいれば無知な者もいる。しかし、だからといって無知な人々が道徳的に劣っているなどとは言えない。カントがルソーの著作

(『エミール』)を読んで気付いたのも、この人間の道徳的資質の重要性であった。「人間性を目的として扱い、単なる手段として扱うな」というカントの道徳こそ、多くの知識を持った人々が、それを持たぬ人々を、自分たちの優越的な地位を守るための単なる手段とするなということである。知性はあくまでも徳性や人格形成の、ひいては人間幸福の手段であって目的ではないことを、ルソーやカント、そしてミルも強調したのである。ミルの言う「満足せる愚者」(「満足せる愚者よりも不満足なソクラテスの方がよい」)とは、単に何も考えずに豚のごとく「快適」に過ごしている人々だけではなく、「学歴」のような既成の権威に囚われている人間もその対象であり、それよりも「不満足なソクラテス」、つまり人格の形成や道徳的価値を探求している人間の方がより自由で真の幸福に近付いているという意味である。

このようなミルの見解は、スマイルズの見解とも邂逅し、重なり合うのを見出す。というよりも、彼の著作そのものが(伝記を含め)この人格の形成を抜きには語れない。スマイルズは才能と人格の違いを強調し、様々な人々の略歴を通して、人々に努力を重ね人間性や人格を陶冶して徳性を涵養することの重要性を訴える。

「真の知恵と理解とは、観察、注意、忍耐および勤勉という古くからの道を歩むことによってのみ、はじめて身につけることができるということは変わらぬ真理である。単なる知識の材料を所有することと、知恵や理解力があるということとはまったく別のものである」(Smiles 1897: 327/414頁)。

真の知恵とは、単なる知識や才能ではなく、実生活の体験によって鍛えられた叡智のことであり、知識だけでは一時的な快い刺激にはなっても、単なる知識の快楽主義でしかなく、人格の向上や人間幸福には何の貢献もしない。スマイルズは、多くの知識を知ることではなく、それを知る目的と用途が大切だとする。すなわち、知識を知る目的は立身出世のためではなく、「知恵を発達させ、人格を高め、豊かで幸福な人生を送る」ことにあり、「人生の目的をより有効に追求するための活動」にある。ただし、スマイルズは知識そのものを軽視したのではなく、それが善良と賢明とに結び付き、公正な人格において具体化されねばならぬことを強調したのである。

「学問が軽蔑されるのではなく、善の味方でなければならない。高い地位の人々に対してみじめな奴隷根性を抱き、また身分の低い人々に対しては傲慢な態

度をとるというように、知的能力は時折最も劣る道徳的人格と一致する例が見られる。美術、文学、学問の分野で成功した人はいるかもしれぬが、誠実さ、美徳、義務感、正直さという点では無学な農民にも劣る人はいくらでもいる」(Smiles 1913: 4)。

知性が徳性と結び付かねば、それは人格とは無縁の世界で根を張り、悪徳と手を携えて一層邪悪で危険なものとなる。最も精力的で野蛮な人は、虚栄心や野心のような利己心しか必要とせず、彼らは世界を苦しめ破壊する者で、地上を滅亡させることを許された選ばれし悪党どもである、とスマイルズは言う。これに対し、崇高な精神によって導かれた精力的な人格の人は、危険なライバルと張り合うことはない。それは、本当に価値あるものが世間の認める評価（地位や名声）にあるのではなく、その人自身に備わり、その人の内面からにじみ出る人格、徳性にあることを知っているからである。

「すべての人は、私たちを導いてくれる偉大な人物を手本にしても、その理想の人間像をただ容認するだけでなく、自分もまたその最高の人格にまで達するように目指さねばならない。物質的にではなく精神的に豊かになり、世間的な名声ではなく真の名声を求め、多くの知識ではなく最高の徳のある人間になり、権力や権勢ではなく、正直で高潔、誠実な人格を目標にしなければならない」。
「人格はその人の行動に現れ、正義と誠実さ、実際的な叡智によって導かれ、鼓舞される。その最も理想的な形は、人格が宗教、道徳、理性の影響を受けて生き生きと躍動する個人の意志となる時である。自らの進むべき道を慎重に選び、世評よりも義務を尊重し、世間の賞賛よりも良心の命ずるままに堅実にその道を追求することである」(Smiles 1913: 12-13)。

スマイルズが強調したのは、財産において豊かになることではなく精神において豊かになること、地位において最大になることではなく真の名誉において最大になること、多くの知識を得ることではなく最も価値あるもの——真実、正直、誠実——となることである。スマイルズの言葉の中に、人間の目的が精神的に豊かな人格を作ることであり、それがひいては幸福をもたらすというミルと同様の見解を見出すことができる。スマイルズもミルも、精神的に豊かな人格を持った人々が増大すれば、それだけ社会の改善に役立ち、自由が拡大すると考えたのである。

ミルが求めた快楽（幸福）は、火花のような束の間の炎ではなく、たえず自らを向上させようとする情熱に火をともし続ける永久不変の炎である。それは受動的な快楽よりも、能動的な快楽である。スマイルズにとっても、繁栄は単に生活環境の向上による物質的な幸福のことではなく、徳性と知性の向上による精神の幸福を意味していた。それは耐えざる努力と勤勉によって達成されるものである。
　このようなミルとスマイルズの幸福観は、幸福そのものを目的とせずに、それ以外のものを選ぶ時に副産物として得られるとする見解と関連している。「人生の色々な楽しみは、それを主要な目的とするのではなく、通りすがりにそれを味わう時にはじめて人生を楽しいものにしてくれる」(CWI: 145-147/210頁)とミルは言う。この見解をスマイルズに見出すなら、小事をおろそかにしないで取り組んでいくことによって幸福が得られるとする見解に近いといえる。「人間の生活は小さな出来事の連続である。それぞれの出来事はそれほど重要ではなくても、すべての人間の幸福と成功は、これらの小事を如何に処理していくかという習慣に依存している」(Smiles 1899: 177)。
　人間の最終目的が幸福の達成にあるとしても、人間の幸福は大事、つまり幸福そのものにあるのではなく、次々に起こる小事を処理していく過程で見出せるものといえる。その過程で様々な困難や労苦が待ち構えており、これらの苦難がなければ人間は努力する必要はない。そして、この人生の苦難を一つずつ克服していくところに人格が形成され、その結果として幸福がついてくるものといえる。
　このように、ミルとスマイルズの見解は、それぞれ方法を異にしていたとはいえ、基本的に共鳴する部分が多い。要約すれば、自由は人間の幸福に寄与するものであること、そして自由の確固たる基礎は個人の人格に依存しなければならないということである。
　ミルは臨終に際し、養女のヘレン・テイラーに「私は私の仕事をなし終えた」と言って不帰の旅に立っていったという。人間は晩年になると義務というものを考えるようになるらしい。というのも、その人が自分の一生を振り返ってみて、自分が誠実に努力をして己の義務を遂行したかどうか問うようになるからであろう。スマイルズは、人生の晩年の幸福や安息を人間の義務に求めたのである。彼は68歳の時に『義務論』を刊行し、特に義務の根底を強力な良心に求めた。良心がなければ、人は快楽より高い行動原理を持つこともできなければ、自分に不利な世評に打ち勝つこともできない。逆に、確固とした義務感があればいかなる世評にも耐え、勇敢に立ち向かうことができる。スマイルズはこの良心を宗教心ともいえる高度の規範

と結び付けている (Smiles 1880: 10-11)。

ミルも『功利主義論』(第3章)で、功利の原理の究極的強制力として「義務」を挙げ、それを私たち自身の心の中にある感情、人類の良心から発する感情に見出す。そして、利他心という感情を持っている人なら、利益と共感という二つの動機にせきたてられてこの感情を示すように行動するだろうと言う。さらにこの感情を幼い時から宗教のように教え込むなら、「幸福道徳」の究極的強制力が満足するものであることに、誰も不安を感じないだろうとする (CWX: 228-32/489-494頁)。

Ⅳ　ミルとスマイルズの社会問題

ミルとスマイルズが活躍したイギリスのヴィクトリア時代は、政治の方面でも大きな変動期にあった。民主主義の普及とともに中産階級および労働者階級の成長により、彼らの立場が政治の世界にも反映されつつあった。すなわち、チャーティスト運動や社会主義の動きが見られ、これらの運動に呼応して選挙法改正や議会改革が問題となってきて、ミルとスマイルズはそれぞれの立場からこれらの問題とかかわり、影響力を行使したのである。ミルは、1835年から40年までに、ベンサム門下の哲学的急進派の機関紙『ウェストミンスター評論』と『ロンドン・ウェストミンスター評論』に多くの政治問題を論評している。特に1838年の「議会政党の再編成」[Reorganization of the Reform Party]で、ミルは議会改革のための指導力の不足を指摘し、強力で統一的な革新政党が必要であることを主張した (CWVI: 467-495)。これに対してスマイルズは、ミルほど強力に政治活動をしたわけではないが、彼が鉄道会社に勤める前は、短期間ではあるが『リーズ・タイムス』紙の編集を通して政治的立場を表明している。その時期も、丁度ミルが『ロンドン・ウェストミンスター評論』の主筆をしていた時と重なる1838年から41年までである。その時期に彼が取り上げたのは、穀物法廃止や選挙権拡大、労働者の協同組合組織などに関するものである。

そこで、ミルとスマイルズに共通する問題を取り上げ、検討してみよう。まず、双方が最大の関心を示した社会問題は選挙権の拡大であった。ミルの属する哲学的急進派は、中産階級の立場を代弁しており、「最大幸福の原理」をスローガンにできるだけ多くの人々の間に選挙権が拡大し、民主主義が普及することを望んだ。他方、スマイルズも選挙権の拡大を『リーズ・タイムス』紙を通して訴えた。ただし

スマイルズは中産階級ではなく労働者階級の立場に立って訴えたのである。というのも、1832年の選挙法改正は10ポンド以上の収入がある者に拡大されたとはいえ、それは明らかに中産階級に制限されていたからである。といっても、ミルが労働者階級のことを全く無視したわけではなく、1867年の第二次選挙法改正に際し、ミルは下院議員として女性を含むすべての人に選挙権が得られるように尽力したのである。

ミルとスマイルズが最大の関心を寄せた選挙権の拡大は、チャーティスト運動として盛り上がり、社会主義の動きとも関連して展開していった。ミルは、1836年にオーエン主義者によって創設された「ロンドン労働者協会」に関心を示し、この協会が中心となって起こった大衆示威行動（チャーティスト運動）――男子普通選挙、秘密投票、毎年議会改選、平等選挙区等の要求――に共鳴した。他方、スマイルズもこの運動には大きな関心を示し、労働者階級に対する選挙権の拡大はもとより、オーエンによって主張された協同組合組織に大いに共鳴した。それは、労働者が個人的に自立するだけでなく、お互いに協力し合うことによって社会的にも経済的にも地位を向上させねばならないと考えたからである。スマイルズは『節倹論』で、ミルの『経済学原理』(*Principles of Political Economy*, 1848: *CW*III, BookIV, Chap.7) で示されているウィットウッド・アンド・メスリー炭鉱のブリッグス商会の例を取り上げ、社会発展の秘密を協同組合組織に見出しているのである（Smiles 1899: 113）。

ミルもまた、この協同組合組織に最大の関心を示し、1848年の二月革命によってフランスにできた労働者による協同組合組織に注目し、これを「1848年フランス革命の擁護」(『ウェストミンスター評論』1849) と、『経済学原理』の第二版 (1849) で検討し、評価している。この組織からミルが期待したのは、労働者同士が協力し合うことによって得られる道徳的効果（徳性、自立性の涵養）であり、それはまたスマイルズの強調した自助の精神であった。

しかし、反面社会主義に対しては、双方とも微妙なズレはあるものの、あまり好意的ではなかった。ミルは、1848年の革命以来、妻ハリエットの影響も手伝って、徐々に社会主義への共鳴を深めていったが、ある一線を越えることはなかった。それは、社会主義が個人の自由に対して寛容であるかどうかが問題であったからである。他方、スマイルズもミル以上に社会主義には批判的であった。とりわけオーエンの環境決定論に反発した（この点はミルも同様である）。なぜなら、もしも人間の性格がすべて環境によって作られるなら、個人の努力や勤勉などほとんど不必要になるからである。何よりも労働者階級の自助の精神を強調したスマイルズにとってみ

るなら、このオーエンの理論は承服しがたいものであった。社会主義に対するこのようなスマイルズの立場を突き詰めるなら、ミルの立場とも重なってくる。すなわち、いずれも個人の自由が問題であったということである。

スマイルズには、ミルの『経済学原理』のように、一国の経済問題を扱った著作はないが、個人の経済（家計）を扱った『節倹論』で、経済における個人の克己（自立）を説き、労働者が自分の資力の許す範囲内で生活する勇気を持ち、それが人格形成の大前提になると考えた。つまり、『節倹論』で深慮の徳を示すことにより、自助による労働者階級の自立の必要を説き、それが労働者階級の幸福増大に寄与するものと考えたのである。ミルの『経済学原理』も、このスマイルズの道徳観と決して無縁ではないが、経済の問題を社会主義も含めたもっと幅広い立場から、A・スミスの『国富論』（*The Wealth of Nations*, 1776）に対応する形で編成され、19世紀のミルの時代に対応できるように執筆されたのである。

また、ミルとスマイルズは、当時のイギリスで経済上および政治上の問題で重要な争点となった穀物法にも関心を示している。この穀物法をめぐって、すでにリカードがブルジョア階級の立場からこの法案に反対し、マルサスは地主の立場から支持を表明していた。ミルはリカードの立場に立って穀物法に反対する論陣を張り、『ウェストミンスター評論』（1825年4月）で、自らの立場を表明した。というのも、外国の穀物を排除する穀物法は、地主の利益にはなっても農民の利益となるには程遠く、何よりも貧困にあえぐ労働者階級にとっては死活の問題となっていたからである。ミルは、「安価な必需品を買うことが国民の利益であることをこれ以上証明する必要があるとは思わない」と述べ、穀物法を批判した（*CW* IV: 47）。

他方、スマイルズにとっても穀物法をめぐる問題は重要であった。なぜなら、貧困にあえぐ労働者階級にとって自国の農村階級（地主）に有利な穀物法は廃止すべきものだったからである。スマイルズは、実際に穀物法廃止に尽力したコブデンと接触して、彼と協力して穀物法反対運動を担ったのである。コブデンにとっても、新聞を通して穀物法廃止の世論を盛り上げる必要があったので、当時『リーズ・タイムス』紙を編集していたスマイルズに接触していった。そして、穀物法はコブデンやブライトの努力により、1846年に廃止されたのである。

V　中村敬宇による翻訳と明治日本

　明治の初期は、先進国イギリスの思想が注目され、当時のイギリスを代表する思想家ベンサムやミルの功利主義思想が邦訳を通して紹介されていった。奇しくも同じ年（1859年）に刊行されたミルの『自由論』とスマイルズの『自助論』を訳すことになった人が中村敬宇であった。敬宇は、スマイルズの『自助論』を『西国立志編』と訳し、またミルの『自由論』を『自由之理』と訳して、それぞれ1871年（明治4年）と翌72年に出版した。敬宇が両著作を知ったのはイギリスに留学した時（1866-68年）で、その中でスマイルズの『自助論』は、彼がイギリスを去る時に友人フリーランドから贈られたものである。スマイルズは、ウイーンの万国博に派遣されていた日本の官吏から、自分に宛てた敬宇の手紙と訳書を受け取り、その手紙から翻訳のいきさつと日本でも『自助論』が多くの人に読まれていることを知ったのである（Smiles 1905: 230）。また敬宇は、スマイルズの『西国立志編』の翻訳を完了した明治3年にミルの『自由之理』の翻訳を始め、明治5年3月に訳了するまで、ほとんど毎日続けられたことを山下教授は伝えている（山下 2010: 23頁）。

　そして、ミルの『自由論』は、当時台頭してきた自由民権運動のテキストとして、ベンサムやスペンサーの著作とともに取り上げられ注目されていったのである。これに対してスマイルズの『自助論』は、『自由論』以上に多くの日本人の間に身分の差を越えて受容されていった。松沢弘陽氏は、『西国立志編』の刊行は、木版だけで数十万、活版や異版を含めるなら百万部を下らなかったのに比べ、『自由之理』の方は、明治10年までに三版を重ねただけで終わっていると言う。つまり、わが国ではスマイルズの『自助論』の方が圧倒的に多く読まれたのに対し、ミルの『自由論』は一部にすぎなかったといえよう（ちなみに松沢氏によれば、彼らの母国イギリスでは、両者の著作の発行部数は、わが国のように極端に一方に偏ってはいなかったと言う）。また松沢氏は、『西国立志編』と『自由之理』の中に流れている個人の自由と自立という民主主義を求める動きを明治政府は警戒し、これを窒息させるために人々のエネルギーを「出世民主主義」という形の排他的な上昇志向へと流し込んだと言う（松沢 1975: 44-50頁）。だから『西国立志編』は、わが国では金儲けや立身出世の「バイブル」として知識人をはじめ、一般の人々の間にも受容されていった。けだし、スマイルズの意図したものは、決して金儲けや立身出世ではなく、人間の人格の完成を目指すものであったが、当時の日本人はそのようには受け取らなかったのである。

もっとも、スマイルズ自身も、自分の著書が成功物語のように受け取られることを心配して、成功した人の歴史よりも失敗した人の歴史の方を多く書いたと『自伝』で伝えている (Smiles 1905: 326)。さらに、キンモンスによれば、儒教とヴィクトリア朝の伝統にある価値［values］と美徳［virtues］の調和が、『自助論』と『西国立志編』の双方に見られ、特に最終章の「人格」——気質、善行、忠誠、誠実、勇気等、真の紳士としての資質——に明白に現れていると言う (Kinmonth 1980: 547)。

　いずれにせよ、中村敬宇の訳したこれらの著作は、明治初期の日本人に多大の影響を与えたといえる。わが国はヴィクトリア時代の思潮を吸収しつつ、その近代化を達成していったといえよう。

［引用・参照文献］

・Smiles, Samuel (1897) *Self-Help*, London: Murray. 永井潜訳（平凡社、1955年）。
　── (1913) *Character*, London: Murray.
　── (1899) *Thrift*, London: Harper and Brothers.
　── (1880) *Duty*, London: Murray.
　── (1905) *The Autobiography of Samuel Smiles*, ed. by T. Mackay. London: Murray.

・Bain, Alexander (1969/1882) *John Stuart Mill, A Criticism with Personal Recollections*. New York: A. M. Kelley Publishers. 山下重一・矢島杜夫訳『J・S・ミル評伝』御茶の水書房、1993年。
・Buchanan, R. Angus (1999) 'Adrian Jarvis, *Samuel Smiles and the Construction of Victorian Values*', Book Review, in *Technology and Culture*, 40 (1), 147-148.
・Kinmonth, E. H. (1980) 'Nakamura Keiu and Samuel Smiles, A Victorian Confucian and a Confucian Victorian', in *The American Historical Review*, 85(3), 535-556.
・Morris, R.J. (1981) 'Samuel Smiles and the Genesis of "Self-Help": The Retreat to a Petit Bourgeois Utopia', in *Historical Journal*, (24), 89-109.
・Richards, Jeffrey (1982) 'Spreading the Gospel of Self-Help: G. A. Henty and Samuel Smiles', in *Journal of Popular Culture*, (16), 52-65.
・Tyrrell, Alexander (1970) 'Class Consciousness in Early Victorian Britain: Samuel Smiles, Leeds Politics, and the Self-Help Creed', in *Journal of British Studies*, 9(2), 102-125.
　── (1998) '*Samuel Smiles and the Construction of Victorian Values*, by Adrian Jarvis', Book Review, in *Victorian Studies*, 41, 536-538.

・山下重一（2010）「中村敬宇訳『自由之理』1」『國学院法学』第47巻、第4号。
・松沢弘陽（1976）「『西国立志編』と『自由之理』の世界」、日本政治学会編『日本における西欧政治思想』岩波書店、9-53頁。

・中尾定太郎（1985）『スマイルズの思想』白馬出版。
　――（1990）『スマイルズの復活』白馬出版。
　――（1993）『スマイルズの精神史』白馬出版。
・矢島杜夫（2001）『ミル「自由論」の形成』御茶の水書房。
　――（2006）『ミルの「自由論」とロマン主義』御茶の水書房。
・松村昌家（1996）「セルフ・ヘルプの系譜」『英国文化の世紀』4　――民衆の文化誌――』研究社出版、3-26頁。
・室伏武（1995）「サミュエル・スマイルズと〈職分論〉」『亜細亜大学教養部紀要』（52）、13-30頁。
・岡本洋之（1996）「サミュエル・スマイルズにおける大衆観の形成」――19世紀初期スコットランド・イーストロジアン地方の教育事情との関連――、『比較教育学研究』（22）、87-99頁。

第7章

ジョン・スチュアート・ミルと直観主義形而上学

大久保 正健

Ⅰ　はじめに
Ⅱ　スコットランド哲学
　　1　ジョン・ロックの新哲学
　　2　観念論の深化
　　3　リードの自然的実在論
Ⅲ　人間知識の相対性
　　1　「無条件存在の哲学」
　　2　絶対者を認識すること
Ⅳ　感覚主義認識論
　　1　ジェイムズ・ミルの『人間精神現象の分析』
　　2　「感覚の恒常的な可能性」
Ⅴ　おわりに

I　はじめに

　19世紀英国を代表する思想家ジョン・スチュアート・ミルは、各種の制度改革を通じて、個人の自由と幸福を増進しようとした、ベンサム派から出た急進主義者であった。文明社会の形成原理についてのミルの業績は『自由論』(1859)、『女性の隷属』(1869)などの啓蒙的書物によって一般によく知られている。彼はラディカルな功利主義者であり、リベラリストであった。本論文の目的は、このミルの果敢なラディカリズムの根底にある認識論（知識観）を考察することである。日本では認識論や形而上学に知的関心が乏しいためか、これまで、この分野のミル研究は比較的手薄であった。本論は、その空白を埋めようとする一つの試みである。

　ミルの認識論の基本的立場は、物理現象と精神現象を共に同一の方法によって統一的に把握しようとする自然一元論である。もし、同じ方法と法則で物理現象と精神現象を認識できるなら、両者は究極的に一つの現実である。ミルは、自然は斉一[uniform]であり、因果法則に貫かれているがゆえに物理現象も精神現象も一つの現実であると考えている。因果法則に貫かれている存在は自然であるから、ミルにとって存在は自然と同じことになる。ただし、ミルは実証できる限りで、そう考えているのであって、それを超える現実については、不可知論を堅持している。

　これに対して、当時の有力であった形而上学は、心と物体（デカルト）、現象界と可想界（プラトン、カント）、神と世界（スピノザ）といった二領域、あるいは、神、世界、霊魂という三領域を認めていた[1]。この二領域論、三領域論は、もともと、新プラトン主義と、ユダヤ教創造論を融合させたキリスト教を背景にしていたので、キリスト教と親和的であった。

　しかし、ミルの立場からみると、この形而上学は、彼の自然一元論とは両立しない体系であった。そこで、彼の晩年の一連の哲学的努力は、19世紀の後半の大勢であった、このキリスト教に親和的な形而上学を根底から切り崩すことに注がれた。ミルの宗教に対する態度は、今日のリチャード・ドーキンズの態度ほど確定的ではないが、同じく、自然一元論が行き着く否定的方向に向かっている。ミルが認める神は、ドーキンズの場合と同様に、自然を超越するリアリティではなく自然内の現象であり、他の自然的対象と同様に、証拠によって検証されるべき仮説としての存在（力）であった[2]。

　このように、ミルの形而上学は自然一元論であり、認識方法は因果的説明で

あるが、彼の認識論の独自性は、認識プロセスの心理的基盤としての感覚主義［sensationalism］である。（感覚主義には、ちょうどエピクロス哲学に見られるように、道徳判断の基準を快楽にもとめる快楽主義の面と、存在判断の基準を感覚に求める感覚主義の二面があるが、功利主義は感覚主義の応用理論であり、それ自体が独立して論じられているテーマなので、この論文では扱わない。）感覚主義によれば、感覚は、自然と人間を連結する接点（インターフェース）になり、経験の原点になる。ミルの認識論は、徹底してこの感覚主義に立っているため、極端な経験主義と言われることがある[3]。「極端な」というのは、そこでは、経験概念が「感覚」に排他的に限定され、その中心原理に知識体系全体が関連づけられているという意味である。

　そもそも、感覚主義は、ジョン・ロック（John Locke: 1632-1704）によって始められた英国経験論の伝統であった。ミルは、英国経験論の嫡子として、この感覚主義を、19世紀の直観主義形而上学との論争のなかで、改めて急進的に提示するのである。彼がそこで引き起こした論争は、19世紀の後半に差し掛かった時代の知的風景を、照明弾で照らすように、ひときわ鮮やかに照らし出した。19世紀は、啓蒙主義に反発する思想が広まった時代であるが、ミルは、その反啓蒙主義的風潮に、18世紀の正統的啓蒙主義、すなわち、合理主義と実証主義の伝統を背負って立ち向かっているということもできよう。

　ミルは、同時代の哲学を批判しなければならなかった理由を『自伝』（1873）で次のように語った。

「精神の外部にある真理を観察と経験とは独立に、直観や意識によって知ることができるという考え方は、今日において、間違った理論や制度の大きな知的な支柱である。このような理論の助けによって、起源が記憶されていない根深い信念やあらゆる強烈な感情が、理性によって自己を正当化する義務を免除されて、それ自体の万全の保証であり、正当付けにされてしまっている。すべての深く根ざした偏見を神聖化するために考案されたこれほどの手段はいまだかつてなかった。……このような間違った哲学を道徳、政治、宗教から排除するためには、その本拠から追放しなければならないのであるが、このことが効果的になされることが全くなかったために、私の父の『人間精神現象の分析』が刊行された後でさえも、直観学派は、刊行された書物に関する限り、全般的に最も優れた議論と見做されてきた」（*CW I*: 233/328頁）。

第7章　ジョン・スチュアート・ミルと直観主義形而上学　　139

あるいは、遺稿の宗教論では、次のようにも語っている。

「彼らが熱心に追い求めるのは、本来は証明がしめるべき場所を直観が奪い取り、内的感情が客観的真理の確認手段となるような形態の哲学だけである。今世紀に流行している形而上学は、全体として宗教に味方する偽証の組織になっている」（*CWX*: 404/59頁）。

ミルの眼前では、「直観学派」の認識論によって、合理的な批判を受け付けないような、政治・道徳・宗教が一体化した支配構造ができあがっていた。これを「本拠」[stronghold]から破壊するために、ミルは、その思考形態そのものの徹底的な問い直しに取りかかるのである。

ミルが、この作業のために、論争の相手としたのは、スコットランドのウィリアム・ハミルトン（Sir William Hamilton: 1788-1856）であった。ミルは、当時の英国の形而上学の根底を吟味する心を固めたとき、ハミルトンを熟読し、ハミルトンの見解を細部にわたって批判的に検討した。そして、その結果を『ウィリアム・ハミルトン卿の哲学の検討』（初版1865, *CWIX*. 以下『ハミルトン批判』と略記）として発表した。ハミルトン哲学に対して評価が厳しくなった心境の変化をミルは『自伝』に次のように記している。

「私は、その時まで、彼（ハミルトン）のリードの著述の注解は、まだ未完結であったので読むことを先に延ばしていたが、彼の『哲学論考』は無視していなかった。そして、彼が精神哲学上の諸事実を取り扱った際の一般的手法が私が最も賛同していた手法とは違っていたとはいえ、彼の後期の超越主義者に対する活溌な論駁や、彼が或る重要な諸原理、特に人間の知識の相対性を主張したことのために、私は、多くの点について彼の意見に共感し、真正の心理学は、彼の権威と名声によって、失うものよりも得るものの方が多いと考えていた。彼の『講義』と『リード論』は、このような幻想を一掃してしまった。そして『論考』でさえも、これらの著述で明らかになったことに照らして読むと、その価値の多くを失ってしまった。私は、彼の意見と私の意見が表面上一致する点は、真実なものではなくて、言葉の上だけのものであることに気付いた」（*CWI*: 269/360頁）。

『ハミルトン批判』の初版1000部はたちまち売り切れ、数か月のうちに第2版が

出された。反響は大きかった。『功利主義論』や『自由論』の著者として、当代一級の論客としてのミルのネームバリューは確立していたからである。しかし、反響の中身を見ると、多くは否定的なもので、ミルの見解を肯定的に見る評者は少なかった。ミルは、第3版でそれらの反論をふまえて大幅な改訂と増補を行った。序文で、本書への応答として書かれた著作を網羅的に紹介しているが、その数は、15、6冊に上っている。これらを全体的に検討するなら、ミルの独特の立場、そしてまた、ミルの議論に反発した当時の形而上学の気風と論理がいっそう明らかになることは間違いないが、予想される仕事は一冊の研究書に相当し、一論文の範囲を超えるので、ここでは着手しない。

　ミルの認識論の基礎は、『論理学体系』(1843, *CW*: VII-VIII) によって作られた。しかし、本論では、『論理学体系』に何度か言及するものの、その内容を議論に含めることはほとんどなく、主として、ハミルトン等の直観主義との対比によってミルの認識論の特徴を解明する。『論理学体系』と『ハミルトン批判』の間に、認識論としての基本的相違はないとはいえ、その照合も重要な研究課題である。ただ、ここでは、『ハミルトン批判』の直観主義批判に照準をさだめて考察を進める[4]。ここで言う「直観主義」とは、主として、「知覚」や「意識」に内在する事実を直観的知識として採用する当時のスコットランド哲学の認識論を指す。

　以下、次の順番で本稿の記述を進める。

　　（Ⅱ）スコットランド哲学
　　（Ⅲ）人間知識の相対性
　　（Ⅳ）感覚主義認識論
　　（Ⅴ）おわりに

Ⅱ　スコットランド哲学

1　ジョン・ロックの新哲学

　ミルがロック以来の英国経験論の伝統を背負っていたとすれば、他方、ハミルトンはスコットランド哲学の伝統を背負っていた。そこで、われわれはまず、その対立の構図を哲学史の視点で確認しておきたい。最初に、英国経験論の「観念の道」、次に、それに対する批判としてのスコットランド哲学を見る。

　近代哲学は、中世哲学のように、存在するもの一般をマッピングするのではなく、

知識成立のメカニズムに関心をよせた。世界の中に何があり、その本質は何かという、通常の存在論の問いを括弧にいれて、人間はどのようにして対象を認識しているのか、という認識のプロセスを解明しようとした。科学の目的が、日常的な認識の延長上で、世界について認識を深め、拡大し、厳密にすることであるとすれば、近代哲学はその作業に直接関与することなく、あたかも星を観察しようとする天文学者が、望遠鏡のレンズに傷がないかを確かめるかのように、認識の経路やメカニズムに関心をよせた。ロックの有名な言葉を引けば、近代認識論は、科学の「下働き」になったのである。

実は、そもそも認識のプロセスに関心を集中したこと自体が、科学の発展の副産物である。天体の運動の認識から始まった近代の自然認識は、自然界の現象を数学によって記述するようになった。その方法上の変化をもっとも鋭敏に受けとめたのは、ガリレオ、デカルト、ニュートン等の科学者であった。

数学を用いた認識は、物体的世界を物体の痕跡をもたない記号に置き換える（大久保 2005: 54-56頁）。これは、外界の事物の痕跡を残した心像（画像）による認識ではない。数学的認識は、外界の事物をそのイメージによって捉える認識方法が、厳密な科学的方法でないことを、数学的認識を対置することによって実証した。「自然は数学の言葉で書かれている」と語ったガリレオは、計測の結果を数式であらわすことによってはじめて神の作品である自然を精確に認識できると考えた。

ここで起こった変化は、カントが後に「コペルニクス的」と呼んだように革命的である。見えるままの世界が存在するという見方、「素朴実在論」は、少なくとも科学的な認識論からは追放された。樹、雲、山といった日常的認識の対象のイメージは、ひとまず原初的な感覚に還元される。イメージが分解されて、「感覚」が知識のもっともシンプルな構成要素として残される。

われわれは、この新しい認識論が、光学の延長上で探求されたということに注意したい。光学の発達によって、それまで、一種神秘的な存在として見られていた光が、一種の物体に変わる。その変化をもたらしたのは、プリズム、レンズといった光学機器であった。光学機器によって光は制御され、物体化され、道具化される。光は、もはやプラトンの「太陽の比喩」に見られるような認識の絶対的な主催者[5]ではなく、認識の条件の一つになる。（人間の視覚的認識は、光の物性によって条件付けられている。）

光が一種の物体であれば、その運動を分析することができる。いや、むしろ運動の分析が進んだために、光は物体化したのである。アイザック・ニュートンの『光

学』（*Opticks,* 1704）は、(1) 光は光束に分解されること、(2) 光束は屈折すること、(3) 光束は反射すること、等の原理的視点を確定した上で、実際の光の運動を観察し、精密な実験によって色による光の屈折率の相違、透明媒体の違いによる屈折率の違い、等の法則を発見した。

このなかで、近代認識論にとって最も重要な発見は、色は物体の固有性ではなく、光の様態であるということである。素朴実在論では、色は物体が持っている属性であった。しかし、今や、その属性は物体から剥奪される。認識主観と物体の間に、光の運動が介在することによって、色は光と感覚器官（網膜）との間に現象になる。

それならば、色以外の、物体の属性として物体に帰属させられる他の性質はどうなのか。同じように認識対象である物体と感覚器官の間に媒介的な物体（空気・微粒子等）がある場合には、そこで感覚された性質は、物体の固有性ではない。従って音や香も、認識の対象と直接の対応を持たない。残された感覚は、物体と感覚器官が直接接触する味覚・触覚による認識であるが、目を隠し、耳を塞いで、ただ舌でなめ皮膚で触るだけで、対象を認識することは難しいであろう。これらの直接的感覚は、視覚、聴覚のような媒介的感覚よりも不精確な、まずしい情報しか与えない。

ロックは『人間知性論』（*An Essay concerning Human Understanding,* 1690）で、これらの知識の過程を基礎から考え直すため、心の中の現象をすべて「観念」と呼び、人間に直接的に知られているのは観念しかなく、そこから知識の構造を究明するという哲学の新しい方針を立てた。

観念は感覚から始まるが、感覚を発生させるのは、外的物体の力である。ロックは、心の中に感覚を生む物体の影響力を「性質」と呼んだ。（ロック以後の認識論で、この「性質」という用語が出てきた場合、たいてい「感覚を生む物体の影響力」という意味を含んでいる。）「雪玉は、私たちのうちに白い、冷たい、丸いという観念を産み出す力［power］を持っているが、その力を私は性質［Qualities］と呼ぶ」（Locke 1975［1690］: 134）。

物自体は（実体としては、）認識されないが、物自体から発する性質は認識される。さらに、ロックは、性質を、認識対象と似ている性質である第1性質と、認識対象とは似ていない第2性質に分類した（『人間知性論』第Ⅱ巻8章15節）。すなわち、第1性質とは、固体性、延長、形、数、運動または静止であり、これらの性質は、物体自体のなかにある（同、140）。第2性質とは、色、音、香、味等であり、これらは認識されている物体の持つ性質ではなく、間接的に（媒介する物体によって）感覚器官のもとで生じた性質である。従って、心のなかにある。この分類は、ロックがガ

リレオやデカルトから受けついだもので、この区別をする趣旨は、第2性質を捨て、第1性質だけを取り上げて、外界の科学的（力学的）認識を確立することであった[6]。

2　観念論の深化

　しかし、この第2性質を外して第1性質を残すという戦略は、ロックを継いだバークリ（George Berkeley: 1685-1753）やヒューム（David Hume: 1711-1776）によって放棄される。彼等は、外界の「物体」というのは、実は感覚器官に与えられた感覚が重なりあって結んだ像（観念）である、というロックの原則をひきつぐが、もはや、ロックのように第1性質が、比較的、物体に「似ている」という見解を採らない。物体と観念の間には、いささかの類似性もない。確認できるのは、外的な物体Xが原因となって、その結果、感覚が生じるという事実だけである。

　まず、バークリは、『視覚新論』で、光学（あるいは自然幾何学）と認識論の間の連結を切断した。すなわち、心的現象である観念は、光学からは説明できないから、知識は感覚器官と外的物体との物理的関係ではありえない。彼の「存在するとは知覚するということである」[Esse est percipere]という印象深い格言、あるいは、物体を全て精神現象として扱うという「非物体主義」[immaterialism]は、この切断から派生している。この切断は、認識論の、光学やその展開としての自然幾何学からの決別を意味している。

　光学の発達によって、外界の認識は光という物体によって媒介される媒介知として分析されることになった。光は、空気、水、ガラスといった同一の透明媒体のなかでは直進する。従って、その運動は直線で幾何学的に、トレースできる。ここで視覚の機能を光学的に分析するなら、物体の第1性質のすべてが、影絵のように目に投影され、さらにそれには光の色が付加されて、まだら模様に彩色された影絵のようになっているはずである。しかし、それは二次元（面）的情報であるので、それだけでは物体は立体として認識されないはずである。奥行きや距離が欠けている[7]。

　それでは、距離（遠いか近いか）はどのようにして認識されているのか。同じく幾何学的に見れば、対象の距離は、入射角に対応する瞳孔の向きの変化として経験されているはずである。しかも、入射角は、両眼において微妙に相違している。従って、対象から発した光束は、二つの眼をくぐることによって、二つの像が融合して現れているはずである。しかし、幾何学的な分析はここまでである。光の入射についていくら調べても、それ自体が距離の認識を可能にする根拠はでてこない。

ロックによって提起された感覚論について、バークリがなした決定的な変更は、知られている対象から、第1性質と第2性質を区別して抽出することを止めたところにある。感覚を五感に分解して割り当て、それぞれを単独に分析し、それを第1性質と第2性質と関連づけることは抽象によって可能になる。しかし、それぞれの性質は、個別に感覚を生み出しているのではなく、（バークリの趣旨にそって解りやすい例を出せば、）例えば、黒くて丸い石があったとすれば、黒い（第2性質）円い（第1性質）という二つの性質は一緒に認識されている。

　ヒュームは、バークリを引き継いで、さらに観念の流動化を推進した。ヒュームにおいては、観念と外界の対応は、最初から問題にされていない。「似ている」のは、印象と観念であって、事物と観念ではない[8]。関係が論じられるときも、論じられるのは観念と観念の関係である。彼にとっては、外界の存在は、問題にしなくてよい。なぜなら、数学的自然科学もふくめて全ての科学が「人間の科学」と必ず関係を持たざるをえないからである。従って、諸科学の要である「形而上学」の役割は、精神現象を（特に社会的脈絡において）観察し、その不変の傾向を明らかにすることに限定される。

　ヒュームは、外界の物体の実在性を問わないだけでなく、自我（心）の実在性も問わない。自我は、想像力によって造られた虚構として存在する。中才敏郎は、次のように解説している。

　「……ヒュームが論じたのは、外的物体の存在ではなく、その信念の解明である。人格ないし自我の同一性に関するヒュームの議論も同様である。まず、恒常的かつ不変な自我という観念が否定される。もしそのような観念が存在するとすれば、それに対応する印象がなければならない。しかし、そのような印象はない。心とは「さまざまな知覚の束ないし集まり」であり、「いくつもの知覚が登場する一種の劇場」のようなものである。では、何がそれらの継起する知覚に同一性を帰属させるように仕向けるのか。言い換えれば、いかなる原因によってわれわれは自我の同一性を信じるようになるのか。心を構成する知覚は互いに別個であり分離可能である。それにもかかわらず、われわれはそれらに同一性を帰属させるのであるから、その同一性は想像力による虚構に他ならない。ヒュームはそれを記憶による類似と因果関係によって説明する。ここでもヒュームは自我の同一性を疑っていない。それは当然のこととして前提されている」（中才 2005: 83頁）。

しかし、ヒューム哲学の帰結は、ヒュームに近い時代には、もっと消極的に評価されていた。レズリー・スティーヴンは、次のように述べている。

「諸現象を支えている外部世界は、精神の『虚構』に過ぎない。同じように、印象の基体となっている精神も、それ自体、一つの虚構である。そして、デカルト派の人々の見解では、その二つを虚構の関係をとりもっているとされる神も、推論の当然の結果であるが、同じく一つの虚構である。現実としてあるのは、印象と観念がさまざまな形で結びついたり、分離したりしているということだけである」(Stephen 1902 [1876] : Vol.I, 315) [9]。

3　リードの自然的実在論

このように、英国経験論はヒュームにおいて、外界から自立し、自由に分離・結合する「知覚」(観念) という思想にたどり着く。これを、非常識な理論であるとして、諧謔をこめた批判の上に (常識学派と言われる) スコットランド哲学の伝統をつくったのがトーマス・リード (Thomas Reid: 1710-1796) である。哲学は非常識であり、多くのばあい生活者の常識の方がずっと正しい、というのがリードの判定であった。

リードは、ヒュームと同時代人であるが、『人間精神研究』(1764) で、ヒュームの認識論を、英国経験論の帰結としてとらえ、その源泉をデカルトにたどり、デカルト、ロック、バークリ、ヒュームと続く心の哲学の伝統を、「デカルト的体系」[the Cartesian System] と呼んだ (Reid 1785 [1764] : 464)。また、リード (とその共鳴者たち) は、この新哲学の方法を「観念の道 [the way of ideas]」、そして、この方法を採る哲学者を「観念論者 [ideistまたはidealist]」、その体系を「観念論の体系 [the ideal System]」などと呼んで、そこには認識論の根本的誤りが含まれていると考えた[10]。

リードの思索は体系構築的ではないが、リラックスした平常心で精神現象を詳細に観察し、観念論者にない論点を指摘した。特に、彼が強調したことは、感覚は外界の事物との対応を考えなくてもよい単なる心中の現象ではないということである。リードは、心的現象をヒュームのように、実在性の信念を脱落させた「知覚」として考えるのは誤りであると言う。

この場合の「知覚」は、もちろんヒューム独特の用語としての知覚である。ロックが心的現象を「観念」と言ったのに対して、ヒュームは「知覚」という。しか

し、リードやスコットランド学派は、知覚を、感覚とは区別された意味で用いている。彼らにとって知覚とは、感覚的認識が成立する枠組みを意味している。その枠組みとは、認識する者（主体）と認識されるもの（対象）との関係である。この関係のなかで感覚を考察すると、感覚が成立するときに、感覚それ自体にない知識の要素が付加されていることが解る。付加されるのは、次のような要素である。

(1) 感覚する主体。感覚や観念があるなら、感覚し、思索している主体が同時に存在するのでなければならない。
(2) 対象の実在性の信念。例えば、感覚や記憶の場合には、対象の実在性が信じられているのに対して、想像力には対象の実在性が含まれていない。もし、真理が対象の実在性を問わず、観念間の一致・不一致で判断できるものであれば、ロックやヒュームの知識観は成り立つかもしれない。しかし、知識には対象の実在性の信念が必要である。これは、感覚自体から出たものではない[11]。
(3) 対象との因果的関係。感覚が心の中に生じることは確かである。しかし、その感覚は、心の外の何かが原因になっていることを示唆する。例えば、バラの香をかいだとき、その香は、それはバラの中にある何らかの力、性質、あるいはバラから発する物質を指し示す。バラの香が知られたとき、それは感覚されたのであり、また、感覚器官の外に原因があることを知らせる。

こうして、知覚の枠組みの中に入ることによって感覚は、記号論的な脈絡、あるいは精神作用との関係の中に置かれる。感覚とその変容である観念［idea］だけでなく、精神作用によって直観的に獲得される概念［notion］が付加される。そのような知覚の枠組みを離れた、単純感覚［simple apprehension］は、思考によって抽象された虚構である。現実の経験には対応していない。そのように、リードは主張した。

ハミルトンは、『無条件存在の哲学』（後出）で、リードによって創始されたスコットランド哲学の基本性格を次の三つにまとめた。
(1) 感覚主義でない経験論。
(2) 知性のアプリオリな条件を認める。
(3) 物体と精神の区別。

この特徴のどれもが、英国経験論、そしてミルの認識論とは異質のものである。また、この特徴は、スコットランドの哲学が、カント哲学と親近性を持つことを示している。両者の対比や関係については、多くの資料、多くの研究があるが、ここでは立ち入らない。

III 人間知識の相対性

1 「無条件存在の哲学」

　ミルが『ハミルトン批判』で最初に取り上げる論題は、ハミルトンやその弟子マンセルに見られる「人間知識の相対性」〔the relativity of human knowledge〕という説である。この説を取り上げることによって、ミルは、ハミルトン哲学との根本的差異を際立たせる。ミルは、一面でこの説に親近感をもっており、それが特に、超越主義者への反駁になっている点を評価していたことは、先の『自伝』からの引用で見たとおりである。超越主義者とは、経験の範囲を超えて存在論を展開するドイツ（フィヒテ、シェリング、ヘーゲル）やクーザンなどのフランスの論者のことで、ハミルトン等の「人間知識の相対性」の説は、その越境を禁じ、ドイツやフランスの超越主義からスコットランドの哲学を区別し、経験論の陣営にとどめる意図を持っていた。

　しかし、この原理は何を意味しているか。ミルは、超越論を退けようとするこの説の意図を歓迎する。しかし、問題は、この説を説く哲学者が、厳密に見て何を主張しているかである。『ハミルトン批判』全体を通じて、ミルはハミルトンの一般概念の中身を分析し、問題を経験的なレベルに翻訳しなおすことによって、超越論からの防波堤として意図されていたこの原理が、むしろ、経験を超えた直観的認識原理を密輸入する構造をもっていることを暴露していくのである。

　まず、相対的といっても、何に対して相対的であるのか、ということによって見解が分かれてくる。AがBに対して相対的であるということは、Bが基準になっており、Bを制約条件としてAが成り立つということである。この場合、このBが何であるかが説明されなければならない。

　ミル自身の哲学では、人間知識は、感覚に対して相対的なのであり、それ以外の意味はありえない。もし、感覚以外のものを基準として想定しているなら、相対性の意味が違っている。例えば、カントは、人間の心のうちに知識を構成する鋳型のようなアプリオリな様式が定まっており、知識は、人間の認識機能の様式に対して相対的であるという見解を採っていた。すなわち、経験論者がいうように、知識は感覚から始まるけれども、感覚が与えるものは知識の「加工されていない素材」にすぎず、アプリオリな形式をとって初めて知識になる、とカントは主張する（『純粋

理性批判』)。

　ミルは、カントのこのような説をここでは、彼自身の感覚主義と並んで、「人間知識の相対性」を正しく主張している説であるとして、自分の側に引きつけて評価する。ミルとカントのいずれのヴァージョンでも、基準になっているのは心の内部の観念や心的機能［faculties］であって、心の外部の存在ではない。カントの認識論のいわゆる「コペルニクス的転回」の意義は、心の内部と外部の従属関係を逆転させたところにあった。つまり、カントの批判哲学によれば、知識は、心の中に外的実在を正確に反映する、あるいは外的実在に似ているイメージを形成することではない。外的な実在が基準なのではなくて、人間の心が、その生来の仕組み（アプリオリな形式）によって有意味な記号体系をつくりだす。知識の基準は心の内部にあり、外的実在の構造にはない。外的実在のあるがままの構造（「物自体」）は、人間には知られない。人間に知られるのは、人間の心的認識能力に相対的な現象だけである。

　ミルは、彼自身の感覚主義、そして、このカントの説を「人間知識の相対性」を矛盾なく一貫して主張している説であると述べた後、ハミルトンの哲学は、これらの説と異なると言う。ハミルトンは、知識の源泉は感覚以外にないと言いながら、他方で、カントと違って「物自体」が認識できると語っている、とミルは言うのである[12]。

　しかし、ハミルトンは、カント的な意味で「物自体」を認識できると言っているのではない。ハミルトン（そして、スコットランド哲学は）素朴実在論への回帰を主張しているのではない。心的機能を基準としているという点では、ハミルトンとカントは同じである。ハミルトンが主張しているのは、リードが述べたように、意識に内属する主観と客観の二項性によって、物体に帰属する第一性質が認識されるということである。従って、ミルのこの点でのハミルトン批判は、さまざまに反論されるであろう。しかし、ミルの批判のターゲットは、（物自体であれ、その性質であれ）物体が直接的に知られるという（「直観主義」の）主張である。

　そのような直観主義の主張は、どのような根拠からなされているか。それは、心と物体の二元論から出ている。そして、スコットランドの認識論では、心と物体は意識のなかでアプリオリに、同時に与えられているとされていた。従って、英語では区別が難しいが、ハミルトンが考えている「人間知識の相対性」は、日本語で訳し分ければ「人間知識の相関性」というべきものである。実際、ハミルトンやマンセルは、この関係を表すのに「関係」［relation］だけでなく、「相関」［correlation］

という語を使っている。

ミルが『ハミルトン批判』を書いたとき、ハミルトンは既に没しており、ミルの批判に反論する機会は失われていた。そのハミルトンに代わって、ハミルトン哲学の擁護に乗りだしたのは、ハミルトンの著作集の編者でもあった、オックスフォード大学の、マンセル（Henry Longueville Mansel: 1820-1871）であった。マンセルは『ハミルトン批判』で、ハミルトンと合わせて批判されていたので、『ハミルトン批判』が出た翌年、『条件存在の哲学』（*The Philosophy of the Conditioned*）を書いてミルに反論した。ミルは、『ハミルトン批判』の第3版（1867）で、マンセルへの再批判を脚注に記し、議論を増補している。

マンセルは『条件存在の哲学』で、ミルの批判にはハミルトン哲学への誤解があるとして、ハミルトンの見解を次のように解説した。

「全ての意識は、当初、二つの構成部分の関係として現れる。二つの構成部分とは、意識している人と、何らかの意識されている事物である。この対比は、精神と物体、人格と事物、主体と客体、というように直接的あるいは間接的に、さまざまな名称で語られてきた。最近では、洗練されていない表現だが、哲学に便利なように、自己［ego：私］と非自己［non-ego：私でないもの］の区別で語られている。そもそも意識しているためには、何かを意識しているのでなければならない。従って、意識は二つの構成要素、つまり、私と何かからなる。無条件存在は、簡潔に言えば、この二つの要素を一つに還元することによって達成される」（Mansel 1866: 4）。

マンセルによれば、唯物論や絶対観念論は、自己と非自己という意識の中に与えられている二項を消滅させようとする「無条件存在の哲学」なのであり、ハミルトンの「人間知識の相対性」の原理には、その無条件哲学を退け、哲学を人間知識の条件の中にとどめる意図がある。意識する私と意識される対象の相関性が、ハミルトンの言う「人間知識の相対性」であって、（ミルの言うような）人間知識が感覚に対して相対的であるという意味ではない。

マンセルはさらに、ミルが、ハミルトンは「物自体」が認識できると考えていると批判したことに対して、次のように応じている。

「対象の実在［objective existence］というのは、存在それ自体を意味してい

ない。そして、現象［phenomenon］というのは、単なる心の様態を意味していない。対象の実在とは、知覚の中での対象としての実在である。従って、それは関係の中にある。現象は物体であることも精神であることもある。物自体は、私たちが直接的に知っていることの未知なる原因にすぎないかもしれない。しかし私たちが直接［immediate:直観的に］知っていることは私たち自身の感覚だけなのではない」(Mansel 1866: 82)。

「知識の相対性」をめぐるこの議論の応酬は、ミルの感覚的認識論とハミルトンの認識論の違いを際立たせている。しかし、このハミルトン＝マンセルが掲げる「人間知識の相関性」の思想のどこにミルは問題を感じていたのであろうか。明らかに、ミルが拒絶している一つのことは、物と心の相関性という、スコットランド哲学のアプリオリな原理そのものである。スコットランドの認識論では、「意識」［consciousness］が認識の最高法廷になっており、これが、自己と非自己、すなわち心と物体の二元性［duality］を直ちに保証するのである。これに対してミルは、Ⅳで見るように、主観と客観の二項相関的構造は、成人した大人の現在の意識の構造なのであって、発生論的な視点から見れば、この現在の意識を認識の最高法廷とすることはできない、と主張するのである。

2　絶対者を認識すること

　この認識論の相違は、絶対者の認識という、大きな形而上学的問題についても、現れる。

　ハミルトンは1828年の『無条件存在の哲学』(*Philosophy of the Unconditioned*) という論文で、絶対存在を認識できるという、フランスのヴィクトル・クーザン (Victor Cousin, 1792-1867) の説を批判した。

　ハミルトンの解説によると、クーザン哲学は、次のような体系である。全体を統括しているのは「理性」あるいは「知性」であり、その作用は、三つの要素からなる。ハミルトンは次のように説明している。

　　「これらの観念、要素、あるいは法則の第一のものは、根本的なものであるが、著者（クーザン）は、「単一性」「同一性」「実体」「絶対的原因」「無限なもの」「純粋思惟」等の様々な用語で語っている。（私たちは、簡潔に「無条件存在」と呼びたい。）第2のものを、彼は「複数性」「差異」「現象」「相対的原因」「有限なもの」「決

定された思惟」等と呼んでいる。(私たちとしては、それを「条件存在」と呼びたい。) この二つの要素は、相対的であり相関的である。第1の要素は絶対的ではあるが、それ自身で絶対的に存在しているとは考えられない。それが絶対的原因であるのは、作用せざるをえない原因だからである。つまり、第1の要素は、第2の要素のなかに必ず発現するのである。このようにして二つの観念は、相互に原因・結果として連結している。どちらも他を通してしか実現されない。この「連結」、または「相関関係」が知性の第3の構成要素である」(Hamilton 1852: 8)。

　一見して、この体系がヘーゲル的な概念弁証法によって組み立てられた絶対観念論（または汎神論）であることがわかる。ハミルトンは、この論文でクーザン哲学の特徴を細部にわたって解説しているが、煩瑣であるのでここでは取り上げない。ここで取り上げなければならないのは、ミルの批判の標的となった一つの議論だけである。すなわち、絶対者が認識できるというクーザンの主張を否定するとき、ハミルトンは「条件存在の法則」[the Law of the Conditioned] と呼ぶ次のような論法を用いた。

　その抽象的なフォーミュラは、「条件存在は、相互に排他的な二つの極端の間にあり、どちらの極端も可能であるとは考えられない。ところが矛盾律と排中律の原理から、どちらかを認めることが必要である。」というものである (Hamilton 1852: 14)。これを、空間に適用すると次のようになる。ハミルトンの文章は、訳しても訳さなくても、そのままでは解りにくいので、ミルのまとめを参考にして趣旨を述べる (CWIX: 77)。

　延長は、全体としてみることも部分としてみることもできる。どちらでみても、二つの相互に矛盾することが生じる。まず、全体としてとらえると、空間は限界があるか、限界がないかである。両者は相互に矛盾する想定である。従って、両方とも真であることはありえない。さて、有限な空間は考えられない。どこに限界線をひいても、思考はその限界を超えてしまう。それならば、無限空間を考えることができるか。これもできない。何かを理解するとき、何かの部分としてしか理解することができないからである。

　ハミルトンは、このように述べて、人間の知識は条件存在にのみ及び、無限存在、絶対存在といった無条件存在には及ばない、と主張する。そして、ハミルトンは時間や意志についてもパラレルな議論が成立すると言っている。

　ミルは、このようなハミルトンの議論について、多くの論点で、ロジックが破綻

していると言う。
(1) この議論を構成している用語は、抽象的で実質を欠いている。無限とは何か。絶対とは何か。抽象名詞として考えるから捉えがたくなるのであって、経験に即して考えるなら、単なる無限というようなことは考えられない。無限というのは、なにかの属性［attributes］の点で、例えば、大きさの点で、あるいは、善の点で無限であるということである。絶対についても同様である。単なる絶対というような抽象的存在は、検証不可能である。われわれは、何らかの属性について検討することしかできない。
(2) 有限な空間が考えられないというのは、現在の人類の認識ではその通りであるが、その判断の根拠はアプリオリな直観ではなく経験にある。もし、空間が有限であることが経験されるなら、有限な空間という観念に何の問題もない。また、空間が無限に分割できるかどうかの問題についても、高性能の顕微鏡を使って、その拡大機能を使っても対象がそれ以上拡大しない点に到達したなら、最小という限界に到達したことになる。従って、これも原理的に「考えられない」ことではない。
(3) ハミルトンによれば、無限空間は消極的な概念なので、その全ての属性を取り除くことによって獲得される。そして、その概念は無内容なので、「考えられない［inconceivable］」。しかし、無限という概念から、取り除かなければならないのは限界だけであり、検討されている属性ではない。従って、消極的概念が、無内容であるということにはならない。

以上は、ハミルトンのロジックの破綻の指摘であるが、ミルは、更に、この議論の意図や効果を取り上げ、その議論の方向が認識論としては（出来の）よくない認識論であるとも言っている。ハミルトンの議論では、無条件存在は「考えられない［inconceivable］」から、知識の対象にならないと判定された。「考えられない」ということは、知識の候補から外してよいということである。しかし同時に、ハミルトンは、「考えられない」からといって「不可能」であるとはいえない、という重要な指摘を行った。ミルは、この重要な指摘を基本的に歓迎するが、それは、ミルの経験論の知識観にとってもその原理が必要だからである。先入観を打ち破って、いままで考えられなかったことを真理として発見してきた人類の知識の進歩は、この命題の正しさを証明している。しかし、ハミルトンやマンセルは、この原理を、信の根拠にする。知識にならなくても信じられることがあると論じて、知識［Knowledge］から信［Belief］を独立させるのである。

これに対してミルは、その方向への議論の展開は、悪いロジックであると言う。彼は『ハミルトン批判』の第7章で、マンセルの宗教哲学に照準を定め、マンセルにおける神不可知論とキリスト教擁護論との結合を悪い、有害な議論であると論じる。なぜなら、それは、神の行為は道徳的に悪であるように見えても、人間には理解できないのであるから、それを神秘として承認しようという神学的奨励になるからである。ミルがこれを悪いロジックだというのは、道徳言語の意味にダブルスタンダードがあるからである。「善い」というのは、人に対して適用されるときも、神に対して適用されるときも、同じ意味で善いのでなくてはならない。その趣旨で、ミルは彼の神観を示す次の有名な言葉を記している。

　　「私はいかなる存在に対しても、同胞である人類に対して善いと言うときと違う意味で善いと言うつもりはない。もし、[神といわれる]そのような存在が、私が彼を善いと言わないという理由で、地獄に行けと命じることができるというのなら、私は地獄にもいくだろう」(*CW* IX: 103) [13]。

　このように、ミルは、マンセルが「認識されない」という絶対者（神）の認識が、道徳的認識とも齟齬をきたすと指摘する。認識基準は、絶対者を認識する場合と、他の対象を認識する場合とで変わってはならない、とミル考えるのである。

IV　感覚主義認識論

1　ジェイムズ・ミルの『人間精神現象の分析』

　ミルがハミルトン批判を行うとき、ミル自身の拠ってたつ立場は、連合心理学説による経験論であった。成人の立場からでなく、子供の時からの観念の発展過程を重視するというミルの主張は、観念連合説に接続している。しかし、ミルは、この連合心理学説に、どのような認識論的な位置を与えているのであろうか。

　ミルは『ハミルトン批判』の執筆と同時期に、父ジェイムズの『人間精神現象の分析』改訂を行った。既に本論の「はじめに」で見たように、ミルは『自伝』で直観主義の隆盛を批判して「父の『人間精神現象の分析』が刊行された後でさえも」と書いていた。ミルにとっては、この『人間精神現象の分析』は、直観主義に対するいわば解毒剤（対抗理論）になるべきものであった。『自伝』に見られるよう

に、ミルは晩年、父ジェイムズの立場と自分の立場をほとんど重ねあわせているから、この『人間精神現象の分析』の内容を見ることは、ミルの認識論解明に役立つ。

この著は、ジェイムズが冒頭に掲げているデュゴルト・スチュアートからの引用が示唆するように、一般認識論や教育学の予備学として構想されていた。ジェイムズには『教育論』という啓蒙的論文があるが、本書は、その理論的基礎をなすものである。

初版からほぼ四十年近く後、本書を再版するに当たって、ミルは、哲学、言語学、心理学の造詣が深い三人の知人の助力をえて、詳細な脚注を増補した。その上で、巻頭に序文を書き、そこで次のように書いている。

> 「自然研究においては、精神科学でも物理科学でも同様であるが、研究者が目指しているのは究極的真理の目録をできるだけ減らすことである。事実を強引に曲げることなく、一つの現象を他の現象が関わっている法則と関わらせて見ることができれば、そして、元々別個のものとしてあると見られていた事実や動因が、固有の法則に従って他の知られた事実や動因によって産み出されたということを証明できれば、研究者は、その結果に到達したことを自然についての知識の重要な前進と見なし、その分野において科学を完成に近づけたと考える」(J.Mill 1869: Vol.1, v)。

この書き出しは、ミルの認識論(知識論)について、幾つかの明快な立場を示している。

(1) 自然一元論。第1に、ミルは心の内部の現象と、心の外の物理世界の現象を、同じ法則で研究できるものと考えている。精神科学は、物理科学とは違う方法によって遂行されるべきものではない。心的現象も物理現象も共に、自然現象である。自然は斉一的 [uniform] であるから、心的現象の研究について別の方法を採用することは間違っている。そして、この点については、この引用の後の頁で、因果律は自然全体を貫いていると述べている。自然が一つであるのは、そこに同一の法則があるからである[14]。

(2) 漸進的知識観。第2に、科学的知識(あるべき知識一般)は、完成に向かう途上にある知識であり、真理が確定している最終到達点の知識ではない。ミルは、「究極的真理」が人類に全く欠けている、そのようなものは人類にはないとは言わない。科学の立場(あるいは実証主義の立場)で見れば、そのような知識は、

できるだけ少ない方がよいと言っているのである。
(3) 知識の生成過程の分析。第3に、オリジナルな最初からあると思われている現象は、実は、それに先行する事象に基づく。この変化を研究することが知識を前進させるのであり、その意味では、現象についてその発生に着目し、観念に先行する現象を分析して、観念をその先行条件の結果と見なすという分析の視点が必要になる。

この第3の特徴は、精神現象の分析についてジェイムズが、観念連合説の伝統に立つことの確認であり、ミル自身の立場の表明でもある。観念連合説は、心的現象についての因果的説明である。直観主義の認識論が、知識の構造に着目して解明を進めようとするのに対して、ミルの認識論で、知識はその生成過程に即して分析される。

このように、ミルが観念連合説を重視するのは、観念連合法則の発見自体を目指しているというより、その精神現象の分析方法を重視するからである。観念連合説は、単なる内観法による説明ではなく、因果的説明である。

たとえば、ジェイムズは、感覚が対象の記号になるというリードの説に対して、因果的な解明を対置している。

> 「何かに触れている感触があると私が言うとき、私が言おうとしていることは、何らかの先行現象によって、何らかの感触をもっているということである。従って、この「触れている感触がある」という表現は、直接的には感覚を指しているが、同時に次のことを意味している。第1に、感覚器官、第2に、感覚器官の対象、第3に感覚器官と対象の同時的秩序、第4に感覚の継起的秩序。通常、同時的秩序は継起的秩序の先行現象である」(J.Mill 1869: Vol.1, 33-34)。

この分析事例が示すように、先行現象は、単一ではない。観念論の最初の発想は、物体と心の接触という単純な見方であったが、「物自体」「性質」といった単一の原因が、心の内部に感覚を産み出すというような単線的な見方を、ジェイムズはとっていない。因果的な説明は、もっと複雑である。ここに見られる、ジェイムズの慎重な分析は、彼が英国経験論の「観念の道」をヒュームとは違った方向で引き継いでいることを示している。

類似の心的事象（感覚、心像、観念）が相互に結びつく傾向があるということは、アリストテレスの時代から知られていた。しかし、この現象に対して、後世に定

着した心理学の専門用語となる「観念連合」［association of ideas］という言葉を与えたのは、ロックであった。彼は『人間知性論』（第4版、1700年）に「観念の連合について」という一章を追加・挿入した（第2巻、33章）。ロックはそこで、非合理的信念や偏見を「病気」にたとえ、その由来を観念の習慣的形成過程に求めた。誤った知識の原因が、学習過程にあるとすれば、その過程を是正することで人類の知識は大幅に改善される。ロックの議論の根本には、そのような啓蒙主義教育運動の展望があった。しかし、ロックは、心理現象としての観念連合自体の法則解明には関心がなく、観念連合の究明には、それ以上、踏み込まなかった。

『人間精神現象の分析』再版の編集者としてのミルの序文によれば、ロックの後を継いで、観念連合の現象自体の究明に取り組んだのが、デイヴィド・ハートリ、エラスムス・ダーウィン、スコットランドのトーマス・ブラウン、そしてジョン・スチュアート・ミルの父、ジェイムズ・ミルであった。（この系譜の中にヒュームは入っていない。）

ミルは、観念連合の法則について、『論理学体系』で三法則をあげている。(1) 類似性、(2) 近接性と頻度、(3) 強度、である（*CW* VIII: 852）。

しかし、『ハミルトン批判』では、この三つに加えて (4) 分離不可能な観念連合［the Law of Inseparable Association］を挙げている。これはミルがジェイムズの『人間精神現象の分析』の中に再発見した重要な原理であった。というのは、直観主義者がしばしば持ち出す直観的真理は、必然的であるという特徴があるが、その場合の必然性は、論理的必然性ではなく、そうとしか感じられないという心理的必然性である。従って、それは構造的なものではなく経験の結果生じた、分離不可能な観念連合であると考えられるのである。

しかし、Aの感覚に必ずBの感覚が随伴した結果、AとBが分離不可能になったのなら、Bの感覚が随伴しないことがあったり、Cが随伴することがあるなら、観念連合は分解する。知識が可塑的であるのはそのためである。

ミルは、この洞察をハミルトン批判に適用した。既にⅢで、私たちは、ミルがこの認識論を、心と物体の二元論の解釈に適用するのを見た。これは、一例であって、ミルは、認識論のさまざまな論点で、直観主義者たちが言う知識のアプリオリな構造は、生得的なものではなく、観念連合の結果であると繰り返して主張している。

2 「感覚の恒常的な可能性」

　伝統的形而上学は、既に述べたように、神、世界、霊魂の三つのリアリティを持つ多元的存在論であった。ところが、ヒュームが自我の観念を「知覚の束」に還元したとき、神や世界は括弧に入れられ、霊魂はアイデンティティの保証を欠いた、はなはだ頼りない存在に変えられた。一般思想界や神学からの英国経験論への最大の批判は、この点に向けられた[15]。経験論では、物体世界の存在も、霊魂（私）の存在も、曖昧になる。また、心的現象を疑似物理現象のように捉えているため、道徳の前提である自由意志が否定される/……。そのように反対論者は、経験論を批判した。

　これに対するミルの反論は、ユニークである。ミルの自然一元論の源泉は、排他的に感覚にある。心も物も感覚から派生した二次的な現実である。とすれば、心は感覚との関係でどのように記述できるのか、そして、物体は感覚との関係でどのように記述できるのか。ミルは、まず、物体と感覚の関係を、「感覚の恒常的な可能性」[Permanent Possibilities of Sensation] という一言で表現する (CW IX: 210)。

　物体とは何か。これまで見てきたように、ミルの認識論は「観念論」の枠内にある。物自体は認識されない、また物体の性質も直接には知られない。物体の存在と性質は、間接的に知られる。とすると、推論の最初の現象は、感覚に密着した形でどのように表現できるか。ミルは「感覚の恒常的可能性」であるという。直観主義者ならば、意識の構造として捉える外的な極（項）である物体を、ミルはこのようにして感覚の中に取り込む。対象の実在性を保証しているのは、感覚されるということである。(この点で、ミルはバークリ主義者である。) しかし、感覚されるという可能性がいろいろな形でのこっている間は、対象は安定的に実在している。この実在性は、心の中の不安定な観念によって確かになったり不確かになったりするのではない。その実在性は感覚され続けている限り「恒常的」である。

　他方、感覚している心はどう表現できるか。これは「継続して生じている様々な感情の系列」[continued series of feelings] である。

　そして、感覚が生じるごとに、観念連合によって作られた習性によって、このふたつの現実が意識のなかで惹起される。

　感覚の対象になるという可能性に「恒常的」という形容詞を付したということは、一つの批評的な意味があるであろう。というのは、通常、感覚（印象）や観念が流動的であるのに対して、自我は相対的に安定していると見られており、その対比のなかでは「恒常的」[permanent] という形容は、自我の同一性、安定性を表す言

葉であるからである。ミルは、自我をそのように実体化することに対して、ヒュームと同様に反対している。自我というのは、知覚（あるいは感覚の）束にすぎない。しかし、自我は、無法な存在ではない。自我は観念連合という、心的現象に関する自然法則に則っているから、観念の生成は、繋がった系列である。ランダムな継起ではない。

V おわりに

　ミルの直観主義批判の要点は、以上に尽きるものではない。『ハミルトン批判』は28章からなり、序文と結論を除いても、26の視点から多くの認識論的・形而上学的問題が論じられている。本論で考察した論題は、その一部でしかない。しかも、ミルの認識論の全体像の解明するためには、『論理学体系』と『ハミルトン批判』の関係を究明する必要がある。いま、ここで詳細な照合を行うことはできないが、「はじめに」で述べたように両者の間に、理論的な懸隔はないように見える。ただ、『ハミルトン批判』は、自説を体系的に述べるというスタイルをとっていないため、一見、議論が断片的である印象を受ける。それにもかかわらず、ミルの網羅的でモザイクのような記述の中から浮き上がる絵柄は、明快な体系性を示している。その体系性を明確に浮き上がらせ、さらに、ミルの社会哲学との関連を見ることは、今後ひきつづき日本におけるミル研究の課題になるであろう。

　終わりに、この論文で確認できたミルの（反直観主義）認識論の特徴を列挙しておく。
(1) ミルは、直観主義の主張を検討するとき、使われている用語の意味を、細分化し、一般的言明を具体的、経験的命題に置き換えて論じている。そのことによって一般的な言明では隠されていた含意や矛盾が明るみに出している。この議論の仕方は、ソクラテスの問答法の精神を継承するものである。
(2) 直観論者たちは知識を構造的に論じているが、ミルは知識を生成的に見ようとしている。心と物体との関係は、相関関係ではなく因果的な関係である。因果関係の場合、先行条件（原因）は、後続現象（結果）に対して絶対的である。従って、ミルの自然一元論は、決定論になる。しかし、この決定論をどのように見るか、自由意志との関係をどうみるか、これが難しい問題になる。（これは、

『論理学体系』、『ハミルトン批判』であつかわれている重要なテーマであるが、「直観主義」との関係がはっきりしないので、本論では扱っていない。）

(3) ミルは、直観主義認識論に対峙して、彼以前の英国経験論にない、より急進的（そして求心的）な感覚主義の議論を展開した。ミルはこの点で独創的であった。『ハミルトン批判』には、彼の独創的な見解が、ところどころに宝石のようにはめ込まれている。Ⅳで考察した「感覚の恒常的な可能性」といった見方は、感覚主義の形而上学への展開であり、ミル独自の見解である。

(4) ミルは、全ての対象を同じ方法で扱おうとする。彼は自然一元論者であるから、一般的に、因果的な考察を採用するが、心理現象については、直観主義者たちがとる内観法［introspective］を退け、心理学的方法［psychological］を採っている。心理的方法は、観念形成過程を因果的に解明する方法である。

(5) ミルは、ハミルトンやマンセルの超越的な神が、認識論的には認識できないはずの「物自体」の一種であると論じるともに、神は原理的に認識できない対象ではなく、自然界の中に認識される可能性がある対象であると主張する。ハミルトン、マンセル、カントらが自然神学を放棄したのに対して、ミルは神の因果的認識を検証しようとしており、自然神学のみが、認識論的に正当な神認識の方法であると判断している。

［注］

1) もちろん、これはミルの時代特有のことではなく、少なくともキリスト教の影響を受けた後の西洋形而上学の基本構図である。神、世界、霊魂（自我）は、存在の三つの極であり、近代哲学の唯物論、絶対観念論等は、この構造への挑戦であり、存在を一元化する試みであるということができる。

2) 遺稿の宗教論で、ミルは、自然の現象から論証できる神は、全能ではなく有限であると判定している。(*CWX*; 大久保2011: 邦訳解説243頁。) また、『ハミルトン批判』でミルは、神は現象であると述べ、神をヌーメノンとすることに反対した。

3) ミシェル・フレンドは、ミルを「頑固な経験論者」［diehard empiricist］と呼んでいる (Friend 2007: 130)。ミルのウルトラ経験論を示す、数学の知識もまた経験から出ているという説が、現代ではゴットフリート・フレーゲの『算術の哲学』などで批判されている。数学を経験から独立した記号間の秩序であると考えることは、数学の本質から見れば正しい見解である。ただ、ミルの思想の脈絡に引きつけて見た場合、ミルは数の学習過程について語っているという見方もできる。ミルは、ロックに先例が見られるように、大人の認識の盲点を衝くために、子供の認識に着目するのである。$2+2=4$という知識は、何らかの対象を数えるという経験なしには学習されなかったはずである。

4) 『論理学体系』には、帰納法における直観的前提の問題をめぐる、ウィリアム・ヒューエルとの論争が出てくるが、この論文では言及しない。

5)「自然の光」というメタファーには、光を認識の主催者・教示者とする見方の残映がある。

6)力学的認識のためには、感覚に直接与えられていない「力」[force]の存在を認めなければならないので、第1性質だけでは、不十分である。

7)この問題の背景には、有名なモリノー問題があるといわれている。バークリの郷土の政治家であるモリノーは、生まれつき目が見えない人が、成人してから視力を回復したとして、その人は球体と直方体を視覚で区別できるか、という問題をロックに提起した。ロックの答えは否定であり、今日の心理学でも同じ結論になっている。触覚で認識されることと視覚で認識されることが自動的に一致しないことが確認された。

8)ヒュームの用語では、心的現象は全て「知覚」[perception]といわれ、それが、「印象」と「観念」に分類される。印象が原因となって観念が派生するから、印象が基本的である、この印象の中に「感覚」[sensation]「情念」[passion]「情感」[emotion]が含まれる。

9)なお、「虚構」の意味については、消極的な意味ではなく、ヒューム独特の戦略があったことは留意されるべきである。この点については、矢嶋（2012）を参照。

10) この意味での「観念論」という用語の起源は、はっきりしないが、少なくともロックの時代のジョン・サージェントまでは遡る。サージェントのロック批判は、当時のほとんどのロック批判と同様に、ロックの体系では実体概念が消滅するという事実に向けられている。「観念の道」では、実体の概念が確保できないというのである。しかし、ここではロックに対するサージェントやスティリングフリートの批判には立ち入る必要はない。ミルのハミルトン批判では、この「観念論」の擁護が議論の中軸をなしている。ハミルトンは、このタイプの観念論者をCosmothetic Idealistsと呼んでいる。現在の辞書にないこの衒学的な特殊用語のニュアンスは、いまは不問にしておいてよいであろう。

11) これについては、感覚には元々、実在の信念が含まれているが、意識がそれを分解して「単純感覚」と「実在の信念」として抽出したという逆の解釈も可能である。

12) ミルは、カント哲学全体については、ほとんど批判的であるが、『ハミルトン批判』で、カントの「物自体は認識できない」という原理に何度も言及している。ミルは、カントのアプリオリズムには賛成していないが、その批判哲学の最初で示されたこの原理は、ミルの自然主義一元論を、多元主義的な形而上学から護る盾になっている。

13) この見解は、ミルの宗教が高度の道徳としての「人類教」に向かっていることと符合している。ここでは、「人類教」の内容に立ち入ることはできないが、このミルの道徳と宗教を一元化する思想の基底には、啓蒙主義的楽観がある。啓蒙主義的楽観というのは、理性によって普遍妥当的な道徳規範が発見できるという考えである。ミルの指摘に反して、道徳における「善」と宗教における「善」は違うと主張することもできるであろう。なぜなら、私にとっての善と他人にとっての善が違うこと、あるいは相互に矛盾することは、我々がたえず経験していることだからである。いやむしろ、道徳が発生してくる生の現実には、そのような矛盾が牢固として存在する。私にとっての善が、他人にとっての善であるような事例は奇跡といってよいくらいまれである。従って、神にとっての善が人類にとっての善と矛盾することがあっても何の不思議もない。

14) 自然が因果律によって統一的に構成されているという見方を、ミルは『論理学体系』で、既に述べている。『論理学体系』3巻4章。

15) 通常、ヒュームの哲学には、懐疑論、不可知論、無神論等のネガティブな形容がなされるが、ハミルトンは、ヒューム哲学をニヒリズムであると語っている。虚無主義、反存在論という意味であるから、ヒュームに対する強い反発と否定が込められている。

［引用・参照文献］

- Berkeley, George (1910/1709) *Essay towards a New Theory of Vision*. London: J. M. Dent & Sons Ltd.
- Friend, Michele (2007) *Introducing Philosophy of Mathematics*. Durham: Acumen Pub Ltd.
- Hamilton, William (1852) *Discussions on Philosophy and Literature, Education and University Reform*. London: Brown, Green and Longmans..
- Locke, John (1975/1690) *An Essay concerning Human Understanding* ed. by Peter H.Niddich, Oxford: Oxford Univerwsity Press.
- Mansel,H.L. (1866) *The Philosophy of the Conditioned*, London and New York: Alexander Strahan.
- Mill, James (1869) *Analysis of the Phenomena of the Human Mind*. London: Longmans, Green, Reader and Dyer.
- Reid, Thomas (1785) *An Inquiry into the Human Mind, on the Principles of Common Sense, The forth ed.*, London: T. Cadell.
- Stephen, Leslie (1902) *History of English Thought in the Eighteenth Century 3rd ed*. London: SMITH, ELDER, & CO.

- 大久保正健（2005）『人称的世界の倫理』勁草書房。
- ——（2011）「解説」。大久保正健訳『宗教をめぐる三つのエッセイ』勁草書房、2011年。なお、トロント版著作集では第X巻に所収。
- 中才　敏郎（2005）「イギリス経験論の誕生と展開」、寺中・大久保編『イギリス哲学の基本問題』研究社、66-84頁。
- 矢嶋直規（2012）『ヒュームの一般的観点』勁草書房。
- 山下重一（2003）『評註　ミル自伝』御茶の水書房。

第8章
J.S. ミルにおける徳と幸福

水野　俊誠

Ⅰ　はじめに
Ⅱ　徳とは何か
Ⅲ　幸福の手段としての徳／一部としての徳
Ⅳ　徳の快楽
Ⅴ　拡張された快楽主義
Ⅵ　おわりに

I　はじめに

　政治、経済、科学・技術、医療、環境などさまざまな領域において、幸福（快楽）の不適切な追求あるいは過度の追求が、幸福の基盤となる人間の存在や自然の存在を脅かすという問題が生じている。そして、幸福の不適切な追求あるいは過度の追求に一定の歯止めをかけるための一つの方法として、徳を涵養することの重要性が指摘されている。他方、幸福の追求の重要性は、広く認められており、日本国憲法でも基本的人権の一つとして保障されている。そこで、両者の関係を明らかにし、その関係に基づいて両者を調和させることは、今日とりわけ重要な課題であるといえる。

　徳と幸福の関係については、ソクラテス（Sōkratēs: 470-398 B.C.）以来繰り返し論じられてきた。たとえば、プラトン（Platōn: 427-347 B.C.）の『ゴルギアス』（Gorgias: 470e9-11, 507c2-5）や『国家』（Polīteiā: 353e10-354a5）において、ソクラテスは、有徳な人こそが幸福であり、逆に悪徳を持つ人は不幸であると述べている（中澤 2001: 1-2頁）。また、アリストテレス（Aristotelēs: 384-322 B.C.）は、『ニコマコス倫理学』（Ethica Nicomachea）のなかで、幸福とは徳に即した魂の活動であると述べている（1102a5-6）。したがって、彼らは、徳と幸福の一致を説いているように思われる。他方、カント（Immanuel Kant: 1724-1804）は、徳と幸福を切り離して、徳を重視している（Kant 1908: 110-115/284-290頁）。

　上述の問題は、イギリスでは、ホッブズ（Thomas Hobbes: 1588-1679）によって再び提起され、ロック（John Lock: 1632-1704）、シャフツベリ（Anthony Ashley Cooper, Third Earl of Shaftesbury: 1671-1713）以降、とくに経済と道徳の関係という問題と重ねて論じられた（柘植 2003: 61頁）。この問題は、19世紀のイギリス思想でも重要なものであった。ベンサム（Jeremy Bentham: 1748-1832）やジェイムズ・ミル（James Mill: 1773-1836）のような功利主義者たちは、徳とは幸福に資するものであると考えていた[1]。これに対して、カーライル（Thomas Carlyle: 1795-1881）らは、徳は幸福のために求められるべきものではなく、それ自体として求められるべきものであると批判した（Carlyle 1987: 124-125/224-225頁）。このような批判をミル（John Stuart Mill: 1806-1873）は真剣に受け止めて、徳と幸福の関係についてベンサムやジェイムズ・ミルとは異なる考え方を示そうとした。その考え方とは、徳は幸福の手段であるとともに、その一部でもあるというものである。しかし、幸福の一部としての徳

というミルのこの考え方については、これまでにさまざまな解釈が提示されてきた。本稿では、代表的な解釈であるバーガー（Berger 1984）、クリスプ（Crisp 1996）、スカラプスキー（Skorupski 1989）による解釈を取り上げて検討しながら、ミルの考え方を明確にすることにしたい[2]。

II　徳とは何か

そもそも、ミルは徳をどのように考えていたのか。そのことを明らかにするために、まず、ミルが「徳」あるいは「有徳な」という言葉をどのように用いているのかを見ておきたい。ミルは、「徳」あるいは「有徳な」という言葉を、性向（性格）（CWX: 221/283頁, 238/309頁）、行為（CWX: 235/304頁, 238/310頁）、意志（CWX: 238/310頁）、感情（CWX: 15-16/184頁）などについて用いている。もっとも、これらのうち有徳な感情という表現は、「ベンサム哲学への論評」（Remarks on Bentham's Philosophy, 1833; CWX）と「ベンサム論」（Bentham, 1838; CWX）にほぼ限られている。ミルがいわゆる道徳感情論[3]を採用していないことを考慮すれば、徳の感情という表現を、ミルが自らの考え方を積極的に述べるために用いているとは考えにくい。また、有徳な意志という表現も、『功利主義論』（Utilitarianism, 1861; CWX）第4章などで限定的に用いているにすぎない。それゆえ、全体として見れば、ミルは、「徳」という言葉を主として性向と行為について用いている。

では、性向としての徳と行為としての徳の関係について、ミルはどのように考えているのだろうか。それを知る手掛かりになるのは、「ベンサム哲学への論評」第8段落の以下の一節である。

「ある種の行為、たとえば盗みや嘘言は、もしそれが一般的に行われるならば、社会に対して一定の有害な結果をもたらすだろう。しかし、これらの有害な結果は、盗みや嘘言という悪徳の持つ道徳的な意味のすべてをなすわけではない。このような行為が単独で孤立して行われていると想定するならば、我々はそれらの実践と社会全体の幸福との関係についてきわめて不完全な見解を持つことになるだろう。すべての行為は、一定の性向や精神の習慣を前提している。それらの性向や習慣はそれ自体では、楽しい状態であることもあれば、惨めな状態であることもあるが、特定の行為だけでなく他の結果においても結実するのである」

(CWX: 7/172頁)。

　盗みや嘘言のような行為は、有害な結果をもたらす。さらに、これらの行為は、一定の性向や習慣を前提している。そしてこれらは、盗みや嘘言のような特定の行為だけでなく、他人に有害な影響を及ぼす他の結果ももたらす。つまり、ミルのいう悪徳とは、一定の性向あるいは精神の習慣のことであり、そうした性向や習慣を前提として、悪徳とされる行為が行われる。ミルは、「悪徳」という言葉を「徳」という言葉と対比して用いているので (CWX: 23-5/304頁)、悪徳について上に述べたことは、徳についても成り立つ。以上のことを鑑みれば、ミルのいう徳とは一定の性向や習慣のことであり、そのような徳を前提として有徳とされる行為が行われるのである。

　では、ミルのいう徳は、どのような性向だろうか。上に引用した一節で、ミルは「すべての行為は一定の性向や精神の習慣を前提している。それらの性向や習慣はそれ自体では楽しい状態であることもあれば、惨めな状態であることもある……」(CWX: 7/172頁) と述べている。この一節は、徳がそれ自体 (目的として) 快いことがあるという主張にも見える。だが、ミルは『功利主義論』第4章第5段落で次のように明言している。

　「功利主義のモラリストが、徳を徳たらしめている当初の条件に関してどのような意見を持っていようと、行為や性向は、徳以外の究極目的を促進するからこそ有徳なのだとどれほど信じていようと (事実そう信じているのだが)、このことがいったん承認され、このような考慮から何が有徳であるかが決定されたならば、功利主義のモラリストは、究極目的の手段として善であるものの筆頭に徳を置くだけでなく、徳以上の目的に注意を向けなくても、個人にとって徳がそれ自体で善でありうることを、心理的な事実として認めもする」(CWX: 235/304頁)。

ここでミルは、二つの事柄を述べている。第一に、功利主義の考え方によれば、ある性向やそれに基づく行為は、徳以上の究極目的を促進する、あるいは、その手段となるからこそ有徳なのである。そして、この条件を満たす行為や性向は有徳であり、この条件を満たさない行為や性向は有徳でないと決定される。第二に、こうして何が有徳であるかが理論の上でいったん決定されてしまえば、功利主義は、徳以上の目的に注意を向けることなしに、徳がそれ自体で善でありうることを事実とし

て認めもする。つまり、事実として、徳がそれ自体で快い性向でありうるとしても、元来は、徳とは、究極目的を促進する性向、あるいは、その手段となる性向のことである、というのがミルの真意である[4]。

このような徳の具体例としてミルが挙げているのは、正義（$CWX: 259/304$頁, $396/43$-44頁, $XIX: 385/369$頁, $XXI: 329/169$頁）、仁愛（$CWXVIII: 277/302$頁）、善行（$CWX: 247/324$頁）、寛大さ（$CWX: 247/324$頁, $XXI: 328/167$頁）、勤勉、誠実さ、慎慮（$CWXIX: 385/369$頁）、勇気、温和、自己犠牲（$CWXXI: 328/167$頁）、自制（$CWX: 395/42$頁）、正直（$CWX: 395/42$頁）、剛毅（$CWVII: 120/202$頁）、清潔（$CWX: 394/40$頁）などである。

III　幸福の手段としての徳/一部としての徳

では、ミルのいう究極目的とは何だろうか。先に引用した『功利主義論』第4章第5段落の一節の少し前（第4章第2段落）で、ミルはそれについて次のように述べている。「功利主義の学説は、幸福が目的として望ましく、しかも望ましい唯一のものだとする。これ以外のものはすべて、この目的の手段として望ましいにすぎない」（$CWX: 234/303$頁）。つまり、「徳以上の究極目的」とは、幸福のことにほかならない。したがって、ミルの考えでは、ある性向や行為は、それが幸福の手段となるかぎりで徳であると認定されるのである。

さらに、ミルにとって徳は、幸福の手段の一つであるだけでなく、とりわけ重要な手段でもある。

> 「徳への欲求と金銭、権力、名声への欲求との間には、利害関心をはなれて徳への欲求を涵養することほど個人を社会の他のメンバーにとって好ましいものにするものはないのに対して、後者の欲求はすべて個人を彼の属している社会の他のメンバーにとって有害にしかねないことがあり、しばしばそうしているという違いがある。したがって、功利主義の規準は、社会全体の幸福を促進するよりも侵害するようにならない程度までそれらの獲得される欲求を許容し是認しつつ、徳への愛を社会全体の幸福にとって他の何よりも重要なものとして、可能なかぎり涵養することを命じ要求している」（$CWX: 236$-$237/307$頁）[強調は引用者]。

第8章　J.S.ミルにおける徳と幸福　167

金銭、権力、名声への欲求がしばしば他人の幸福を妨げるのに対して、徳への欲求は社会全体の幸福にとって何よりも重要なものである。そこで、功利主義は、徳への欲求を可能なかぎり涵養することを要求する。

また、ミルは『功利主義論』第2章第23段落で、人間の幸福が（文明などとならんで）徳にも依存していると述べている（*CWX*: 223/286頁）。このように、ミルの考えでは、徳は幸福にとってなくてはならない重要な手段なのである。

ところで、これまでの引用に見られるように、ミルのいう幸福とは、他人の幸福や社会全体の幸福である。では、ミルは自己の幸福について考えていないのだろうか。あるいは、自己の幸福に資する性向を徳と見なしていないのだろうか。そうではないことを示す論拠として挙げられるのは、『自由論』第4章第4段落の以下の一節である。

「私は、自己に関わる徳を、けっして過小評価する者ではない。それは、その重要さにおいて、たとえ社会的徳に劣るとしても、ほんのわずか劣るのみである。この両方の徳を育成することが、等しく教育の任務である。しかし、教育でさえ、強制によるだけでなく確信を抱かせ説得することによってその効果を挙げるものなのであって、教育の時期が過ぎた後で、自己に関わる徳が養われるのは、この後者によってのみである。……人々は互いに刺激を与え合って、自らの高度な能力をますます使用し、自らの感情の目標を、愚かではなく賢明な、堕落的でなく向上的な対象と観想の方向にますます向かわせなければならない」（*CW* XVIII: 277/302頁）。

ここでミルは、「自己に関わる徳」と「社会的徳」とを区別し、自己に関わる徳として、高度な能力を使用する性向や、感情の目標の（愚かで堕落的でなく）賢明で高尚な対象と観想に向かう性向を挙げている。ミルにとって徳が幸福の手段であり、社会的徳が他人の幸福や社会全体の幸福を目的とするとすれば、（それと区別された）自己に関わる徳は、（少なくとも直接的には）自己の幸福を目的とするということになるだろう。したがって、ミルは、徳の目的となる幸福として、他人の幸福や社会全体の幸福だけでなく、自己の幸福も含めているということになるだろう。

ここまで、ミルのいう徳が幸福という究極目的の手段となる性向であることを確認したうえで、徳が幸福の重要な手段であること、その幸福には、他人の幸福や社会全体の幸福だけでなく、自己の幸福も含まれることを明らかにした。ところで、

はじめに述べたように、ミルは、徳は幸福の手段であるとともに、その一部でもあると主張している。では、「幸福の手段としての徳」と「幸福の一部としての徳」という二つの考え方は、どのように繋がっているのだろうか。

徳が幸福の一部であるという考え方は、『功利主義論』第4章で提示されている。第4章の目的は、功利原理を「証明」することであり、功利原理（功利の学説）とは「幸福が目的として望ましく、しかも望ましい唯一のものだとする」（*CWX*: 234/303頁）ものである。この原理の証明なるものは、第一に、幸福が望ましいこと、第二に、社会全体の幸福が望ましいこと、そして第三に、幸福だけが望ましいことを示す三つの段階からなっている（Crisp 1997: 367）。徳は幸福の一部であるという考え方は、証明の第三段階で述べられている。

まず、ミルが採用している経験主義の立場から、幸福だけが望ましいことを示すためには、人々が幸福を実際に望んでいることだけでなく、幸福のほかには何も望んでいないことも示す必要がある。ところが、これを示すのを妨げるように見える事実がある、とミルは『功利主義論』第4章第4段落で述べている。

「普通の言葉で幸福からはっきりと区別されたものを人々が望んでいることは、明らかである。たとえば、彼らは、快楽を望み苦痛の欠如を望んでいるのと同じように、徳を望み悪徳の欠如を望んでいる。徳への欲求は、幸福への欲求と同じくらい普遍的ではないにしても、同じくらい確かな事実である」（*CWX*: 234-235/304頁）。

徳のような、一般に幸福（快楽）とは区別されるものを、人々が望むことは確かにある。この事実は、幸福だけが望ましいという功利主義の考え方と矛盾するように見える。

しかし、ミルは、『功利主義論』第4章第5段落で、「功利主義の学説は、徳が望まれるべきだということだけでなく、利害関心を離れてそれ自体として望まれるべきだということも主張している」（*CWX*: 235/304頁）として、徳がそれ自体として望ましいことを積極的に認めている。そのうえで、彼は、同じ段落で次のように主張している。

「功利主義の学説によれば、徳は自然的に、はじめから目的の一部なのではないけれども、そうなることができる。そして現に、利害関心を離れて徳を愛する人

にとって、それは目的の一部になっており、幸福の手段としてではなく、自らの幸福の一部として望まれ大切にされているのである」(*CWX*: 235/305頁)［強調は引用者］。

ひとは元来、徳を自らの幸福の一部として望むものではないが、何らかのプロセスを経て、そうすることができる。そして、徳をそれ自体として望んでいるときには、徳を幸福の一部として望んでいるのである。したがって、ミルの考えでは、人々が徳を望んでいるという事実と、幸福だけが望ましいという功利主義の考え方とは矛盾しないのである。

では、どのようなプロセスを経て徳が幸福の一部になるのだろうか。ミルは、上の引用文に続けて以下のように述べている（『功利主義論』第4章第6段落）。

「このことをさらに説明するために、以下のことを思い出すのがよいだろう。つまり、もともとは手段であるが、今かりに他のものの手段でないと仮定すればどうでもよいもののままであるもの、しかしそれが手段となるものとの観念連合によってそれ自体として、しかもきわめて強く望まれるようになるものは、徳だけではないということである」(*CWX*: 235/305頁)。

徳以外のものとしてミルが挙げているのは、金銭、権力、名声などである。それらは元来、さまざまな目的を実現するための手段として望まれるが、目的と「連合（観念連合）」することによって、手段としてではなく、それ自体として望まれるようになる。そのとき、それらは目的の一部として望まれているのである。そして、それと同じことが徳についても起こる、とミルは論じている（『功利主義論』第4章第7段落）。

「功利主義の考え方によれば、徳はこのような善であった。快楽に役立つことや、とりわけ苦痛を防ぐことを除けば、それに対する本源的な欲求や動機はない。しかし、このように形成されてきた観念連合によって、それ自体で善であると感じられ、そのようなものとして他のどのような善とも同じくらい強く望まれるだろう」(*CWX*: 236/307頁)。

ミルの考えでは、徳は、もともとは幸福（快楽）を得る手段であり、そうでなけれ

ばどうでもよいものであった。だが、それがもたらす幸福と「連合（観念連合）」することによって、手段としてではなく、それ自体として望まれるようになる。そのとき、徳は幸福の一部として望まれているのである。

このように、ミルの考えでは、幸福（快楽）との「観念連合」というプロセスを経て、もともとは幸福の手段であった徳が、幸福の一部となるのである。ミルは、「観念連合」という心理学的な説明によって、「幸福の手段としての徳」と「幸福の一部としての徳」という二つの考え方を繋げている[5]。

では、徳と快楽との観念連合は、どのような場合に起こるのだろうか。それを知る手掛かりになるのは、『功利主義論』第4章第11段落の以下の一節である。

「有徳になる意志が十分な力を持って存在しないとき、どうすればそれを教え込んだり呼び起こしたりすることができるだろうか。ひとに徳を望ませること——徳を快いものとして、あるいは徳の欠如を苦しいものとして考えさせること——によるしかない。正しく行うことを快楽と連合（観念連合）させたり不正に行うことを苦痛と連合（観念連合）させたりすることによって、あるいは正しく行うことに自然に含まれている快楽や不正に行うことに自然に含まれている苦痛を引き出して印象づけ、自らの経験に訴えて納得させれば、有徳になる意志を呼び起こすことができる。そしてこの意志は、いったん確立されれば、快楽や苦痛を考えることがなくても働くようになる」(*CW*X: 239/311頁)。

有徳でない人にとって、徳は快楽と自然に連合（観念連合）するのではない。その観念連合が生じるためには、有徳な他人や社会が、正しいことを行うことに自然に含まれている快楽を引き出して印象づけ、十分に納得させることが必要である。このように、徳と快楽との観念連合は、教育によって生じるのである。

だが、話はこれで終わりではない。徳が観念連合によって幸福の一部になるというプロセスには、その続きがある。それについて、ミルは、『論理学体系』(*A System of Logic*, 1843; *CW*VII-VIII) 第6巻第2章第4節で次のように述べている。

「我々がしだいに、観念連合の影響を通じて、目的を考えることなく、手段を望むようになることは、少なくとも確かである。つまり、当該の行為そのものが欲求の目的になり、それ自体をこえていかなる動機も考慮することなく行われる。これまでのところ、その行為は観念連合によって快いものになったので、我々は

第8章　J.S.ミルにおける徳と幸福　　171

以前と同じくらい多く、快楽の予想によって、すなわちその行為自体の快楽によって動かされるのだと依然として反論されうる。しかしこれを認めるとしても、問題はここで終わらない。我々は習慣の形成を進めていって、ある個々の行為またはある個々の行動過程を、それが快いから意志することに慣れてくると、ついには、それが快いことを考慮せずにそれを意志し続ける」(*CW*VIII: 842/22頁)。

　まず、ある行為は、その目的である快楽と連合（観念連合）することによって快いものとなり、それ自体として望まれるようになる。だが、その行為を意志することに慣れてくると、行為者は、それが快いことを考慮せずに、意志し続けるようになる。こうして、意志の習慣が形成されるのである。意志の習慣が形成された例としてミルが挙げているのは、行き過ぎて有害になった習慣や、道徳的英雄などである。たとえば、過度の飲食が習慣になると、それが快楽よりもむしろ苦痛をもたらすようになっても、過度の飲食をし続けるケースがある。また、道徳的英雄は、快楽よりもむしろ苦痛をもたらす善行でも行い続ける。
　さらに続けて、ミルは次のように論じている（*CW*VIII: 842-843/23頁）。意志する習慣は「目的」と呼ばれ、それも意志を規定する原因になる。そして、目的（意志する習慣）がしっかりと形成されて、そもそも目的を生じさせた快楽や苦痛から独立したときに、我々は堅固な「性格」を持つ。裏を返せば、性格とは完全に形成された意志であるということになる。このような意志は、快楽や苦痛の影響をあまり受けないので、安定して不変である。
　このように、ミルの考えでは、快楽との観念連合に続いて、意志する習慣や堅固な性格が形成されるのである。この議論を徳に当てはめるならば、人間は、観念連合によって徳を幸福の一部と見なすだけでなく、さらに進んで、徳を意志する習慣を身に付け、有徳な性格を確立するということになるだろう。この点にかかわって、ミルは『功利主義論』第4章第11段落で次のように述べている。

「ありうる反論は、……次のようなものであろう。堅固な徳をそなえた人や目的が定まった他の人は、目的をもくろんでいるときに得られる快楽や目的の実現から引き出すことを期待している快楽について考えることなく目的を達成するし、性格が変わったり受動的な感受性が弱まることによってそれらの快楽が大幅に減退したり、目的を追求することがもたらす苦痛がこれらの快楽を圧倒的に上回ったりしても、目的に向かって行為し続ける。これらすべてのことを私は完全に認

めているし、このことについて他のところで他の誰にも劣らずはっきりと強く述べている」(*CWX*: 238/309頁)。

Ⅳ　徳の快楽

さて、前節で見た、幸福の一部としての徳というミルの表現については、これまでにさまざまな解釈が提示されてきた。以下では、代表的な解釈である、バーガー、クリスプ、スカラプスキーによる解釈を取り上げて、批判的に検討することにしたい。

まず、バーガーによれば、ミルのいう幸福とは、快楽すなわち意識の快い状態のことではなく、正義の規則の遵守、権利の尊重、徳のような、さまざまな善からなるものである (Berger 1984: 305)。その善の一つに徳がある。つまり、バーガーの解釈によれば、徳は幸福の一部だが快楽ではないということになる (Berger 1984: 30-45) [6]。

つぎに、クリスプによれば、徳が幸福の一部であるというミルの表現が意味しているのは、有徳な行為を行うという楽しい経験、あるいは徳をそなえているという楽しい経験が、幸福の一部をなすということである (Crisp 1996: 378)。ここでいう楽しい経験は、意識の快い状態を意味している。このように、クリスプは、ミルを純粋な快楽主義者ととらえている (Crisp 1996: 378-379)。

最後に、スカラプスキーによれば、徳が幸福の一部であるというミルの表現が意味しているのは、ひとは徳を、それが自らにとって快楽すなわち幸福として見えているかぎりで、それ自体として望んでいるということである (Skorupski 1989: 13-15)。つまり、ミルは、徳が幸福の一部であると述べるとき、ある人が有徳な行為をそれ自体のために行い、しかもその行為を行うことが当人にとって快いときにかぎって、その行為を行うことは当人の幸福の一部になっている、といおうとしているのである。

若干敷衍していえば、スカラプスキーの解釈は次のようなものである。ある人にとって有徳な行為の一部は、快楽という光で照らされているため、快いものとして見えている。そして、その人は、快いものとして見えている有徳な行為を行うことをそれ自体として望んでいる。他方、快楽という光で照らされていない有徳な行為を、ひとはそれ自体として望むことはない。徳は幸福の一部であるというミルの表

現を、スカラプスキーはこう解釈しているのである。

　最後に、バーガーの解釈、クリスプの解釈、スカラプスキーの解釈の共通点と相違点をまとめておく。まず、徳が幸福の一部になるという点では、三者は共通している。しかし、クリスプによれば、幸福の一部になっている徳は、徳がもたらす快楽（意識の快い状態）であるのに対して、バーガーとスカラプスキーによれば、それは、徳（有徳な性向、行為など）そのものを意味している。このように、意識の状態ではない徳が幸福の一部になっているとするかぎりでは、バーガーの解釈とスカラプスキーの解釈は共通している。しかし、バーガーの解釈によれば、いったん幸福の一部になった徳は、もはや快楽（意識の快い状態）と結び付いていない場合でも幸福の一部であり続けるのに対して、スカラプスキーの解釈によれば、快楽と結び付いていない徳はもはや幸福の一部ではないということになる。

　バーガー、クリスプ、スカラプスキーのうち、他の二人を批判しているのはクリスプだけである。そこで、クリスプの議論を基にして、この三人の解釈を批判的に検討したい。

　まず、クリスプによるバーガーに対する第一の批判は、ミルを非快楽主義者と見なすバーガーの解釈がミル自身の考えと整合しないというものである。先に見たように、バーガーによれば、ミルは、正義の規則の遵守、権利の尊重、徳のような、意識の快い状態以外の物事を幸福の要素と見なしている。したがって、バーガーの考えでは、ミルは快楽主義を採用していない。しかし、ミルは、『功利主義論』第2章第2段落で以下のように述べている。

「これらの補足的な説明はこの道徳理論を基礎づけている人生観――つまり、快楽と、苦痛からの解放が目的として望ましい唯一のものであるという理論、そして、あらゆる望ましいものは（それは他の体系と同じように功利主義の体系においても数多くあるが）、それ自身に内在する快楽によって望ましいか、快楽を増進する手段か苦痛を予防する手段として望ましいとされる理論――に影響を与えることはない」（*CWX*: 210/265頁）。

ここでミルは、快楽と、苦痛からの解放が目的として望ましい唯一のものであるという快楽主義の考え方を、明確に表明しているように見える。

　しかし、このような指摘は、バーガーに対する十分な反論にならない。というのは、pleasureという言葉は、意識の快い状態を意味するとは限らず、快楽をもた

らすような行為を意味することもあるからである。実際、バーガーは、こうした行為こそが、『功利主義論』における快楽の主要な意味であると述べている。これに対して、クリスプは以下のように反論している。ミルは、快楽と苦痛を対比し、または快楽と苦痛の欠如とを並置している。たとえば、『功利主義論』第2章第8段落で、ミルは次のように述べている。「二つの苦痛のどちらが激しいか、二つの快い感覚のどちらが強いかを判定するのに、両方をよく知っている人々すべての投票以外に、どのような手段があるだろうか。苦痛も快楽も同質ではない。そして、苦痛と快楽はつねに異質である。個々の快楽が個々の苦痛という犠牲を払って購う価値があるかどうかを決めるものが、経験者の感情と判断以外にあるだろうか」(*CW* X: 213/271頁)。ここでミルは、快楽と苦痛を対比している。そして、個々の快楽を個々の苦痛と引き換えにできるものととらえている。ところが、英語のpainという言葉は、苦痛をもたらすような行為を意味することができない。ボート漕ぎが私のpleasureであるということはできるが、家事が私のpainであるという表現は英語として不適切である。したがって、ミルのいう快楽は、活動としての快楽を意味することができず、快い心理状態としての快楽を意味するのでなければならない、とクリスプはいうのである (Crisp 1996: 373)。そして、ミルのいう快楽が快い心理状態を意味するとすれば、先に見た『功利主義論』第2章第2段落の一節(「これらの補足的な説明は……」)はやはり、ミルが快楽主義を採用していること示している。したがって、ミルが非快楽主義を採用していることを含意するバーガーの解釈は、ミル自身の考えと整合しない。クリスプはこう論じている。

　ミルのいう快楽が楽しい活動(快楽をもたらすような行為)を意味しているという、バーガーの見解が誤っている理由としてクリスプが挙げていたのは、ミルがpleasureと対比して用いているpainという言葉には苦痛をもたらす行為という意味がないので、pleasureは快楽をもたらす行為を意味することができないというものであった。しかし、ミルが生きた19世紀以前の英語では、painという言葉には、苦痛をもたらす行為を意味する用法があった (Simpson and Weiner 1998: 1031-1032)。それゆえ、クリスプによる批判はうまく行かないように見える。とはいえ、別稿ですでに論じたように、ミルは、「快楽」という言葉を意識の快い状態という意味で用いており、基本的には快楽主義を採用している[7]。したがって、バーガーの解釈がミルを非快楽主義者と見なす点でミル自身の考えと整合しないという、バーガーに対するクリスプによる批判は、依然として有効である。

　クリスプによる第二の批判は、バーガーの解釈を支持する論拠が不十分だという

第8章　J.S.ミルにおける徳と幸福　　175

ものである。バーガーは、幸福の要素が、尊厳の感覚を維持するために必要なものや安全を維持するために必要なものを含むと述べていた。しかし、ミルは、尊厳の感覚が幸福の要素であると述べているが、尊厳の感覚を維持するために必要なすべての物事が幸福の要素であるとまでは述べていない。また、ミルは、『功利主義論』第5章第25段落（*CWX*: 251/330頁）において、安全が幸福にとって重要であると述べているが、ここでミルがいおうとしているのは、安全の感覚が幸福の一部になるということにすぎない。そして、安全の感覚は、それ自体が快い心理状態である。クリスプはこう論じて、ミルのいう幸福は快い心理状態以外の物事からなることを示すためにバーガーが挙げた論拠は、不十分なものであると批判している（Crisp 1996: 375）。

さらに、スカラプスキーもバーガーを批判的に論評している。バーガーの解釈によれば、幸福は、自由、力能、高揚の意識、安全の意識などのために必要な自然的な善、および金銭、名声、権力、徳などのような獲得された善からなる。これほど多様な物事を、幸福の観念のもとに結び付けることはできない。つまり、これらの物事は、ばらばらな寄せ集めでしかない。それゆえ、これらの物事がすべて幸福の一部であるという、（バーガーの解釈する）ミルの幸福観は理解できないものになる、とスカラプスキーは述べている（Skorupski 1985: 198）。

バーガーに対する批判をまとめておこう。第一に、バーガーの解釈は、ミルを非快楽主義者と見なす点でミル自身の考えと整合しない。第二に、ミルのいう幸福は意識の快い状態以外の物事からなることを示すためにバーガーが挙げた論拠は、不十分なものである。第三に、さまざまな善がすべて幸福の一部であるという、（バーガーの解釈する）ミルの幸福観は理解できないものになる。第三の批判に対しては、ミルのいう幸福はまさに物事の寄せ集めにすぎないと反論することも可能である。だが、ミルは、幸福を構成するさまざまな物事に共通する特性として「快楽」を措定し、それを幸福の中核にすえているのであり、幸福を物事の寄せ集めと見なすことは、ミルの幸福観をとらえ損なうことになる。上記の三つの批判からして、バーガーを擁護することは困難であろう。

つぎに、クリスプは、スカラプスキーの解釈に対して二つの批判を差し向けている。第一の批判は、スカラプスキーの解釈が、ひとは自らの快楽のみを望んでいるというミルの考え方——クリスプはそれを欲求利己主義［desire egoism］と名付けている——と矛盾するというものである（Crisp 1996: 377）。ミルがこの欲求利己主義なる考え方を採用していることは、『功利主義論』第4章第3段落の以下の一

節などから明らかである、とクリスプはいう。

> 「各人が自分自身の幸福を、獲得可能であると考えているかぎり望んでいるということ以外に、社会全体の幸福が望ましい理由を与えることはできない。しかしこのことは事実であるから、……」(*CWX*: 234/303頁)［強調はクリスプ］。

ここでミルは、ひとが自らの快楽のみをそれ自体として望んでいるという欲求利己主義の考え方を採用している、とクリスプは述べている。一方、寛大な人が他人に快楽を与えることをそれ自体として望んでいることをミルは認めている、とスカラプスキーは述べていた。したがって、スカラプスキーの解釈は、ミルが採用している欲求利己主義の立場と矛盾する、とクリスプはいうのである。

第二の批判は、スカラプスキーの解釈が、人々にとってそれ自体として善いものは快楽のみであり、快楽を善いものにしているのは、それが快いことであるというミルの考え方――クリスプはそれを純粋快楽主義［pure hedonism］と名付けている――と矛盾するというものである。スカラプスキーは、徳がそれ自体として望ましいという考え方をミルが採用しているとした。それゆえ、スカラプスキーの解釈は、ミルが採用している純粋快楽主義の考え方と矛盾する、とクリスプはいうのである。

スカラプスキーの解釈に対するクリスプの批判は、適切なものだろうか。第一の批判は、スカラプスキーの解釈が欲求利己主義――ひとは自らの快楽のみを望んでいる――というミルの考え方と矛盾するというものであった。この批判を支持する論拠としてクリスプが挙げていた『功利主義論』第4章第3段落の一節を、前後の文脈のなかに置きなおしてみよう。

> 「ある物体が見えるということの唯一可能な証明は、人々が現実にそれを見ているということである。ある音が聞こえるということの唯一の証明は、人々がそれを聞いているということである。そして、我々の経験の他の源泉についても同様である。同じように、何かが望ましいということを示すことができる唯一の証拠は、人々が現実にそれを望んでいるということであると私は考える。かりに功利主義の学説がそれ自体に対して提案する目的が、理論においても実践においても目的であると認められないとすれば、そのことを誰かに確信させることができるものはけっしてないだろう。各人が自分自身の幸福を、獲得可能であると考え

るかぎり望んでいるということ以外に、社会全体の幸福が望ましい理由を与えることはできない。しかしこのことは事実であるから、幸福が一つの善であること、および各人の幸福が各人にとって一つの善であり、したがって社会全体の幸福がすべての人の総体にとって一つの善であることの、事例に当てはまるすべての証明だけでなく、要求できるすべての証明も、我々は手に入れている」(*CWX*: 234/303頁)。

　ここでミルは、社会全体の幸福が望ましいということを証明しようとしている。ミルによれば、何かが望ましいということの唯一の証拠は、人々が現実にそれを望んでいるということである。そして、各人は自らの幸福を現実に望んでいる。それゆえ、各人の幸福は各人にとって望ましい。さらに、各人の幸福が各人にとって望ましいとすれば、すべての人の幸福は、そのすべての部分が誰かによって望まれているので、すべての人にとって望ましい。ミルはこう論じて、各人が自らの幸福を望んでいるという事実から、社会全体の幸福が望ましいということを証明しようとしている。

　この証明の成否は措くとして、ここで重要なのは、この証明において、第一に、ひとが自己の幸福だけを望んでいるとは考えられていないことであり、第二に、ひとが他人の幸福をそれ自体として望んでいるかどうかは問題にされていないことである。ミルは、ひとが自己の幸福だけを望んでいるとも、他人の幸福をそれ自体として望んでいないとも、主張しているのではない。したがって、クリスプのように、「各人が自分自身の幸福を獲得可能であると考えるかぎり望んでいるということ以外に、社会全体の幸福が望ましい理由を与えることはできない」という一節から、ミルが欲求利己主義を採用していると見なすことはできない。それゆえ、スカラプスキーの解釈が欲求利己主義なるミルの考え方と矛盾するという、クリスプの第一の批判は、適切なものとはいえない。

　つぎに、スカラプスキーの解釈に対するクリスプの第二の批判は、スカラプスキーの解釈が純粋快楽主義――人々にとってそれ自体として善いものは快楽のみであり、快楽を善いものにしているのは、それが快いことである――というミルの考え方と矛盾するというものであった。スカラプスキーは、徳がそれ自体として望ましいという考え方をミルが採用しているとした。クリスプは、それが、快楽のみを善とするミルの考え方と矛盾すると批判した。しかしながら、先に見た『功利主義論』第4章第5段落の一節(「功利主義の学説は、徳が望まれるべきだということだけ

でなく、……」)で、ミル自身が徳はそれ自体として望ましいと明言している。したがって、徳がそれ自体として望ましいという考え方をミルが採用しているとすることは、むしろ当然のことであり、この考え方が純粋快楽主義と矛盾するかどうかにかかわらず、スカラプスキーの解釈の問題点にはならない。

　以上から、スカラプスキーの解釈を擁護することは依然として可能である。では、クリスプ自身の解釈とスカラプスキーの解釈とでは、どちらが説得力を持つだろうか。

　まず、クリスプの解釈の問題点は、徳がそれ自体として望ましいというミルの主張を文字通りに受け止めていないことである。その主張とは、先に見たように、徳が利害を考慮せずにそれ自体として望まれるべきであるというものである(*CWX*: 235/304頁)。ミルのこの主張を真剣に受け止めようとするならば、クリスプの解釈にはさらなる説明が必要である。

　クリスプ自身も、このことに気づいて次のように述べている。「この解釈の主要な短所は、……これが正確にはミルが述べていることではないということである。結局、それ自体として望ましいのは徳であるとミルはいう。だが、ミルの主張を額面どおりに受け取ることができる合理的な解釈はない」(Crisp 1996: 379)。しかし本当にそうかどうか、さらに検討を続けることにしよう。

　先に見たように、スカラプスキーの解釈は、クリスプによる批判に対して擁護可能であった。くわえて、スカラプスキーの解釈を支持するミルのテキストがある。「有徳になる意志が十分な力を持って存在しないとき、どうすればそれを教え込んだり呼び起こしたりすることができるだろうか。ひとに徳を望ませること——徳を快いものとして、あるいは徳の欠如を苦しいものとして考えさせること——によるしかない」(*CWX*: 239/311頁)。ここでミルは、徳を望むことを、徳を快いものと考えることと言い換えている。つまり、徳を望むこととは、徳が快いものとして見えているということにほかならない。この一節は、スカラプスキーの解釈を支持するものである。以上の議論を鑑みれば、スカラプスキーの解釈のほうが、クリスプの解釈よりもミルの真意をとらえていると考えられる。

　だが、スカラプスキーの解釈に問題点がないわけではない。スカラプスキーの解釈に従えば、ある行為が自己にとって快いものでない場合、その行為を行うことは、自己の幸福の一部ではない。だとすれば、そのような場合には、有徳な人が行う有徳な行為も、自己の幸福の一部ではないということになるだろう。では、ミル自身はどのように考えているのだろうか。

Ⅲで見たとおり、ミルの考えでは、人間は、徳を意志する習慣を身に付け、有徳な性格を確立する。そして、有徳な人は、快楽が著しく減ったり、快楽よりも苦痛が大きくなったりする場合でも、有徳な行為を行う。問題は、そのような場合に、有徳な人が徳を幸福の一部として、言い換えれば、それ自体として望んでいるのかどうかである。それを知る手掛かりになるのは、『功利主義論』第4章第8段落の以下の一節である。「徳をそれ自体のために望む人は、徳の意識が快楽であるためか、徳がないことの意識が苦痛であるため、または両方の理由が重なったため、徳を望むのである。……身に付けた徳が何ら快楽をもたらさず、それ以上の徳を身に付けなかったことが何ら苦痛をもたらさないとしたら、ひとは徳を愛したり望んだりしなくなるか、徳が自分自身や、自分が大切に思っている人にもたらすかもしれない他の利益のためだけに徳を望むようになるだろう」(*CWX*: 237/308頁)。この一節で重要なのは、自分が有徳であると意識することが快楽になる、つまり、自らの有徳な性格に対する反省が快楽をもたらすということである。快楽をもたらすのは、有徳な行為やその結果だけではない。有徳な性格も快楽をもたらすのである。

だとすれば、何らかの事情で、有徳な行為が快楽をもたらさない、あるいは、快楽よりも苦痛をもたらす場合でも、有徳な性格が快楽をもたらすがゆえに、徳をそれ自体として、幸福の一部として望むことはできるだろう。そして、上の引用に見られるとおり、有徳な性格がもたらす快楽が徳をそれ自体として望む理由になる、とミル自身が述べている。したがって、ミルの考えでは、有徳な行為が快いものでない場合でも、有徳な性格が快楽をもたらすかぎり、有徳な人にとって、徳は幸福の一部であり続けるのである。

では、スカラプスキーの解釈がミル自身の考えと齟齬をきたしているのはなぜか。それは、スカラプスキーがおもに行為としての徳を問題にし、性格（性向）としての徳にあまり注意を払わなかったためと思われる。そこで、以上の点を考慮して、スカラプスキーの解釈を修正すれば、以下のようにまとめられるだろう。徳が幸福の一部であるというミルの表現が意味しているのは、ひとは徳を、それが快楽と連合（観念連合）しているかぎりで、それ自体として望んでいるということであるが、その快楽には、有徳な行為やその結果がもたらす快楽だけでなく、有徳な性格がもたらす快楽もある。

V 拡張された快楽主義

　最後に付言すれば、徳と幸福の関係をめぐるミルの議論は、幸福に関するミルの考え方の一つの特徴を明らかにするものである。
　Ⅳで見たように、ミルは、基本的には、快楽のみがそれ自体として望ましいという快楽主義を採用している。だが、この解釈は、幸福に関するミルの考え方の全体をとらえているだろうか。ミルは、先に見た『功利主義論』第4章第5段落の一節（「功利主義の学説は、徳が望まれるべきだということだけでなく、……」(*CWX*: 235/304頁)）などで、徳が幸福の一部になること、それ自体として望ましいものであることを認めている。さらに、ミルは、同じ段落で、金銭、権力、名声などについても、徳と同じことが成り立つとしている。以上から、ミルは、快楽以外のものが、それ自体として望ましいという非快楽主義的な考え方を受け入れていると考えられる。それゆえ、上述の解釈は、幸福に関するミルの考え方の全体をとらえているとはいえない。（ただし、ミルは、徳のようなそれ自体として望ましいものが、意識の快い状態とは無関係に幸福の構成要素になるという非快楽主義的な考え方を受け入れていない。したがって、ミルが快楽主義を放棄しているとまではいえない）。
　以上に見たように、幸福に関するミルの考え方は、快楽主義を基本としながら、非快楽主義的な考え方とも部分的に符合するものである。幸福が、徳のようなそれ自体として望ましいものをその構成要素としているという、非快楽主義的な考え方を、ミルは自らの立場と符合するものとして認めている。しかし、それらのものが快楽（意識の快い状態）とは無関係に幸福の構成要素になるという非快楽主義的な考え方を、彼は容認していない（水野 2011b）。以上に見た、幸福に関するミルの考え方は、快楽だけでなく、快楽と連合（観念連合）して快楽を分有したものも、それ自体として望まれるようになるし、また望ましいというものである。
　この考え方は、快楽のみがそれ自体として望まれ、また望ましいという、通常の快楽主義よりも弱いものである。だが、この考え方を採用することで、ミルは、「快楽」という言葉を、意識の快い状態だけでなく、そのような状態と連合（観念連合）したさまざまなものも含む、広い意味で用いることができるようになった。そして、徳がそれ自体として望まれ、また望ましいという、非快楽主義的な主張を、快楽主義の立場から唱えることができるようになった。本稿では、ミルの快楽主義のこのような特徴を、拡張された快楽主義［extended hedonism］と名付けるこ

とにしたい。

　通常の快楽主義が、意識の快い状態としての快楽のみを目的と見なすのに対して、拡張された快楽主義は、スカラプスキーの解釈と同じように、快楽と結び付いた徳のような、快楽以外のものも目的と見なしている。また、拡張された快楽主義は、性格としての徳を考慮に入れる点で、スカラプスキーの解釈よりも幸福をさらに広くとらえている。

Ⅵ　おわりに

　以上に示してきたように、ミルのいう徳が幸福という究極目的の手段となる性向であることを確認したうえで、徳が幸福の重要な手段であること、その幸福には、他者の幸福や社会全体の幸福だけでなく、自己の幸福も含まれること、徳が幸福との観念連合によって幸福の一部になること、意志の習慣によって有徳な性格が確立されることを明らかにした。そして、幸福の一部としての徳というミルの表現をめぐる主要な解釈を批判的に検討し、性格（性向）としての徳に関するミルの考え方を重視することで、スカラプスキーの解釈を修正した。以上に見た、徳と幸福をめぐるミルの議論は、ミルの快楽主義の一つの特徴を明らかにするものであった。その特徴とは、快楽だけでなく、快楽と連合（観念連合）して快楽を分有したものも、それ自体として望まれるようになるし、また望ましいというものであった。本稿では、ミルの快楽主義のこのような特徴を、拡張された快楽主義と名付けた。

　拡張された快楽主義は、ミルが、ベンサムやジェイムズ・ミルの快楽主義的な考え方に対する、冒頭で見たカーライルらの批判を真剣に受け止めて、前者とは異なる考え方として提示したものである。拡張された快楽主義は、快楽主義を基本としながら、非快楽主義的な考え方とも部分的に符合するものであり、その意味で、現代でも対立している快楽主義の立場と非快楽主義の立場を調停するものとなる。したがって、幸福の概念をめぐる現代の論争に対しても、一定の意義を有しているといえる。

　冒頭で述べたように、政治、経済、教育、科学・技術、医療、環境などさまざまな領域において、幸福（快楽）の不適切な追求あるいは過度の追求が、幸福の基盤となる人間の存在や自然の存在を脅かすという問題が生じている。幸福（快楽）の不適切な追求あるいは過度の追求に一定の歯止めをかけるための一つの方法として、

徳を涵養することの重要性が指摘されている。他方、幸福とは無関係なものとして徳の涵養を奨励すれば、徳を重視するあまり幸福を軽視するという禁欲主義の誤りを犯す恐れがある。

　徳と幸福の関係についてのミルの考え方は、徳がそれ自体として望ましいことを認めることによって、幸福の不適切な追求あるいは過度の追求に一定の歯止めをかけうるものとなる。くわえて、この考え方は、快楽とは無関係な徳を自らの幸福の一部とは認めないことによって、徳を重視するあまり幸福を軽視するという禁欲主義の誤りを回避できるものとなる。それゆえ、ミルの考え方は、現代が直面している問題に一定の示唆を与えるものであるといえる。

＊本稿は、水野俊誠　(2011)「J.S.ミルにおける徳と幸福の関係」、『エティカ』4号、61-87頁に加筆訂正を施したものである。

[注]

1) ベンサムによれば、徳は定義できないが、行為、習慣、傾向などについて適用される。そして、ベンサムは「徳の本質は、それが一般に何らかの仕方で幸福に役立つということにある。すなわち、自分自身あるいは誰か別の人に役立つということにある」(Bentham 1983: 160; 児玉 1999: 41頁)と述べている。さらに、ベンサムは徳を大きく二つに分けて、行為者に幸福をもたらす徳を慎慮と呼び、行為者以外の人に幸福をもたらす徳を善行と呼ぶ (Bentham 1983: 178; 児玉 1999: 45頁)。

　さらに、ミルの父であるジェイムズ・ミルは、『大英百科事典』第6版補巻の「教育」という項目で、自己の幸福に役立つ資質として知性と節制を挙げ、他人の幸福に役立つ資質として正義と寛大さを挙げている。ここでいう正義とは他人に危害を加えるのを差し控えることであり、寛大さとは積極的な善をなすことである (Mill, James 1969: 62-65; 山下 1997: 171頁)。これらの資質を徳と見なすことが許されるならば、彼にとって徳とは、自己の幸福や他人の幸福に資するものであるといえるだろう。

2) 他の解釈として、長岡　1992などがある。

3) 善と悪、正と不正、徳と悪徳は、感情や感覚によって知られるという考え方。この考え方を取る代表的な思想家として、ヒューム (David Hume: 1711-1776) やスミス (Adam Smith: 1723-1790) がいる。

4) ミルは『論理学体系』において、個々の技術の望ましさを判定する一般前提と、個々の技術の総体とを合わせたものを、生活の技術と名付けている。この生活の技術は、道徳、慎慮、審美の三つの部門からなる。そして生活の技術の究極目的は、幸福の増進である (水野 2011a)。ところでドナーによれば、ミルは徳を審美の部門に含めているとされる (Donner 2011: 89-91)。だとすれば、徳は幸福に資するものということになるだろう。

5) このプロセスについて、ミルは、父ジェイムズ・ミル『人間精神の現象分析』(Analysis of the Phenomena of the Human Mind, 2nd ed., 1869) に自らが施した注釈のなかでも述べている (CWXXXI: 220)。

6) バーガーの解釈については、クリスプによる説明を参照した (Crisp 1996: 368-369)。

7）この主張を支持する第一の論拠として挙げられるのは、『論理学体系』第1巻第3章第1節の以下の一節である。「我々は、希望・喜び・恐怖、音・におい・味、苦痛・快楽、思考・判断・諸概念などのような、感覚、または何か他の感情および心の状態を、どのカテゴリーに入れるべきだろうか」（CWVII: 47/76頁）〔強調は引用者〕。快楽は感情の一種であり、感情は心の状態を指す。それは、「心が意識するすべてのもの」、「心が感じるすべてのもの、言い換えれば心自身の感じうる現実存在の部分をなすすべてのもの」（CWVII: 51/82頁）を意味する。それゆえ、快楽は、（感情という）意識の状態であるといえる。

上述の主張を支持する第二の論拠として挙げられるのは、『論理学体系』第1巻第3章第14節の以下の一節である。「我々は、観念や情緒に基づいて心に属性を帰すように、物体に対しても、たんに感覚に基づいてではなく、同様の根拠に基づいて属性を帰すことができる。たとえば、立像の美しさについて話す場合がそうである。というのは、この属性は、立像が我々の心のなかにもたらす快楽の特殊な感情に基づいているからである。この感情は、感覚ではなく情緒である」（CWVII: 75/122頁）〔引用は強調者〕。快楽は情緒である。そして、情緒は、感覚、思考、意欲とともに感情の一つとされる（CWVII: 51/83頁）。それゆえ、快楽は、一種の感情、すなわち意識の状態であるといえる。ほかにもさまざまな著作で、ミルは、快楽を快い感情ととらえている。具体的には、『論理学体系』第6巻第2章第4節（CWVIII: 842-843/21-23頁）、『ハミルトン卿の哲学の検討』（1865; CWIX）第15章（CWIX: 430）、ジェイムズ・ミル『人間精神の現象分析』第17章および第21章第2節に自らが施した注釈（CWXXXI: 214）、『功利主義論』第2章第8段落（CWX: 213/270-271頁）および第4章第8段落（CWX: 237/308頁）などである。

このように、『功利主義論』だけでなく、他の著作でも概ね、ミルは、「快楽」という言葉を意識の快い状態（快い感情）を指すものとして用いている（水野 2011b）。

［引用・参照文献一覧］

- Aristotle (1984) *Aristotelis Ethica Nicomachea*, Bywater I. (ed.), Oxford: Oxford University Press. 高田三郎訳『ニコマコス倫理学（上）』岩波書店、1971年、高田三郎訳『ニコマコス倫理学（下）』岩波書店、1973年。
- Bentham, Jeremy (1983) *Deontology together with A Table of the Springs of Action on Utilitarianism*, Amnon Goldworth (ed.), Oxford: Clarendon Press.
- Berger, Fred (1984) *Happiness, Justice, and Freedom*, Berkeley: University of California Press.
- Carlyle, Thomas (1987) *Sartor Resartus*, Kerry McSweeney and Peter Sabor (eds.), Oxford: Oxford University Press. 石田憲次訳『衣服哲学』岩波書店、1946年。
- Crisp, Roger (1996) 'Mill on Virtue as a Part of Happiness', in *British Journal of History of Philosophy*, 4(2), 367-380.
- Donner, Wendy (2011) 'Morality, Virtue, and Aesthetics in Mill's Art of Life', in Ben Eggleston, Dale E. Miller and David Weinstein (eds.), *John Stuart Mill and Art of Life*, Oxford: Oxford University Press, 146-165.
- Plato (1959) *Gorgias*, Dodds, E.R. (ed.) Oxford: Oxford: University Press. 加来彰俊訳「ゴルギアス」、田中美知太郎、藤沢令夫編『プラトン全集9』岩波書店、1974年、1-243頁。
- Kant, Immanuel (1908) *Kritik der praktischen Vernunft*, Lehmann, Gerhard (Herausgeber), in *Kant's gesammelte Schriften*, Herausgegeben von der Deutschen Akademie der Wissenschaften zu Berlin, Band V, 1-163. 坂部恵、伊古田理訳「実践理性批判」、坂部恵、有福孝岳、牧野英二編『カント全集7』岩波書店、2000年、117-357頁。

- Mill, James (1969) *James Mill on Education*, Burston, W.H. (ed.), London: Cambridge University Press. 小川晃一訳『教育論・政府論』岩波書店、1983年。
- Plato (2003) *Platonis Respublica*, Siling, S.R. (ed.) Oxford: Oxford University Press. 藤沢令夫訳「国家」、田中美知太郎、藤沢令夫編『プラトン全集11』岩波書店、1976年、17-773頁。
- Simpson, John & Weiner, Edmund (eds.), (1998) *The Oxford English Dictionary, 2nd ed.*, Oxford: Clarendon Press.
- Skorupski, John (1985) 'The Part of Happiness', in *Philosophical Book*, 26, 193-202.
- Skorupski, John (1989) *John Stuart Mill*, London: Routledge.

- 児玉聡 （1999）「ベンタムにおける徳と幸福」『実践哲学研究』22号、33-52頁。
- 柘植尚則 （2003）「徳と利益：道徳と経済をめぐる18世紀イギリス思想の変容」『北海学園大学経済論集』50巻4号、61-77頁。
- 長岡成夫 （1992）「ミルの心理学」、杉原四郎、山下重一、小泉仰責任編集『J.S.ミル研究』御茶ノ水書房、147-168頁。
- 中澤務 （2001）「ソクラテスにおける徳と幸福」『北大文学研究科紀要』104号、1-21頁。
- 水野俊誠 （2011a）「J.S.ミルにおける快楽の秩序：分類と序列化」、三田哲学会編『哲学』126号、81-106頁。
- 水野俊誠 （2011b）「J.S.ミルの幸福論再論」、日本哲学会編『哲学』62号、315-328頁。
- 山下重一 （1997）『ジェイムズ・ミル』研究社出版。

第9章
J.S.ミルの経済思想における共感と公共性

前原　直子

- I　はじめに
- II　J.S.ミル共感論の基本概念
    - 1　「共感」の基本概念と道徳哲学における公共性
    - 2　アダム・スミス、J.ベンサムの共感論とミル共感論
- III　J.S.ミルの共感原理
    - 1　『自由論』における
        〈人間相互間の感情是認としての共感〉
    - 2　『自由論』における〈「同胞感情」としての共感〉
    - 3　『功利主義論』における〈「同胞感情」としての共感〉
    - 4　〈利他的感情(=公共心)としての共感〉
- IV　J.S.ミルの経済思想における共感と公共性
    - 1　〈知的道徳的美的エリート〉への共感と社会変革論
    - 2　〈利己心の体系=人間的成長の体系〉における
        共感と株式会社論・経営組織論
    - 3　〈公共心の体系=人間愛の体系〉における
        共感とアソシエーション論
- V　おわりに

I はじめに

　本章の目的は、J.S.ミル（John Stuart Mill: 1806-1873）の思想の全体系を統一的に捉える試みのひとつとして、社会の公共性を導くミルの共感［sympathy］原理を、ミルの経済思想との関連において考察することにある。ミルの共感論は、アダム・スミス（Adam Smith: 1723-1790）の道徳的世界と経済的世界との関連の理解、J.ベンサム（Jeremy Bentham: 1748-1832）の客観的・個人主義的功利主義論の発展的継承のなかで築きあげられた、人間的成長論にもとづく社会変革論というミル独自の思想を支える原理である。

　本章の主張点を先取りすれば、以下のとおりである。なお本章において「利己心」という場合は、自己中心的感情（「偏狭なる利己心」）ではなく、自らの「境遇改善」を図ろうとする動機を喚起し人間的成長へと導く「賢明なる利己心」［intelligent self-interest］（*CW*X: 250/516頁）をさす。

　J.S.ミル『経済学原理』[1]（*Principles of Political Economy with some of their applications to social philosophy*, 1848: *CW*II-III: 以下『原理』と略記）によれば、産業革命以後のイギリス社会では、貧富の格差の拡大、労資対立といった政治的・経済的矛盾が噴出した。資本家は自分さえよければそれでいい、という自己中心主義に陥り、社会の大多数を占める労働者階級は、「仕事の奴隷」（*CW*II: 367/②331頁）となって「露命をつなぐため」だけの生活のなかで、自己の「境遇改善」にも関心を示せない「道徳的退廃」［moral decadence］に陥った。その結果「社会的共感」［social sympathies］（*CW*III:792/④174頁）水準は極めて低かった。

　ミルは『原理』第4編において、理想的市民社会を「強い人間愛と利害を度外視した献身とに満ちた社会」（*CW*III: 760/④116頁）、すなわち〈公共心の体系＝人間愛の体系〉にあると考えたが、具体的にはそれは、労働者同志のアソシエーションを中心とした社会であった。しかしその実現の前提条件として、株式会社を中心として自由競争が可能な社会、すなわち〈利己心の体系＝人間的成長の体系〉の構築が急務である、とミルは考えた。

　ミルは、社会調和の実現可能性を〈利己心の体系＝人間的成長の体系〉から〈公共心の体系＝人間愛の体系〉への移行と捉え、『原理』において株式会社制度を制度的基盤としたアソシエーション論を論じた。ミルは、社会の可変性を人間各人の人間的成長に求め、人間各人が利己心⟶利他心⟶公共心⟶人間愛へと人

間的成長を通じて「人間的完成」[perfectibility] を遂げてゆけば、「社会的共感」水準の向上に伴って、社会調和は実現する、と主張した。そのためには、自己の他者への共感能力の向上が極めて重要である。

本章において、「人間的成長」[human development] とは、一言でいえば共感能力の向上という意味である。それは第1には、人間各人が生活水準の向上＝「境遇改善」を図り「知的・道徳的成長」[intellectual and moral development] を遂げることで共感能力を高め、自己と他者との共感を通じて自らの「個性」[individuality] ＝自己能力を発揮し、人生の目標にむかって「賢明なる利己心」を発揮することである。第2に、「完全なる共感」（CWX: 233/495頁）を通じて「人生の美点美質」[graces of life] ＝感動の心を発見し、「独創性」[originality] ＝潜在的自己能力を開花させ、人生の目的は「人間的完成」にあるという幸福の価値転換を図り、利他心＝公共心を涵養し人間愛を培っていくことである[2]。

従来の研究では、ミルにおける人格の向上や自己陶冶の重要性を主張する研究は存在したが、本章に見られるように、経済思想における共感と公共性の研究や、利己心を喚起し公共性を涵養する経済政策としての株式会社論とアソシエーション論をミルが共感原理にもとづいて展開したことを主張する研究はなかった[3]。

杉原の一連のミル研究（1967; 1973; 1979; 2003）では、『原理』第4編「停止状態」[stationary state] 論において、「停止状態では人びとの関心が利潤追求に向けられるのをやめるため理想的な社会が実現する」という論調でミルの理想的社会が「停止状態」にあることが主張された。しかしこうした先行研究には、ミルが理想的社会と捉えた「停止状態」の実現可能性が、ミル独自の経済理論である労働費用・利潤相反論と、経済政策＝国家政策に基礎づけて論証されることはなかったように思われる。また馬渡（1997: 382-388頁, 411頁）は、ミルに同感（[sympathy] 共感）原理があることを認めているが、研究の視点の違いもあって、それが社会変革にどのように作用するのかを経済理論にもとづいて言及されていない。

ミル『原理』において人間的成長がなぜ社会調和へと結実するのか、という問題を経済理論にもとづいて解明した研究は、前原正美（1998; 2012）である。前原（1998: 98頁）は、ミルの共感原理を経済理論と結びつけて分析し、ミルの共感には、①人間相互間の感情是認としての共感、②「同胞感情」としての共感、③利他心（公共心）としての共感、④感動としての共感の4点があることをはじめて解明した独創的研究である。また前原（1998）は、2つの「停止状態」論を展開し、ミルの理想的市民社会は利己心の体系から公共心の体系への移行によって実現されること、そ

れは同時にザイン［Sein］としての「停止状態」からゾルレン［Sollen］としての「停止状態」への移行によって実現されることをミル独自の労働費用・利潤相反論に基礎づけて明らかにした。さらに理想的市民社会への移行を特に、国家政策の視点から、資本主義的企業形態の発展、アソシエーションの発展の2段構えで捉えるとともに、国家による土地改革や分配改善政策の重要性を前面におしだし、経営組織内改革の視点がミルの『原理』で重視されている点を明らかにした。

　これらの先行研究に対して前原直子の一連の研究（2006a; 2006b; 2007; 2010; 2011; 2012a）は、ミルの理想的市民社会の実現を、〈利己心の体系＝人間的成長の体系〉から〈公共心の体系＝人間愛の体系〉への移行と捉え直し、社会変革論が人間的成長論と有機的関連性があることを経済理論にもとづいて明らかにし、その具体的政策として特に、株式会社論と経営組織論に力点を置いた。その独自性は、利潤率低下傾向に対する阻止要因として『原理』第1編「生産」論における「生産上の改良」の重要性を主張するとともに、労働費用・利潤相反論が第1編においても展開されていることを明らかにした（前原2010）。そして、株式会社論を社会的生産力視点、生産関係視点という2つの視点に立脚して考察し（前原2011）、ミルの理想的市民社会への移行過程を考えた場合、株式会社論と経営組織論の視点がミル『原理』において重要な位置を占めていることを詳細に検証した（前原2011; 2012a）。また、ミルの諸著作において、共感能力の向上＝人間的成長論の重要性が一貫して主張され、人間的成長と社会の可変性の有機的連関が主張されていることを明らかにした。筆者の研究は、ミルにおける理想的市民社会が、アソシエーションが支配的な社会となる〈公共心の体系＝人間愛の体系〉であることを念頭に置きつつも、その実現には高い「社会的共感」水準が求められるとして、現実に直面する急務な課題を株式会社が主体となる〈利己心の体系＝人間的成長の体系〉の構築による人間各人の共感能力の向上に見いだした。換言すれば、株式会社制度の社会的普及・発展と経営組織改革によって、「私有財産の本質的原理」である「労働と制欲［abstinence］にもとづく所有」原理（*CWII*: 227/②68頁）が貫徹する社会こそが、人間各人の共感能力を高め、人間的成長を可能とする理想的私有財産制度である、という点に考察の主眼を置いた。

　以上をふまえて本章では、公共性を陶冶するミルの人間的成長論と株式会社論ならびにアソシエーション論との間の有機的関連性を、共感原理に依拠して明らかにする。

Ⅱ　J.S.ミル共感論の基本概念

1　「共感」の基本概念と道徳哲学における公共性

最初に、本章で言及する「共感」の基本概念について整理しておきたい。

有江（2010）は、'sympathy' が社会の「公共性」を導きうるか、という問題意識から、D.ヒューム（David Hume: 1711-1776）とアダム・スミスのsympathy論を検討する前提として、sympathyを「同感」と訳し、「①共通の条件の下で人びとの間に形成される親近感、②調和、順応、一致、③同胞感情」の3点に整理したうえで、「相手もしくは他の人びとの感情feelingを理解したり分かち合う能力、またはその事態」と規定した[4]。

従来の社会思想史、経済学史の分野では、sympathyの訳語に「同感」ならびに「共感」が併用されてきたが、本章ではsympathyの訳語を「共感」に統一した[5]。

道徳哲学の第1の潮流は、T.ホッブズ（Thomas Hobbes: 1588-1679）からB.マンディヴィル（Bernard Mandeville: 1670-1733）へ至る利己的人間観にもとづく「利己説」である。その特徴は、①利己的動機にもとづく人間行為が公共の利益と一致する可能性をもつこと、②公共の利益を抑制する強大な力を個人の外部、つまり法に求めた点にある。第2の潮流は、シャフツベリ（Shaftesbury: 1671-1713）からF.ハチスン（Francis Hutcheson: 1694-1746）へ至る「利他説」である。その特徴は、①他者の幸福を願望し、利他的感情として仁愛［benevolence］の働きを強調する点と、②人間に内在する生得的な「道徳感覚」［moral sense］＝「内なる眼」を起点とする「道徳感覚の思想」にあった（泉谷1988: 134-145頁）。

ハチスンが少数の有徳の人の「博愛」を念頭に置き、神の概念を用いて利他的感情を強調したのに対して、ヒューム、アダム・スミスは道徳を人間本性に基礎づけて解明した。

ヒュームの『人性論』（*A Treatise of Human Nature*: 以下*THN*と略記: 1739-1740）によれば、社会の大多数を占める人びとの私利の堅実な追求は、少数者の慈愛と同じほど「徳」［virtue］である。人間本性のうちで最も顕著なものは、利己心と「他者に共感せざるをえない性向」＝「他人の傾向性や感情をコミュニケーションによって受けとらざるをえない性向」（*THN*: 225/③69頁）である。利己心は人間本性として強く作用するが、「共感の原理」は、「美の感覚」［taste of beauty］だけでなく「道徳的感情」［sentiments of morals］を生みだす「極めて強力な原理」［a very powerful principle］として作用する。私利の追求は、勤勉、倹約という有益な性質を生み、この有益性が共感されると「徳」として是認される。人間諸個人は、共感によって「徳」を培い、公共性を獲得し社会的存在になりうる、とヒュームは主張した（THN: 411-412/④187頁）。

2　アダム・スミス、J.ベンサムの共感論とミル共感論

アダム・スミスおいて人間本性は「利己的なものと博愛的なもの」、つまり利己心と利他心に見いだされた。高島（1974: 12頁）は、『道徳感情論』（The Theory of Moral Sentiments, 1759）と『国富論』（An Inquiry into the Nature and Causes of the Wealth of Nations, 1776）とを「同一の基本原理によって統一的に把握」し、「道徳的世界、法および統治の世界、経済的世界」という3つの世界が有機的に関連して統一的に把握される、という極めて優れた論点を提出された。「スミスにおいては、道徳的判断はあくまでも同感〔共感―引用者〕にもとづくべきもので、この同感〔共感―引用者〕によって、人間の利己的行為は是認され」、「利己的動機にもとづくと考えられるわれわれの経済行為が、たんに社会性の原理に矛盾しないばかりでなく、進んで道徳的に是認されうる」（高島1974:66-67頁）。スミスにおいて「同感〔共感―引用者〕の論理」は、①「権威の原理」［principle of authority］②「功利の原理」［principle of utility］という2つの原理を調和的に共存せしめ、人びとを社会的存在とすることを可能にするものとして重視された（高島1974: 81-82頁）。

スミスの「共感原理」に関してCampbell（1971）は、二義性があることを指摘した。さらに新村（1994: 133頁）は、スミス共感論の特徴を、観察者が「①当事者の境遇（感情の原因・対象）を観察し、②想像上の境遇の交換によって、共感感情を知覚する」という〈同胞感情としての共感〉と、「③当事者の表情・声・行為（感情の結果）を観察して、④当事者の本源的感情を認識する。そして、⑤共感感情と当事者感情との一致を知覚するときに、⑥〈共感する快〉を是認感情として感じ、⑦当事者の本源的感情を適正として是認する」なかで、「②の共感感情と⑥の〈共感する快〉との両者が広義の是認感情を構成し、①～⑦の全過程を、『ついてゆく』、『完全に共感する』〈是認としての共感〉」と分析した。

ベンサム共感論においては、「主観的な感情がそれ自体で道徳的権威を持つことに対する警戒心」から規範に従う強制力を与える世論や立法が重視され、「快楽計算」は道徳的動機として、共感は強制力［sanction］として捉えられた。共感が、「知性の涵養と感情の涵養」によって道徳的になり、「偏狭で自己中心的な愛情」

を抑制すると、「広い共感的愛情」が社会全体に拡大して人びとを道徳的に正しく導く、とされた (Bentham 1789: 24/131頁)[6]。

ミル共感論に関して前原正美 (1998) は、スミスの共感概念である〈同胞感情としての共感〉と〈是認としての共感〉の二義性が継承されていることを指摘し、ミルの共感概念を〈人間相互間の感情是認としての共感〉、〈「同胞感情」としての共感〉、〈利他心 (公共心) としての共感〉〈感動としての共感〉の4点に整理した。ミルの共感の原理を経済理論と結びつけて解明した研究は、前原正美 (1998) がはじめて主張した独自の論点である。

以上の共感論の系譜に対して、『原理』『自由論』(*On Liberty*, 1859: *CW*XVIII)『功利主義論』(*Utilitarianism*, 1861: *CW*X) に散見するミル共感論を整理し、その特徴を経済理論との関連で明らかにしたい。

III　J.S.ミルの共感原理

1　『自由論』における〈人間相互間の感情是認としての共感〉

ミルの考えでは、共感［sympathy］とは、第1に自己の他者に対する共感を意味する。人間は、ある他者の行為を是認・容認した場合、それは自分が他者の行為を受け入れた、という共感を有する。反対に、ある他者の行為を是認・容認できない場合、自分はその他者に怒りや批判という反感を有する。人間は、常に不特定多数の他者に対し、共感（是認・容認＝肯定）や反感（否認＝否定）という感情を無意識のうちにも繰り返しているのである。人間各人は不特定多数の他者を観察し、ある特定の他者に対する感情の一致を見たとき、単にその特定の他者に共感（是認・容認＝肯定）しただけにとどまらず、その特定の他者に理想的人間像を発見し、したがって自分個人の人生の目標を発見することが可能となる。

「すべての賢明で高尚な事柄の創始は、…最初はだれか一人の個人から生まれるものである。…平均的な人間の名誉と光栄となるのは、その他者に〔賢明で高尚な事柄の創始者に―引用者〕ついてゆけること［following that initiative］、また賢明で高尚な事柄に内面的に共感することができ、眼を開いて導かれうることなのである」(*CW*XVIII: 269/291頁)。

「他者についてゆけること」「賢明で高尚な事柄に内面的に共感すること」「導かれうること」という意味での共感能力こそが、〈人間相互間の感情是認としての共感〉であり、ある他者のなかに自分の理想的人間像、つまり人生の目標を発見する手立てとなるのである。

　人間は、豊かな「自然的感情」＝豊かな「感受性」があればこそ、たとえば他者に対して自分もあの人のような人物になりたい、という共感を抱くことができ、理想的自己像＝人生の目標を発見し、目標にむかう自己努力を通じて自分自身を高めてゆくことが可能となる。自己の他者への共感によって生みだされる人生の目標こそは、理想とする新たな自分自身を創造し、現在の自分を理想的人間へと到達せしめ、人間的成長を可能とする。

　『自由論』第3章の「個性の自由な発展が幸福のもっとも本質的な要素のひとつである」(*CW*XVIII: 261/280頁) という主張に見られるように、ミルにとって人間の幸福とは、「個性の自由な発揮」であり、自分の望む自分＝理想的自己になることにあった。人間各人が、理想的自己を発見するためには、豊かな「自然的感情」を陶冶することが前提条件となる。

　「精力的な性格［an energetic nature］は、怠惰で無感情な性格よりも常に多くの善［good］を生みだしうる。自然的感情を最も多くもつ人びとは、常に、その陶冶された感情が最も強烈なものになされうる人びとである。個人的衝動を生き生きと力あふれたものにすると同一の強い感受性が、徳への最も熱烈な愛［the most passionate love of virtue］と、最も厳格な自制力［the sternest self- control］とを生む源泉なのである」(*CW*XVIII: 263-264/283-284頁)。

　人間各人は、ある特定の他者に対する共感によって人生の目標を発見することができる。人生の目標こそは、人間に自己努力の動機を与え、人間各人の人間的成長を促す。それだけではない。人生の目標は、理想的自己像の発見であり、自分の「個性」＝自己能力の発見であり、かつまた人生における最初の自己発見といえる。人間各人は、人生の目標の発見によって自分の「個性」＝自己能力を発見し、それをさらに鍛えあげて才能にまで高め、自分自身のなかに眠る可能性を引き出し、自分の仕事を通じてその才能を発揮し、社会に役立ててゆくことができるのである。その意味で、ミルは共感能力を重視したのである。

　第2にミルにおける共感とは、他者の自己に対する共感、他者の立場に立って自

分を見つめ理解（自己認識）する感情を意味する。この意味での共感の重要性は、人間各人が想像の上で他者の立場に身を置くことによって他者の感情を理解できる点にある。それゆえこの意味での共感においては、人間各人が「相互の助力」「相互の激励」といった互いの感情の交換を通じて、人格の相互的承認を行い、各個人の存在価値＝独創的価値を確認しあうことが可能となる。『自由論』において人間の「個性」＝自己能力の伸長、「独創性」＝潜在的自己能力の開花が強調されている理由はここにある。

「人間は、相互の助力によってこそ、より善きものとより悪しきものを区別することができ、また相互の激励によってこそ、より善きものを選んでより悪しきものを避けることができるのである。人間は常に、かれらのより高い諸能力をますます行使するように、またかれらの感情と目標とを、愚かではなく賢明な、堕落的ではなく向上的な目的や企画の方向にますますむけてゆくように、互いにどこまでも鞭撻しあってゆかなければならないのである」（CW XVIII: 277/302頁）。

自分自身のなかに眠る「独創性」＝潜在的自己能力、たとえば他者より際立った才能、芸術性、想像力、創造性、開発能力といった自分に特有な才能は、自分ひとりの力では容易に発見することはできず、他者への共感によってはじめて発見されうるのである。

ミルにおける共感概念には、他者と自己の感情の一致点を見いだし、他者の感情を是認する〈人間相互間の感情是認としての共感〉が含まれるが、それは、共感する人間から見れば、自己の存在価値を他者のなかに確認したということ、共感された人間から見れば、自己の存在価値が他者の感情を通じて是認されたということが含まれる、といえるだろう。

共感は、「厳正中立」な観察者が共感する範囲内において利己心を自由に発揮せしめ、各個人の豊かな「自然的感情」や多様な価値観にもとづいて、各個人の「個性」＝自己能力を伸長し、「独創性」＝潜在的自己能力を開花し、人間的成長を遂げてゆくことを可能とする。

「独創性〔originality〕がかれら〔独創的でない精神の人びと──引用者〕のためにすべき第1の奉仕は、かれらの眼を開いてやることである。それがひとたび完全になされたならば、かれらはかれら自身が独創的になる機会をもてるであろう」

（*CWX*VIII: 268/290頁）。

　ミルは、共感を「人間行為の規則」についての「実際上の原理」、つまり人間行為を精神的・道徳的なものに規則づける判断規準として捉えた。ミルの共感概念に従えば、共感するということは、自分自身を他者の状況に置き、他者が自分に望んでいると感じられるものを判断して行動する、という感情を意味する。逆に、共感される人間の側から見れば、他者の感情を通じて共感が得られるということは、自分の感情が是認されたことを意味する。

　以上からミルにおける共感とは、第1に、人間各人が「厳正中立」な「利害関係をもたない善意ある第三者」（*CWX*: 218/478頁）の立場で自己の感情を他者に置きかえることによって、人間相互間の感情の正しさを是認しあう〈人間相互間の感情是認としての共感〉にある。

2　『自由論』における〈「同胞感情」としての共感〉

　ミルにおける共感概念には、第2に、人間各人が「厳正中立」な「善意ある第三者」（*CWX*: 218/478頁）の立場にたち想像のうえでお互いの感情を交換することによって感じとる〈「同胞感情」としての共感〉が含まれる（前原1998:80-81頁）。

　人間は、「自然の欲求として、自分の感情や目的は同胞の感情［fellow feeling］や目的と調和すべきものと感じる傾向」がある。人間のうちに「同胞感情」を感じとる能力、つまり「同胞感情」としての共感能力があればこそ、人びとは「真の目的に関しては自分と同胞のあいだに衝突はないこと」を確認でき、他者の感情を是認することができるのである（*CWX*VIII: 266/287頁）。したがってミルにおいては、〈人間相互間の感情是認としての共感〉の基礎として、〈「同胞感情」としての共感〉が不可欠である、と考えられた。

　現実の社会では、「今日の是認［approbation］の標準」は「低劣な模倣」しか生みださず、大衆は「習慣の専制」のなかで人間的成長を妨げられていた（*CWX*VIII: 272/295-296頁）。ミルにとっては、こうした「社会的共感」水準の低さの是正と「社会的共感」の質的向上が急務と考えられた。そこでミルは、「同胞感情」としての共感能力をもつ人びとは、自制力が低く自己を抑制しえない勝手気儘な行為をとる人びとに「自制を強要する」ことによって、そうした人びとの道徳的欠陥を矯正してゆくことを主張した。

　「他人のために厳重な正義の規則を守らせることは、他人の幸福を自己の目的と

する感情や能力を発展させる」(*CW*XVIII: 266/287頁)。共感は、人間各人に道徳的拘束力を与え、利他的感情＝公共心を育成する、という点でも重要である。

　その意味でミルの共感概念のうち最も重要なものは〈「同胞感情」としての共感〉である。それは〈「同胞感情」としての共感〉が人間各人の自制力を育成し徳を涵養するからである。

「もしかれが、その肉体的または精神的能力を堕落させるならば、自己の幸福の幾分かをかれに依存しているすべての人に、害悪をおよぼすのみならず、……同胞たちの愛情や慈悲心にたよる厄介者となるだろう。そしてもしそのような行為が頻繁にあるとすれば、……社会全体の幸福の総量を減ずることになろう。……（中略）……かれ〔道徳的非難の正当な対象――引用者〕は、かれという実例を示すことによって有害なのであり、かれの行為を見たり知ったりすることによって、堕落したり道を誤ったりする恐れのある人びとのために、かれの自制を強要するのが当然であろう」(*CW*XVIII: 280/307頁)。

　「自制を強要する」行為が繰り返されることによって、「道徳的非難の正当な対象」者は自己中心的な感情を自制せざるをえなくなる。自己中心的な感情は、自然的感情として強力に作用するものの、「同胞感情」を高めた人びととの共感の作用によって自制・抑制される。

　ここで重要なことは、〈「同胞感情」としての共感〉の作用によって「偏狭なる利己心」は「賢明なる利己心」へと陶冶されるがゆえに、人間各人が賢明な利己的感情と利他的感情とが調和的に作用する「社会的存在」となることが可能となる点である。人間各人の利己的感情にもとづく行為は、〈「同胞感情」としての共感〉が是認する範囲内で認められ、人びととの〈「同胞感情」としての共感〉にもとづく「社会的共感」を得られる範囲内で作用する。こうした「社会的共感」を得た利己的感情を「賢明なる利己心」、正常な利己心という。

「人類は、各個人が自分でよいとおもう生き方をお互いに許しあうことによって、かれ以外の人びとがよいとおもう生き方をかれに強いることによってよりも、ずっと大きな利益をかちうるのである」(*CW*XVIII: 226/228頁)。

　人間は「社会的共感」の範囲において「さまざまな人間がさまざまな生き方を

許される」(*CW*XVIII: 266/288頁)が、逆にいえば、自己中心的な感情としての利己心(「偏狭なる利己心」)は、その機構のなかで抑制せざるをえない。たとえばミルは、「軽率、頑迷、うぬぼれを示す人」、「節度ある生活のできない人」、「有害な耽溺から自己を抑制しえない人」、「感情と知性の快楽を犠牲にして動物的快楽を追求する人」(*CW*XVIII: 278/304頁)といった人びとのもつ自己中心的な感情としての利己心(「偏狭なる利己心」)を「賢明なる利己心」と区別し批判した。ミルの批判の対象は、利己心一般ではなく、人びとからの共感を獲得できない「偏狭なる利己心」にもとづく行為に向けられた。

ミルにおいては、「より強い人間性をもつ人びとが他人の諸権利を侵害するのを防ぐために必要な程度の抑制」(*CW*XVIII: 266/287頁)と自制力の育成が不可欠なものと考えられ、人間的成長を阻害する自己中心的な利己的感情(「偏狭なる利己心」)が強く批判された。

その一方で、自然的感情にもとづく人間的成長の重要性が強調された。

「人間が崇高で美しい観照の対象となるのは、かれら自身のなかにある個性的なものをすべてすりへらして一様にしてしまうことによってではなく、他人の権利と利害とによって課せられた制限の範囲内で、それらを育成し引き立たせることによってである。仕事というものは、それをする人びとの性格を帯びるものであるから、……人間の生活もまた豊かで変化に富み、生気に満ちたものとなり、高尚な思想と崇高な感情に、豊富な糧を与え、……すべての個人を人類に結びつける絆を強化する」(*CW*XVIII: 266/287頁)。

『自由論』においてミルは、社会を構成する人間各人の「個性」＝自己能力の伸長が「社会的共感」水準を向上させ、個人と社会の間に絆を形成するとして、「個性」＝自己能力の重要性を強調した。

3 『功利主義論』における〈「同胞感情」としての共感〉

『功利主義論』第3章においても〈「同胞感情」としての共感〉の重要性が主張された。「同胞感情」とは、「同胞と一体化したいという欲求」(*CW*X:231/493頁)、「同胞との一体感」(*CW*X:227/488頁)を望む感情であり、人間は「同胞感情」があるがゆえに精神的・道徳的な絆＝「人間的紐帯」[human bond]を形成し、「衝突のない」「社会的存在」へと成長しうるのである。

「現在でさえだれもが、自分は社会的存在であるという根強い観念をもっており、その結果、自然な欲求の一つとして、自分の感情や目的は同胞の感情や目的と調和すべきものと感じる傾向にある。たとえ意見や精神の開発（教養）が違うことから、同胞が実際に抱く感情の多くを共有できない……にしても、かれはなお、真の目的に関しては自分と同胞とのあいだに衝突はないこと、自分は同胞が本当に願っているもの、つまりかれら自身の善と対立しているのではなく、逆に人間的善を増進しているのだということを、意識していなければならないのである」（CWX: 233/495-496頁）。

人間を人間らしい存在にするには、人びとが〈「同胞感情」としての共感〉を通じて、同胞と道徳的・規範的な絆で結ばれることが何にもまして重要である、とミルは考えた。人間は、利己的感情の作用に比べて共感の作用が弱く「完全なる共感」に至ることは困難であるが、〈「同胞感情」としての共感〉をもちうる人間は「最大幸福道徳の究極的強制力」をもつ存在となる。

「この一体感は、たいていの人の場合、利己的感情よりはるかに弱く、まったく欠けている人さえ珍しくない。けれどももっている人にとっては、一体感は自然の感情がもつ性格を全部そなえている。かれらはそれを……なくてはならない属性と考えるのである。この確信が、最大幸福道徳の究極的な強制力［the ultimate sanction］なのである」（CWX: 233/496頁）。

人間各人が、〈「同胞感情」としての共感〉を基礎として、道徳的・規範的な絆で結ばれれば、自己中心的な感情としての利己心（「偏狭なる利己心」）から解放されて、利他的感情＝公共心を育成してゆく、とミルは考えたのである。
　こうしてミルは、『自由論』『功利主義論』において、〈「同胞感情」としての共感〉を通じて人間各人が、自制力を養い、豊かな「感受性」＝豊かな「自然的感情」を陶冶し、利己的感情から利他的感情＝公共心を育むことが可能である、という共感原理のメカニズムを明らかにした。

4 〈利他的感情（＝公共心）としての共感〉

以上の考察から、〈「同胞感情」としての共感〉は、利他的感情＝公共心としての共感へと陶冶され、人びとの心に利他的感情＝公共心を育成させ「成熟した諸能力

をもつ人間」（CWXVIII: 224/225頁）へと人びとを導く、とミルが考えていたことが理解できる。

　それゆえミルの共感原理は、利他的感情＝公共心を育成し、人間愛へと人間的成長をもたらす重要な役割を有するといえ、その概念は〈人間相互間の感情是認としての共感〉、〈「同胞感情」としての共感〉、さらには〈利他的感情（＝公共心）としての共感〉に整理できる。

　人間各人が自分の人生の目標を明確に見定め、その目標にむかって利己心を発揮し努力してゆくとき、そこには当然、他者や社会に認められたい、という感情が作用する。人間は、自分自身の「個性」＝自己能力、才能が他者や社会に是認・容認＝肯定され、受け入れられてこそ、さらに自己努力を払っていこうという利己心が喚起されるのである。

　『功利主義論』第3章においてミルは、人間の行動を規定する「外的強制力」として同胞をはじめとする他者からの承認欲求をあげている（CWX: 228/488-489頁）。

　人生の目標にむかって利己心を発揮し、自己努力する者は、常に他者（友人、知人、競争相手、親戚、周囲に位置する者など世間）や社会（自分の所属する企業や組織の同僚、上司、自分を取り巻く環境に位置する者、広くは社会全体）の眼を意識して行動せざるをえないため、そうした他者や社会に是認・容認＝肯定されない行為、すなわち他者や社会に受け入れられない行為は慎み、自然と自制力を養成してゆくのである。

「他人と協働し［co-operating with others］、個人的利益ではなく集団的利益を行為の（少なくともさしあたりの）目的として掲げることは、これまた人びとにとって日常的な事柄である。人びとが協働しているかぎり、かれらの目的は他人の目的と一致する。そこには、一時的にせよ、他人の利益は自分の利益だという感情がある。社会的連帯が進み、社会が健全に成長すれば、だれもが他人の福祉にますます強い個人的関心を事実抱くようになるばかりか、だれもが自分の感情と他人の善とをますます同一視するように、少なくとも他人の善をますます実際上考えるように、なる。……人心が改まってゆけば、その影響力は絶えず増大し、一人一人のなかに、あらゆる人との一体感が生まれよう。一体感が完全なら、自分にとってどれほど有利な条件でも、他人の利益にならないものは、だれも考えたり望んだりしなくなるだろう」（CWX: 231-232/493-494頁）。

　こうして、だれもが「本能的に、自分は当然他人に配慮する存在だと考えるよう

になる」。この叙述から、人間は本来、自己と他者との「完全なる共感」＝「完全なる心の一体感」を求めて生きている、とミルが考えていたことが明らかとなる。

人間各人は、〈「同胞感情」としての共感〉能力を高めるなかで、利他的感情を高め、ついに自己と他者との「完全なる共感」＝「完全なる心の一体感」を発見したとき、それまで心の奥底に眠っていた人生における至上の喜びの感情を突如、呼び覚まし「人生の美点美質」の発見へと到達する。それこそが人生における感動の心の発見であり、自己の発見である。そしてそれを転機として「他人の善のためなら自分の最大の善でも犠牲にする」という利他的感情＝公共心を育成し、さらには人間愛を培ってゆくことが可能となる。人間の知的・道徳的水準の向上に伴う「同胞感情」の育成によって、人びとの心に利他的感情＝公共心が「保持され育成される」（*CWX*: 232/494頁）ようになると、「良心の権威を利用して、人間の心にはたらきかけ」（*CWX*: 230/492頁）、利他的感情＝公共心を呼び覚ます。こうして〈「同胞感情」としての共感〉は、人間各人を結びつける「人間的紐帯」を形成する。

〈「同胞感情」としての共感〉は、「人生の美点美質」＝感動の心の発見を通じて、人間各人の「利他心」＝「公共善への誠実な関心」（*CWX*: 216/475頁）を呼び起こし、さらには人びとの利他的感情＝公共心を「強化する効果をもつ」。

したがって、利他的感情＝公共心を育成した人びとの共感が、量的に拡大し、世論の力を借りて、「社会の一般的性格」となれば、利他的感情＝公共心は、「隣人愛」さらに人間愛へと陶冶され、「最大多数の最大幸福」が実現される、とミルは考えたのである。

人間は、知的・道徳的水準を向上させ、人間的成長を遂げてこそ、「だれもが自分の感情と他人の善をますます同一視」し、「他人の善をますます実際上考えるようになる」、とミルは考えた。「人類の社会的感情の根底」にあるのは、「同胞と一体化したいという欲求」である。それは文明の進展につれて次第に強くなり、人びとは、「他人の利益を頭から度外視して生きてゆけるとは考えられなくなる」。それゆえ、「人類の進歩が比較的初期にある現状」では、「すべての人間がお互いに完全なる共感を抱き、そのため万人の行為の一般的指針に衝突がまったく起こらなくなる」（*CWX*: 233/495頁）ように、社会制度と教育制度の改善とによって、人びとの知的・道徳的水準の向上＝人間的成長を図ってゆく必要がある。

Ⅳ　J.S. ミルの経済思想における共感と公共性

1　〈知的道徳的美的エリート〉への共感と社会変革論

『功利主義論』においてミルは、「イエスの黄金律」すなわち「おのれの如く隣人を愛せよ」という隣人愛＝人間愛のなかに「功利主義倫理の完全な精神」を見いだした (*CWX*: 218/478頁)。この理想に近づくためには、「第1に、法律と社会の仕組みが、各人の幸福や……利益を、できるだけ全体の利益と調和するように組み立てられていること」、「第2に、教育と世論が人間の性格に対してもつ絶大な力を利用して、各個人に、自分の幸福と社会全体の善とは切っても切れない関係がある」(*CWX*: 218/478頁) ことを教育することである。社会制度と教育制度の改善を通じて、社会の構成員すべての共感能力の向上が可能となれば、人間各人が「各人の幸福、利益」と「全体の利益」を調和させ、「自分の幸福」と同様に「社会全体の善」＝「社会全体の幸福」を願う気持ちを育成してゆける。

「人間は、社会全体の善に反するような行為を押しとおして自分の幸福を得ようなどと考えなくなるだろう。さらには、全体の善を増進しようというひたむきな衝動が各人を習慣的に動かすようになり、この衝動に伴う（利他的な）心情が各人の情操面で大きく顕著な位置を占めるようになるだろう」(*CWX*: 218/478頁)。

ミルは「卓越した思想的高みにたつ人びと〔人類のエリート――引用者〕のますます際立った個性」と高い人格が、「平均的な人間からなる大衆〔労働者階級――引用者〕の意見」を是正すべきである、と「人類のエリート」の登場に期待した。なぜならミルの考えでは、歴史上の優れた仕事は、高尚な個人と、その高尚な他者への平均的な人間の共感によって、はじめて可能となるからである (*CWXVIII*: 269/291-292頁)。

ミルのエリート論は、パワーエリートによる権力志向や「「英雄崇拝」を奨励しているのではない」(*CWXVIII*: 269/291頁)。私見では、ミルのエリート論は、〈人生の美点美質〉＝感動の心を発見した「人類のエリート」が公共心＝人間愛に満ちた社会変革の担い手となることを期待する内容である。「人類のエリート」とは、知的・道徳的水準を高めて「人生の美点美質」＝感動の心を発見しえた人物であり、新たな時代を切り拓く「独創性」を有する人物である。それゆえ本章では、「人類

のエリート」を〈知的道徳的美的エリート〉と規定した。

「従来の慣行をいくらかでも改善することができそうな人は、人類全体から見ればわずかしかいない。しかしこれらの少数派こそ、地の塩である。…（中略）…天才は極めて少数派であり、また常に少数派になりがちである。しかし、天才を生むためには、天才の育つ土壌を保存することが必要である。天才は、自由の雰囲気のなかでのみ自由に呼吸することができる。天才は、天才の天才たるゆえんによって他のどんな人よりもいっそう個性的である」（CWXVIII: 267/289頁）[7]。

ミルは〈知的道徳的美的エリート〉が「大衆の専制」のなかに埋もれている現状を大いに危惧した。「心的道徳的美的 [the mental, moral and aesthetic] 成長」を可能とするのは、「多様性」[diversity] である。だが現実の社会では、「慣習」が「人間の進歩」を妨げていた（CWXVIII: 270-272/293-296頁）。事実、社会の大多数を占める労働者階級は、現実の不完全な社会制度と教育制度のために「社会的共感」水準が低く、人間性を回復する機会が極めて少なく、社会変革の担い手である「人類のエリート」＝〈知的道徳的美的エリート〉の意識についてゆける共感能力がなかった（CWⅡ: 367/②331-332頁）。「人類のエリート」＝〈知的道徳的美的エリート〉の登場しうる社会システムを構築し、一般大衆がかれらの意識に「についてゆける」共感＝〈他者についてゆける共感〉能力を向上させることが急務であった[8]。

2 〈利己心の体系＝人間的成長の体系〉における共感と株式会社論・経営組織論

ミルの認識では、産業革命の結果もたらされた政治的・経済的矛盾は、スミスが主張した「自然的自由の体系」における生産のための生産拡大政策によって解決されうるものではなく、人間的成長のための分配改善政策という新たな視点によってはじめて解決されうるものであった（前原1998）。

ミルの時代の私有財産制度は、労資の階級対立を生む不完全な制度であった。イギリスにおいては、法的永続性などに課題を抱えたパートナーシップが企業形態の主流であり、有限責任で大規模な生産を可能とする株式会社は、政府からの認可を受けた特許会社 [Chartered companies] に限られていた。「会社法」の改定により民間における「会社設立の自由」が法的に可能となれば、株式会社制度が社会的に普及・発展する（CWⅢ: 897/⑤207-209頁）。さらに経営組織の改革を通じて、資

本家の投資意欲と労働者の勤労意欲という「賢明なる利己心」が労資両階級に喚起されれば、人間的成長が可能な理想的私有財産制度が構築される（前原2007: 2011）。

ミルにおける理想的私有財産制度とは、「私有財産の本質的原理」＝「労働と制欲にもとづく所有」原理が万人に保障され、株式会社を中心とする資本主義的企業とアソシエーションとが併存し自由に競争しうる社会である（CWⅡ: 208/②30頁）。前原（2006）では、これを〈利己心の体系＝人間的成長の体系〉と規定した。

ミルは、分業・協業体制のもとで大規模生産を可能とする株式会社制度を、①〈生活の場〉、②〈「自己教育」の場〉、③〈自己発見の場〉と捉え、積極的に評価した（前原2006: 2010）。

株式会社制度の社会的普及・発展とその経営組織の改革によって、「私有財産の本質的原理」＝「労働と制欲にもとづく所有」原理を価値規準とした「努力と報酬」とが比例する公平な分配システムが構築されれば、労働者の勤労意欲は喚起される。また分業・協業体制は労働者の知的・道徳的水準を向上させる。このことは一方では、「労働能率」の主体的要因を改善させて生産性を高める。

「労働能率」が高まれば、少ない労働費用で今まで以上の生産も可能となり、労働者階級の生活水準の向上と資本家階級の利潤増大を同時に実現し、「理想的な形の私有財産制度」を実現することが可能となる[9]。

〈「同胞感情」としての共感〉が労働者の自制力を養い、〈人間相互間の感情是認としての共感〉が人間各人に人生の目標を発見せしめると、労働者階級は人生の目標にむかって「賢明なる利己心」を発揮して人間的成長が可能となり、「道徳的退廃」から解放され、人間本性の自然的状態である利己心を回復し、豊かな「感受性」＝豊かな「自然的感情」を陶冶することができる。

こうして、労働者は、株式会社のなかで仕事を通じて利己心を十分に発揮し「個性」＝自己能力を向上し、知的・道徳的水準の向上に伴って、〈他者についてゆける共感〉能力を高めることが可能となる。

前原正美（1998）は、優れた知的・道徳的資質をもち経営能力に秀でた労働者を〈労働エリート〉と規定し、『原理』における社会変革論は〈労働エリート〉への一般労働者への共感によって実現する、と主張した。労働エリートとは、自らの感動の心を発見し人間的完成を目指す存在であり、その意味においては、前述で規定した〈知的道徳的美的エリート〉と同義であるが、『原理』における議論では、単に〈労働エリート〉と呼ぶこととする。

『原理』第1編第9章において、株式会社における経営組織論が展開された。す

なわち、経営組織の改革により①〈労働エリート〉の支配人への登用と企業家精神の育成、②経営組織における「人間的紐帯」の形成、③適材適所の人材配置、④労働者の〈「自己教育」の場〉の提供、⑤賃金制度の改革、⑥資本家と労働者の「利害の結合」などが実現すれば、労働者階級は、生活水準の向上に伴い人間本性を回復することが可能となる。また「労働能率」の向上に伴い生産力が増大し、実質賃金が向上すれば、労働者階級であっても、経営能力を養い、自らの「労働と制欲」によって資本を形成して、自らが資本の所有者として自立する基盤を形成することが可能となる（前原 2011: 2012a）。

経営能力とは現場での経営管理の実務の経験にもとづく「実際教育」（CWⅢ: 943/⑤298頁）を経てはじめて修得しうる高度な能力である。労働者は、「実際教育」によって高度な経営能力を身につけ、〈他者を受け入れる共感〉〈他者についてゆける共感〉という二重の共感水準を向上させる。このことは労働者にさらに「自立」を促す（前原 2011: 2012a）。社会に「私有財産の本質的原理」＝「労働と制欲にもとづく所有」原理が貫徹してゆくに従って、資本家の投資意欲と労働者の勤労意欲という利己心が自由に発揮されると、それに伴い「労働能率」の主体的要因の改善と客観的要因の改善という二重の意味での「労働能率」が向上するので、資本家の利潤増大と労働者の実質賃金増大が同時に実現可能となり労資協調関係が成立する。こうしてミルは、労働費用・利潤相反論を経済理論装置として「労働能率」向上による労資両階級の調和の実現可能性を論証した（前原 2010: 2012a）[10]。

以上の経路で株式会社制度の社会的普及・発展と経営組織の改革は、〈利己心の体系＝人間的成長の体系〉から〈公共心の体系＝人間愛の体系〉への移行の制度的基盤を形成する。

3 〈公共心の体系＝人間愛の体系〉における共感とアソシエーション論

『原理』第4編において、ミルの共感原理にもとづく社会変革論が展開された。ミルの理想的市民社会とは、「強い人間愛と利害を度外視した献身とに満ちた社会」（CWⅢ: 760/④116頁）、つまり労働者同志のアソシエーション（CWⅢ: 769/④134頁）が支配的な社会である。前原（2006）ではこれを〈公共心の体系＝人間愛の体系〉と規定した。

『原理』第4編第6章においてミルは、理想的市民社会＝理想的「停止状態」の特質を次のように整理した。理想的な「停止状態」とは、①産業上の改良によって労働者の労働時間は短く人間の成長が可能な社会、②万人に公平な分配制度＝社会

制度を保障しうる社会、③それゆえに富裕が社会全般にゆき渡り、労働者は生活水準の向上によって知的・道徳的に成長し、かつまた〈労働エリート〉＝〈知的道徳的美的エリート〉（以下、〈労働エリート〉）が登場し活躍しうる社会、④加えて万人が豊かな共感能力を培って「人生の美点美質」＝自らの感動の心を発見し、公共心＝人間愛に満ちた状態に到達し、自己実現＝人間的完成を目指しうる社会、という点にある（CWⅢ: 755/④107頁）。

　ミルは「社会変革」の実現を〈労働エリート〉の登場に期待した。労働者のなかにあって、公共心＝人間愛に目覚めた優れた労働者たちは、〈労働エリート〉である。かれらは自らの「制欲」によって形成した資本をもとに、労働疎外の存在する資本主義的企業から自立し、個人企業、株式合資会社、あるいはアソシエーションを形成し、私的利益の増大のみを目指す生き方をやめて、公共心＝人間愛に満ちた社会の形成のために自己の才能を使うようになるだろう。〈労働エリート〉が先陣となり労働者同志のアソシエーションを形成すれば、かれらに共感する労働者がアソシエーションへと自立し、労働者もまた「独創性」＝潜在的自己能力の眼が開かれてゆく。ミルは、労働者階級が「従属理論」にもとづく雇用賃労働関係を離れて、「正義と自制」という「独立の徳性」[the virtue of independence]を培い、アソシエーションへと「自立」すべきである、と主張した（CWⅢ: 763/④122頁）。

　『原理』第4編においてミルは、資本家と労働者のアソシエーション、労働者同志のアソシエーションという2つのアソシエーションのうち、労働者同志のアソシエーションの特徴として、①経営に対する平等な参加、②「労働の尊厳性の高揚」、③「労資間の恒常的不和の解消」（CWⅢ: 792/④174頁）、④社会保障制度の完備、⑤権力行使の排除、を指摘した。こうした特徴をもつ労働者同志のアソシエーションは、「人間的価値と人間的尊厳の観念」（CWⅢ: 781/④161頁）を尊重し、「労働者階級における新しい安定感および独立性」（CWⅢ: 792/④174頁）をもたらす生産＝労働体制である。「労働の尊厳性の高揚」は、労働者階級の境遇改善・地位向上を実現し、自立化に大きく貢献する。労働者同志のアソシエーションでは、労働者は、狭い自己中心的感情にもとづく行為をやめ、お互いの「共同の利益」を認識し、利他的・公共的動機にもとづいて行動することが可能となる。

　ミルにとって労働者同志のアソシエーションは、「人間的価値と人間的尊厳の観念」を生みだすという点において、労働者階級にとってあるべき望ましい生産＝労働体制であった。

「公共精神〔public spirit〕、あるいはおおらかな感情、あるいは真の正義とが要望されるかぎり、これらの美しい資質を育成する学校となるのは、利害の孤立ではなくして、利害の結合である〔association, not isolation, of interests〕」（*CW* Ⅲ: 768/④133頁）。

「共同の仕事」は、労働者たちの同胞意識を強め、精神的・道徳的な絆＝「人間的紐帯」を形成し、道徳的能力を高め、「公共精神」の育成を可能とする（*CW* XVIII: 305/341頁）。それゆえ私見では、ミルは、労働者同志のアソシエーションを労働者階級の〈「自己教育」の場〉としても位置づけた。

労働者階級は、アソシエーションにおいて「知的訓練」を受け、「能動的諸能力を強化」することが可能となる。そしてアソシエーションにおいて、知的・道徳的成長＝人間的成長を促進し、「将来に対する思慮および自制の能力の増大」（*CW* Ⅲ: 738/④72頁）を遂げて、利他的感情＝公共心を育成した人間へと成長してゆく。労働者は「従属関係を含まない関係において互いに他の人たちとともに、他の人たちのために働きうるようになる」（*CW* Ⅲ: 768/④133頁）。その結果、労働者たちは、利他的感情＝公共心を養ってゆくことが可能となる。

アソシエーションにおいて公共心に満ちた生き方を実現する〈労働エリート〉に、株式会社のなかで働く労働者階級が共感して自立しアソシエーションに参加してゆけば、自立する労働者が増え、労働者同志のアソシエーションが社会的普及・発展を遂げてゆくだろう。アソシエーションへと自立した労働者が、「共同の仕事」を通じて、利他的感情＝公共心を涵養すれば、精神的・道徳的な絆＝「人間的紐帯」で結ばれた組織が形成されてゆく。人間各人の公共心の発揮が実現可能となれば、自らの心に愛の感情を深く培って人間的成長を遂げてゆくことこそが重要となり、人は、人生の目的は自己完成＝人間的完成にある、という自覚・認識に達し、公共心＝人間愛に満ちた生き方ができるようになる、とミルは考えた。

こうしてミルは、「共同利益」「利害の結合」が「公共精神」を育成し、利他的・公共的動機にもとづく行動原理が社会全体に貫徹してゆく、と主張した。

労働者同志のアソシエーションにおいて人びとは、「自分の善を犠牲にしてまでも他人の善に尽くす」という利他的の感情＝公共心にもとづく精神的・道徳的な絆＝「人間的紐帯」で結ばれているので、労働者同志のアソシエーションが、社会的普及・発展することによって、利他的感情＝公共心から、ひいては人間愛へと「社会的共感」の質的向上と量的拡大を果たし、〈公共心の体系＝人類愛の体系〉へと

「社会変革」を遂げてゆく。

人生の「美点美質の手本を見せることができるような人びとの群れ〔〈知的道徳的美的エリート〉――引用者〕」がより多く社会に現れ、かれらが一般大衆の共感を得て「社会的共感」の水準が高まり、高い水準の共感感情が社会全体に広まると、「社会の道徳革命」[the moral revolution in society]（CWⅢ: 792/④174頁）を通じて、社会は「強い人間愛と利害を度外視した献身とに満ちた社会」へと「平和裏」に「社会変革」を遂げてゆく、とミルは考えたのである（前原2010）。

こうしてミルの理想的市民社会は、〈利己心の体系＝人間的成長の体系〉から、労働者同志のアソシエーションを中軸とする〈公共心の体系＝人間愛の体系〉への移行によって実現する、と考えられた（前原2010）。

このことは理想的「停止状態」の具体像である①公平な分配制度の確立、②労働者の生活水準の向上、という社会的・経済的条件を明らかに満たし、③共感能力の向上を通じて、人間各人が「人生の美点美質」＝人生の感動を発見し、自己実現＝人間的完成を人生の目的＝使命と自覚・認識するに至るための社会的・経済的条件となる（CWⅢ: 755/④107-108頁）。

その結果、社会の大多数の人びとが、私的利益の増大のための人生ではなく、世に自らの感動を、ひいては自らの愛を施すという公共心＝人間愛に満ちた生き方へと幸福の価値転換を図り、自己実現＝人間的完成のための人生を生き抜いてゆくだろう。

「社会の道徳革命とは、労資間の恒常的不和の解消であり、相対立する利害のために闘う階級闘争から万人に共通なる利益の追求における友誼に満ちた競争への人間生活の転形であり、労働の尊厳性 [the dignity of labour] の高揚であり、労働者階級における新しい安定感および独立性であり、すべての人間の日々の営みから社会的共感および実際的知性 [the practical intelligence] の学校への変型である」（CWⅢ: 792/④174頁）。

ミルの理想的市民社会は、「強い人間愛と利害を度外視した献身とに満ちた社会」、つまりは〈公共心の体系＝人間愛の体系〉にあった。最先進国イギリスが、一人が万民のために万民が一人のために尽くしあう理想的市民社会へと「社会変革」を遂げていくためには、社会構成員すべての知的・道徳的水準の向上に伴う共感能力の向上＝人間的成長が不可欠である。すなわち〈公共心の体系＝人間愛の体系〉の構

築には、その制度的基盤として株式会社制度の社会的普及・発展と経営組織改革によって〈利己心の体系＝人間的成長の体系〉を構築することが急務であり、それゆえにこそ人間各人の共感能力の向上が不可欠である、とミルは主張したのである。

V　おわりに

　本章では、ミル独自の共感原理を媒介として、ミルの人間的成長論と社会変革論の有機的関連性を解明した。それは同時に、ミルの共感原理が、『原理』における体制比較や経済理論分析を通じてミルが到達した歴史認識・歴史法則を支え、ミルの道徳的世界と経済的世界をつなぐ原理として極めて重要な要因となっていることを主張するものである。また本章では、共感原理にもとづくミルの社会変革論を経済理論に依拠して論証した。ミル研究における以上の視点は、先行研究に提出されてこなかった本章の独自な見解である。

　本章で分析したミル共感論の特徴は、私見では以下のとおりである。

　ミルにおける共感原理は、利己心を喚起し利他的感情＝公共心を育成し、人間愛へと人間的成長を促し、人間的完成へと人間各人を導く極めて重要な原理である。人間各人の豊かな「自然的感情」は、〈人間相互間の感情是認としての共感〉を可能とする。「自然的感情」が豊かであればこそ、人間各人は〈人間相互間の感情是認としての共感〉を通じて、ある特定の他者に理想的自己像を見いだし、人生の目標を発見することができる。それは同時に、「個性」＝自己能力と、「独創性」＝潜在的自己能力の発見という意味で、自己発見である。〈人間相互間の感情是認としての共感〉を通じて、人生の目標を発見すれば、「賢明なる利己心」を発揮することが可能となる。

　本章では、ミルの共感原理において最も重要な共感を、〈「同胞感情」としての共感〉と捉えた。〈「同胞感情」としての共感〉は〈人間相互間の感情是認としての共感〉の基礎として働き、自己中心的な人物に対する自制力として作用し、道徳的欠陥を修正し、「同胞との一体感」と「人間的紐帯」を形成し、利他的感情＝公共心を育成して「成熟した諸能力をもつ人間」へと人間各人の人間的成長を促すからである。

　〈人間相互間の感情是認としての共感〉は、ある特定の他者への「完全なる共感」を可能とし、人生の幸福の価値転換の契機を与える。ある特定の他者への「完全な

る共感」＝「完全なる一体感」を通じて究極の理想的他者を発見した時、人は「人生の美点美質」＝感動の心を発見し、人生の幸福の価値観を一変させる。そして世に感動を伝えてゆくことこそ自らの使命である、と自覚・認識するに至った時、人生の目的は人間的完成にあるという幸福の価値転換を果たし、「自分の善を犠牲にしてまでも他人の善に尽くす」人間愛に満ちた生き方をすることが可能となる。

こうして人間各人が、利己心→利他心→公共心→人間愛という経路で、人間本性を回復し、幸福への価値転換を果たして人間的完成へむかうためには、共感能力の向上＝人間的成長が極めて重要な要因であった。

人間各人の共感能力の向上＝人間的成長に伴って、「社会的共感」水準が質的向上と量的拡大を遂げれば、社会も〈利己心の体系＝人間的成長の体系〉から〈公共心の体系＝人間愛の体系〉へと「平和裏」に「社会変革」を遂げてゆくことが可能となる。

以上のように、ミルの人間的成長論と社会変革論とは、共感原理によって有機的関連性をもつことが理解できた。『原理』においてミルは、社会の公共性を実現する経済政策として、株式会社制度の社会的普及・発展と資本家の意識変革に伴う経営組織改革の必要性を主張し、経済理論的には労働費用・利潤相反論に依拠して、「社会変革」の実現可能性を主張した。さらに株式会社制度の社会的普及・発展と経営組織の改革が、アソシエーションの社会的普及・発展の制度的基盤を準備することを共感原理に依拠して論証した。

本章では、ミルの諸著作に点在する共感論を統合的に分析し、ミルにおいては、人間的成長と有機的に関連して社会変革が実現可能となることを、共感原理に依拠して論証した。

［注］

1) J.S.ミル『経済学原理』からの引用はトロント版著作集と岩波文庫版訳を使用し、本書のスタイルで略記した。邦訳ページ表記前の丸数字は分冊番号を示す。なお他の文献の原典も、ミル『自由論』*CW*XVIII、『功利主義論』*CW*X、ヒューム『人性論』*THN*と略記し、必要に応じて改訳を施した。引用文中の〔　〕は筆者の補足説明である。なお本章は、第30回日本イギリス哲学会全国大会（2006：於早稲田大学）における「J.S.ミルの共感論と社会変革論」、ならびに横浜国立大学科学研究費研究（代表：泉谷周三郎）「J.S.ミルにおける自由と正義と宗教——現代的課題の先駆——」における研究発表「J.S.ミルの経済思想と幸福論」（2010）にもとづいて、新たに執筆したものである。

2) 「人間的完成」[perfectibility] に関しては初期の同名の演説原稿（1828；*CW*XXVI: 428-433）と Hurka (1996) を参照。

3）ミルにおける自己陶冶の意義を明確に提示する研究として、Berger（1984）、Semmel（1984）があげられる。Habibi（2001）では倫理的（Ethics）視点に立脚して自己陶冶の重要性を主張するが、いずれもミルの思想研究であり、経済的視点に立脚した人間的成長論という論点は提出されていない。

4）心理学ではsympathyは同情と捉えられ、共感［empathy］とは区別される。また現代英語の共感［empathy］という語は、18世紀の英語には存在せずsympathyが用いられた（有江2010）。

5）先行研究における訳語が「同感」の場合は、「同感」（［sympathy］共感）と併記した。なおミル『論理学体系』（1843）においては、相互の了解という意味からconsensusに「共感」の訳語が使用されている。

6）ミルは、「最大幸福原理」＝「功利の原理」と「快楽計算の原理」を保持しつつ「審美的」部門を導入することでベンサム的功利主義から質的功利主義への価値転換を図った。Hollander（1985）は、ミルがベンサム功利主義を批判しつつ「最大幸福原理」を継承している、とベンサム功利主義のミル功利主義への継承関係を認める。

7）ミル『自由論』によれば、人間だれもが「個性」＝自己能力と「独創性」＝潜在的自己能力を有するという点では「天才」である（CWXVIII: 267/288頁）。しかし「独創性」＝潜在的自己能力を引き出すためには、自らの人生の目標にむかって利己心を発揮し、「個性」＝自己能力を鍛えあげ、自分自身の仕事を通じて、知的・道徳的水準と共感能力を高めることが不可欠となる。それを可能とする社会システムが構築されていないために、現実には「天才は少数しかいない」ことが問題とされた。

8）私見では、〈人間相互間の感情是認としての共感〉のうち、本章で規定した〈他者を受け入れる共感〉と〈他者についてゆける共感〉は、経営組織論におけるleadership, followershipにつながる極めて重要な概念である（前原2007「人間的成長を可能とする経営組織論とリーダーシップ論——J.S.ミルの経営組織論と人材育成論に依拠して——」人材育成学会第5回年次大会：於・首都大学東京、前原2012a: 2012b）。

9）子供の労働を含め、長時間労働と貧困は社会的問題であった。労働者階級の貧困を減らすためには、知的・道徳的水準の向上は不可欠であった。ミルは、賃金基金説に依拠して、労働者階級の知的・道徳的水準の向上 ⟶ 自制力の育成 ⟶ 「思慮にもとづく自発的な人口制限」（CWIII: 767/④131頁） ⟶ 労働人口の減少 ⟶ 賃金の上昇 ⟶ 生活水準向上の実現可能性を主張した。

10）前原（2010）。ミル労働費用・利潤相反論は、リカードウ賃金・利潤相反論に、労働者の知的・道徳的水準の向上＝人間的成長による「労働能率」の主体的要因の改善、という人間的成長の視点を導入し発展させた経済理論装置である。ミルは、労働コストという概念と「実質賃金」という概念によってリカードウの賃金・利潤相反論の組み替えを行った。労働コスト、実質賃金という概念は共にミルによって経済学史上はじめて提唱された概念であり、それは時を経て新古典派の概念として用いられてゆく。

［引用・参照文献］

・Bentham, Jeremy (1789) *A Fragment on Government and an Introduction to the Principles of Morals and Legislation*, Oxford, 1948. 山下重一訳『道徳および立法の諸原理序説』中央公論社・世界の名著38、1967年。

・Berger, Fred R. (1984) *Happiness, Justice and Freedom: The Moral and Political Philosophy of John Stuart Mill*, Berkeley (CA): University of California Press.

・Campbell, Thomas Draper (1971) *A Science of Morals*, London: Allen & Unwin.

- Habibi, Don A. (2001) *John Stuart Mill and the Ethics of Human Growth*, Dordrecht/Boston/London: Kluwer Academic Publishers.
- Hollander, Samuel (1976) "J.S.Mill, and the Neo-classical Challenge" *James and John Stuart Mill, Papers of the Centenary Conference*, ed.by J.M.Robson & M.Laine, Toronto: Toronto University Press. 杉原四郎・柏経学・山下重一・泉谷周三郎訳『J.S.ミル記念論集』木鐸社、1973年。
  - ―― (1985) *The Economics of John Stuart Mill*, 2vols., Toronto: Toronto University Press, 1985.
- Hume, David (1739-40) *A Treatise of Human Nature*, edited by Norton, David and Norton, Mary J. 1st Ed Oxford: Oxford University Press, 2000. 大槻春彦訳『人性論』全4巻、岩波文庫、1948-52年。
- Hurka,Thomas (1996) *Perfectionism*, *Oxford Ethics Series*, Oxford: OxfordUniversity Press.
- Semmel, Bernard (1984) *John Stuart Mill and the Pursuit of Virtue*, New Haven (CT): Yale University Press.
- Smith, Adam (1759) *The Theory of Moral Sentiments*, ed. by D.D. Raphael and A. Macfie, Oxford: Oxford University Press, 1976. 米林富男訳『道徳情操論』未来社、1969年。水田洋訳『道徳感情論』筑摩書房、1973年。
  - ―― (1776) *An Inquiry into the Nature and Causes of the Wealth of Nations*, 2 Vols., ed. by Edwin Cannan, London: Methuen, 1950. 水田洋監訳・杉山忠平訳『国富論』全4冊、岩波文庫、2000-2001年。

- 有江大介（1993）「ベンサムにおける功利と正義―市場社会と経済学の前提―」平井俊顕・深貝保則編著『市場社会の検証―スミスからケインズまで―』ミネルヴァ書房、49-78頁。
  - ――（2010）「'sympathy'は「公共性」を導けるか―効用・共感・科学―」『哲学雑誌』第125巻第797号、東京大学、2008年9月、1-16頁。
- 泉谷周三郎（1988）『ヒューム』人と思想80、清水書院。
  - ――（1992）「J.S.ミルの功利主義における善と正」杉原四郎・山下重一・小泉仰編『J.S.ミル研究』、御茶の水書房、103-124頁。
- 大久保正健（1997）「『自然宗教が人類の地上の幸福に及ぼす影響の分析』の著作問題について」『杉野女子大学紀要』34号、21-33頁。
- 小泉仰（1997）『J.S.ミル』イギリス思想史叢書10、研究社。
- 杉原四郎（1967）『ミルとマルクス』ミネルヴァ書房。
  - ――（1973）『イギリス経済思想史――J.S.ミルを中心として』未来社。
  - ――（1979）「経済的進歩と人間的進歩――ミルの経済動態論に関する一考察――」『経済原論Ⅰ』同文舘。
  - ――（2003）『杉原四郎著作集Ⅱ――J.S.ミル研究』藤原書店。
- 杉原四郎・鶴田満彦・菱山泉・松浦保編（1977）『古典学派の経済思想』有斐閣新書。
- 杉原四郎・山下重一編（1980）『J.S.ミル初期著作集2』御茶の水書房。
- 高島善哉（1968）『アダム・スミス』岩波新書。
  - ――（1974）『アダム・スミスの市民社会体系』岩波書店。
- 新村聡（1994）『経済学の成立――アダム・スミスと近代自然法学』御茶の水書房。

- 前原直子（2006a）「J.S.ミル『経済学原理』における理想的市民社会論と社会変革論——アダム・スミス『国富論』における利己心の体系との関連において——」『法政大学大学院経済学年誌』第41号、41-57頁。
  - ——（2006b）「J.S.ミルの理想的市民社会論と株式会社論——J.S.ミルの経営改革論と自己教育論との関連で——」『法政大学大学院紀要』第57号、61-81頁。
  - ——（2007）「J.S.ミルの株式会社論」『法政大学大学院経済学会経済学年誌』第42号。
  - ——（2010）「J.S.ミルの利潤率低下論と『停止状態』論」経済理論学会『季刊　経済理論』第47巻第3号、2010年10月、79-90頁。
  - ——（2011）「J.S.ミルの理想的市民社会論と株式会社論」経済学史学会『経済学史研究』第52巻第2号2011年1月、100-126頁。
  - ——（2012a）「C.I.バーナードの組織論とJ.S.ミルの経営組織論——個人と組織、組織と社会の調和の実現可能性——」中央大学経済学研究会『経済学論纂』第52巻第3号、2012年3月、141-160頁。
  - ——（2012b）「個の人間的成長と企業の社会性を実現可能とする経営組織論—C.I.バーナードの組織論とJ.S.ミルの経営組織論に依拠して—」日本経営学会編『リーマンショック後の企業経営と経営学』2012年9月、千倉書房、152-153頁。
- 前原正美（1998）『J.S.ミルの政治経済学』白桃書房。
  - ——（2012）「K.マルクス『資本論』における歴史法則と資本主義社会の行方——J.S.ミルの2つの「停止状態」論との関連で——」『中央大学経済研究所年報』第43号、325-349頁。
- 馬渡尚憲（1997）『J.S.ミルの経済学』御茶の水書房。

第10章

アマルティア・センにおける J.S. ミルの評価

朝日　譲治

Ⅰ　はじめに
Ⅱ　センの研究の足跡
　1　センの生い立ちと教育
　2　研究者としてのセン
　3　学際的講義と研究者たちとの交流
Ⅲ　センによる現代経済学の建設的批判
　1　現代経済学の現状
　2　「定型化された功利主義」批判
　3　個人と他者
　4　功利主義的人間観とセン
　5　経済学と倫理学
Ⅳ　社会選択理論とJ.S. ミルの自由
　1　アロウの不可能性定理
　2　センの社会選択理論
　3　自由とセン
Ⅴ　ケイパビリティの理論とその応用
　1　ケイパビリティの萌芽
　2　ケイパビリティと自由
Ⅵ　センとJ.S. ミルの政治体制
Ⅶ　おわりに

I はじめに

　1998年度のノーベル経済学賞は、アマルティア・センに授与された。その理由は、長年にわたる厚生経済学、とりわけ、「飢饉と貧困の背後にある経済的メカニズムの解明に役立つ厚生経済学」への貢献であった。センの盟友のひとり、アントニー・アトキンソンは、「厚生経済学へのアマルティア・センの功績」Atkinson (1999) と題した論文を寄稿し、センがハーバード大学の経済学の教授であり、同時に哲学の教授でもあること、また、哲学の学術誌 The Journal of Philosophy や経済学の伝統の学術誌 The Economic Journal に論文を掲載していることを指摘し、センが経済学と哲学・倫理学両面にわたって研究を行ってきたことを強調する。

　本章は、アマルティア・センが経済学に影響を及ぼした功利主義の史的意義を検討する中で、どのようにJ.S.ミルから影響を受けたか、そしてJ.S.ミルの議論がいかに現代の諸問題やそれへのアプローチの先駆となり、原型となっているかについて、アマルティア・センの議論の変遷を中心に検討するものである。

　J.S.ミルがセンに与えた影響は、大きく分けると三点にまとめられよう。まず、センが批判の対象とした現代の功利主義的アプローチとの関連で、先駆者として重要な役割を果たした『功利主義』のミルである。第二に、ミルの『自由論』における「個人の自由」の考えである。そして第三に、センによる言及は少ないものの、「討論による統治」の構築を訴えたミルの『代議政治論』における基本的な姿勢である。議論の順序は次の通りである。

　次節では、アマルティア・センの研究の足跡をたどり、なぜ、センがつねに人の「よい暮らし」の実現に向けて経済学を論じてきたか、また、人は多様であり決して冷徹で合理的な経済人として一括りにできるものではないという考えに至ったか、その背景を浮かび上がらせる。第III節では、センによる現代経済学に対する建設的な批判の中で、なぜ功利主義が批判の対象となっているのか[1]。そこにおいて、J.S.ミルがどのように位置づけられているかを検討する。第IV節では、社会選択理論におけるセンの貢献と、それに与ったミルの自由を論じる。ミルの自由をセンがどのように咀嚼し、ケネス・アロウの打ち立てた社会選択理論を受けて、さらに大きな貢献をなしたかを考察する。ここではとくにJ.S.ミルの自由について、アイザイア・バーリンの自由の解釈も援用する。センにとって、個人や社会におけ

る自由の重要性は、実際の生活水準測定や開発経済、貧困研究、女性の地位の確立等、さまざまな研究分野の根底をなすものである。そこで、第Ⅴ節において、自由の概念を念頭に置きながら、センが展開させてきた「ケイパビリティ・アプローチ」を詳述する。このケイパビリティ・アプローチは、経済学における効用概念を批判したセンにとって、効用に代わる概念として組み立てられたものである[2]。人が財・サービスを用いて何を達成できるか、という人の持つケイパビリティを考察し、そこにJ.S.ミルの自由が重要な役割を果たしていることを確認する。第Ⅵ節では、J.S.ミルに影響を受けたセンによる民主的な政治体制を論じ、最後に、本章のまとめを行う。

Ⅱ　センの研究の足跡

　センの研究分野は広範にわたるが、経済学においても、倫理学においても、つねに人の「よい暮らし」well-beingを志向する姿勢をみてとることができる[3]。もともと、人の行動を分析することから始まった経済学は、いつの間にか対象を「合理的」な行動をする自己中心の「経済人」に絞り込み、消費者は自分だけの効用を最大化し、企業家は自分だけの利潤を最大化することで、競争市場はもっとも効率的な結果をもたらす、と結論づけるようになった。センは、この経済学の流れを批判する。センがどのような過程を経て、多くの斬新な考えを経済学や倫理学にもたらしてきたか、セン自身の『自伝』に基づいて概観しておこう。

1　センの生い立ちと教育

　アマルティア・センは、インド東部、西ベンガル州のシャンティニケタンにあるラビンドラナート・タゴールが創設した学園のキャンパスで生まれた。この学園には大学まであり、センの母も、後にセン自身もここで学び、インドの文化だけでなく、タゴールが重視する世界の文化の多様性を自然に身につけることになる。
　センは、幼い頃から多民族が共存し、ときには抗争する環境の中で育ち、人々が多様な価値観をもっていることを強く意識していた。後に、人々の異なった選好を社会全体の選好に集計する社会選択理論の研究に向かう動機のひとつは、こうした多様性をもった環境で生まれ育ったことも影響しているであろう。

カルカッタのプレシデンシィ・カレッジ在学中、10年前のベンガル飢饉の記憶が新たに甦り、センは、200万から300万人の餓死者がすべて最下層階級の人々であったことに思いをいたす。この頃から、不運な目にあった人に対する同情から、社会正義についての意識を強め、将来の研究課題となる厚生経済学、格差、貧困問題、そしてもう一方で社会選択の問題に取り組む自覚がみられる。センの進学したケンブリッジのトリニティ・カレッジは、かつてヘンリー・シジウィックが学んだところであり、現代の功利主義者R.M. ヘアもフェローとなり、教授のポストを得ている。

ケンブリッジで1年経過した時点で、センは、インドに戻りカルカッタ大学のアミヤ・ダスグプタを指導教授とし、熱心な議論を重ねながら変化しつつあるインドで2年間を過ごす[4]。この間に、ケンブリッジに提出する博士論文も具体的な形を成しつつあった。

2 研究者としてのセン

センは、博士論文が完成した際、トリニティ・カレッジの提供する研究奨励金を受けることができ、4年間自由な課題で研究できるというまことに恵まれた機会を与えられる。そこで、センは哲学の勉強に没頭する。センが20代前半の頃である。このときの勉強が、将来、ジョン・ロールズ、アイザイア・バーリン、バーナード・ウィリアム、ロナルド・ドゥオーキン、デレク・パーフィット、トマス・スキャンロン、ロバート・ノジック等との学問的な交流の上で大きく役立った、と『自伝』で述懐している。

1963年、ケンブリッジを辞し、デリー大学の経済学教授に着任し、1971年まで、インドで目覚ましい研究成果を上げる基盤づくりをする。当時、デリー大学は多くの気鋭の研究者が競い合っていた。この空気の中で、センは研究対象を社会選択理論に絞り込み、研究を行う。

1970年、『集合的選択と社会的厚生』を出版する。本書はデリーで書かれたが、その基盤となったのは、後述するハーバード大学での、ジョン・ロールズとケネス・アロウと三人で担当した講義「社会正義」であった。

1971年、センは、デリーからロンドン・スクール・オブ・エコノミックスLSEに移り、先進都市ロンドンの空気とフランク・ハーン夫妻などとの交流を楽しむ。ここでセンは再び社会選択理論の研究を深める。センはまた、経済学の他の分野の研究者との交流からも大きな刺激を受けたと回想している。たとえば、開発経済学

のスディアー・アナンド、分配の不平等のアントニー・アトキンソン、公共経済学のリチャード・レヤード、理論経済学のジェイムズ・マリー等である。

　社会選択理論の次に、センは不平等の研究に照準を合わす。この分野は、たんに経済的不平等だけではなく、貧困の基準、政策評価、失業の分析、自由と権利の研究、ジェンダーをめぐる不平等など広範なテーマを含んでいる。この頃から、学問的関心は純粋理論である社会選択理論から現実の経済社会の分析へと移っていく[5]。

　ジェンダーの不平等の研究は、当初、インドにおける男女の性差について統計的に検証したことに始まり、やがて国際的な比較研究に広がっていった。

　1970年代半ばからは、飢饉発生の因果関係とその防止についての研究を始める。センは、飢饉の要因をたんに食糧全体の絶対的不足に求めるのではなく、それがきわめて広範な「経済」問題であることを1981年に出版した『貧困と飢饉』で指摘した。

3　学際的講義と研究者たちとの交流

　数学から始まり、経済学を専門としながらも、センは、哲学や倫理学にも研究分野を広げ、数多くの研究者と学際的な講義やセミナー等を担当する。たとえば、1969年、ハーバード大学に招かれ、ケネス・アロウとジョン・ロールズとジョイントで大学院の講義を担当することとなった。共通のテキストは、当時、ロールズが出版準備中の『正義の理論』の原稿であった。セン自身、社会選択理論の著書を準備している折りでもあり、アロウとロールズからいかに大きな刺激を受けたか容易に想像できる[6]。なお、後年、1987年から1998年にかけての11年間、センはハーバード大学の経済学と哲学の両学部の教授として活躍する。とくにロバート・ノジックと一緒に講義を行ったことは、特筆すべきであろう[7]。

　また、オックスフォードでも、1970年代と80年代にセンを中心とした「正義」をめぐるジョイントセミナーで、ロナルド・ドゥオーキン、デレク・パーフィット、後にG.A.コーヘンも加わり、「自由」や「正義」や「義務」や「共感」が縦横に論じられた。1985年度には、オール・ソウルズ・カレッジの一室が会場となり、学生だけでなく多くの専門家、たとえばジェイムズ・グリフィンなども参加し、議論が交わされ、会場は熱心な質疑とコメントで沸いた。この頃の思い出を、センは『正義のアイデア』の「謝辞」で、追想している（Sen 2009: xxiii/22頁）。

Ⅲ　センによる現代経済学の建設的批判

1　現代経済学の現状

　センは、現代の経済学が、きわめて抽象的な個人を想定し、個人の活動の結果をすべて「効用」という狭隘な尺度に押し込んで評価することから生じる弊害に、長年、警鐘を鳴らしてきた。それは、センの数多くの著作や講義録の中で行われ、その力点の強弱や視点に若干の差異はあるものの、論旨は一貫している。すなわち、人の「よい暮らし」を目指して研究されてきたはずの厚生経済学が、ある時点から変質し、他者への同感や同情などを論外とし、生身の人間とはかけ離れた、冷徹で自己の利益のみに関心を持つ「経済人」を全面に押し出すようになってしまったのである。そのような体系からは、人々の「よい暮らし」の向上を目指す公共政策を導出することはきわめて困難となってしまう。

　厚生経済学の変質は、ライオネル・ロビンズによる批判がきっかけであった。経済学が科学であるためには、主観的な効用の可測性は望ましくなく、まして個人間比較はなんらの根拠も持たないとRobbins (1938) は主張したのである。この影響は大きく、以降、効用は序数的なものとなり、個人間比較は追放されてしまった[8]。功利主義の伝統に則り体系づけられてきた厚生経済学は、ここにきて、その体系を大きく変容せざるを得なくなってしまった。さまざまに異なる状況を背負って暮らしている多様な人々を「経済人」という鋳型に押し込め、しかも効用の個人間比較を禁じた以上、「よい暮らし」のためにどのように有意な公共政策を導出できようか。また、いかにして、人の「暮らしぶり」を評価できようか。後述する「ケイパビリティ」を最初に明確な形で提示したセンは、現代の経済学が陥っている問題を次のように指摘する。

　「ひとの状況と私益の判定にあたり関心の焦点が実は［効用以外に］複数あるという事実に対して、経済理論は従来あまり注意を払ってはこなかった……。」実際のところ、「よい暮らし」を判断する際の関心対象が「きわめて多様性に富んでいるという事実は、しばしば当惑の種とみなされてきたのである。経済分析における有力な伝統は、ひとの私益とその実現の程度を単純な尺度で測定してこと足れりとし、多様性を生むさまざまな差異を避けて通ろうとするものであった。」
　(Sen 1985: 2/12頁)

ここでセンは、草創期の経済学における功利主義経済学者、エッジワース、マーシャル、ピグー、ラムゼイ、ロバートソンの名前をあげ、当時は、「効用」という用語がきわめて厳密に用いられたことを指摘する。脚注で、とくにピグーに注目し、「欲望の強度」いわゆるピグーの「望まれる程度」に触れ、ピグーが効用の比較可能性を前提としていることの重要性に言及している (Sen 1985: 2n/18頁注4)。
「大多数の財貨、特に食料品や衣料品のごとく直接に個人的に使用するために求められる財貨は、満足の手段として望まれるのであり、したがってそれに対する欲望の強度は当該財貨から得ると期待している満足に比例すると考えるのは正当である。」(Pigou 1952: 24/第1巻29頁)。
　人は孤立して存在しているのではない。他者への影響、他者からの影響、同情、自己犠牲、そして社会全体とのかかわりもある。われわれは、自分の置かれた状態を評価する際、これら複数の関心対象をもつ。人々のこのような感情の多様性から発するはずの「効用」が、現代経済学になると、「その内容は問わずひとが最大化するものとか、その判定方法は問わず単に人のよい暮らしやアドバンテージを表すものは、おしなべて『効用』と称されているのである。」(Sen 1985: 3/12-13頁) ここで、センのいう「よい暮らし」とは、人が実際に達成する状態であり、「アドバンテージ」とは人が他者と比較してもつ優位な機会である。
　実証主義経済学の成果は厚生経済学の分析に取り入れられるが、その逆はない。「厚生経済学は経済学のいわば『ブラック・ホール』である。その中には数多くのものが入っていくが、出てくるものは何もない」(Sen 1987: 29/58頁)。現代の厚生経済学のこのような現状を、センは、次のようにまとめる。「形式における数学的厳密性と内容における驚くべき不正確さとが、相俟って進行してきたのである」(Sen 1985: 3/13頁)。

2　「定型化された功利主義」批判

　現代経済学が対象とする経済主体の冷徹さを例証するため、センは『経済学の再生』の冒頭、E.C.ベントレーの四行詩を引用する (Sen 1987:1/16頁; Sen 2009: 269/387頁)。

　　　　ジョン・スチュワート・ミルは
　　　　強い意志の力で
　　　　自分の生まれついての人の良さを克服し
　　　　『政治経済学原理』を著した

はじめにこれを読むと、J.S.ミルが、現代経済学の流れの一人と見なされると錯覚してしまうが、実際のところはそうでない。この詩人は、ミルを「喜びも友情もない、陰気な政治経済学の箱の中に入れた」としているが、センは、ミルが、冷徹で、友情のかけらもない経済主体を中心に据えて経済学を組み立てていると決めつけているわけではない。むしろ、現代経済学の特徴を強く印象づけるための引用であって、つねに縦横無尽に適切な引用を行うセンではあるが、この部分だけは誤解を招くこととなろう。

　さて、センは、現代経済学を批判するにあたって、現代経済学の基盤となっている「定型化された功利主義」を次の三点にまとめる（Sen 1987: 39/66-67頁）。

　第1に、「厚生主義」である。これはすべての状態を効用に換算し、効用以外の情報をすべて遮断して、状態を評価する。しかもその効用は、孤立した個人の効用のみであり、他者への働きかけや他者からの影響をまったく無視する。こうして、きわめて貧弱な情報量で各状態を評価することになる。

　第2に、「集計量の序列」である。ひとつの状態を他の状態と比較して評価するとき、それぞれの状態に付された各人の効用の総和によって、各状態の序列がつけられる。ある状態のもとで、一人の効用がきわめて低くとも、他の大多数の効用が十分に大きい場合、この状態は好ましいと判断される[9]。

　第3に、「結果主義」である。人々の行動の動機や倫理観、あるいは社会制度や歴史的変遷とは無関係に、結果として出てくる値に応じて状態が評価される。

　伝統的な功利主義とは大きく異なったこれら「定型化された功利主義」の三点の特徴は、経済学にきわめて厳しい束縛をもたらすこととなった。すなわち、個人の「よい暮らし」を評価する際に、個人のもつさまざまな情報の大部分を考慮の外におき、個人の選択の判断基準を極めて狭い「効用」という尺度に閉じ込める結果、有意な結果を求めることはできなくなるのである。さらに、各人は異なった動機で選択を行い、一定のプロセスを経て結果を得るのであるが、選択の結果しか評価の対象にならないため、人々の動機や途中のプロセスは完全に無視されてしまうことになる。

　センは、このような制約を指摘し、センが目指す方向、すなわち、情報的基盤をもっと拡大する必要性を次のように述べている。

「厚生主義と結果主義が課す制約は、狭く限定された合理的決定を要求することから課せられる制約と同様、経済学的評価や行動予測から極めて多様な考察を締

め出してきた。このことから、経済分析で用いる一連の変数や様々な影響関係についての視野を修正し、かつ拡大することが必要である」(Sen 1987: 71/117頁)。

3　個人と他者
(1)「よい暮らし」と「アドバンテージ」

われわれは、本来、合理的に行動しているのだろうか。ときには悩み、迷い、人と人との交流をもつ。病む隣人に同情し、オリンピックの勝利に快哉を叫ぶ。友の家を訪れるとき、効率的な最短ルートではなく、ときには回り道をして季節の変化を感じたりする。こうした生身の人間であるわれわれは、価値観においても多様性を持ち、人種、宗教、学歴、居住地、性別、年齢、信条など、さまざまに異なった属性を持つ。そして、実際、自分の選択が他者の影響を受けていること、また、自分の選択が他者に影響を与えていることを、意識の上で、あるいは無意識のうちに感じている。センは、前節でみたように、人の状況を評価する際に、「よい暮らし」と「アドバンテージ」の二つが必要であるとする。これらを区別する理由は、たんに達成した結果だけでなく、ある人がまたとない有利な機会を得ているにもかかわらずそれを活かせない場合や、他の目標達成のために自己の「よい暮らし」を犠牲にする場合も含めて考慮するためである。

「アドバンテージ」はまた、選択肢の大きさとも解釈することができる。二人の個人がいて、たまたま同じ状態を選んだとしよう。ただし、A氏は極めて広範な選択肢の集合から選び、一方のB氏は極めて限られた選択肢の集合から選んでいる。「よい暮らし」の側面からみれば、A氏とB氏は両者が選び得る最適な選択を行ったことになるが、「アドバンテージ」を考慮すると、A氏の方がB氏よりも、より望ましい選択をしていることになる。具体的には、厚生経済学、貧困の理論、不平等の評価、経済発展の判定、生活水準の測定の分析に、従来の「よい暮らし」だけでなく、そこに至るプロセスにおける「アドバンテージ」が重要な意味を持つのである[10]。

センの問題意識は、「人は何をなしうるか」、「人はどのような存在でありうるか」、そして、人の「よい暮らし」を「いかに評価するか」である。所得や富、あるいは個人の効用水準等のありきたりの尺度では人の「よい暮らし」を評価できない。「よい暮らし」と「アドバンテージ」を基礎にして、「自由」を加味することによって、センは、後述する独自の「ケイパビリティ」を考案し、発展させるのである。

(2)「共感」と「コミットメント」

　現代経済学は、「(1) 実際の行動と合理的行動を同一とみなし、(2) 合理的行動の本質を極めて狭義に特定」し、自己利益の最大化を規定してきた (Sen 1987: 12/31頁)。ここでは、何のために自己利益を最大化するのかについての動機づけ、すなわち倫理的な考え方が欠如している。そもそも、自分が達成したいことの中には、自己利益だけでなく、非・自己利益なものもあるはずである。現代経済学はこの点を見落としている。たとえば災害復旧を助けるボランティア、赤い羽根募金に応じる人、川で溺れかかっている人を飛び込んで助けようとする人など、何ら見返りを求めず他者を助けようとする人がいる。

　センは、非・自己利益の例として、論文「合理的な愚か者」で、「共感」と「コミットメント」という概念を導入する (Sen 1977: 326)。「共感」とは、物理的に離れていて行動を起こすことができないときであっても、他者の窮状を見たり、知ったりすることで、自分の厚生に影響が生じる場合である。「コミットメント」とは、自己利益に資することではなくとも、他者の窮状を取り除くよう行動することである。

　社会主義体制の崩壊とともに、ますます市場経済が評価されてきている。センは、市場メカニズムの持つ効率性と自由な取引活動によって、自己利益の最大化が行われてきた事実は認める。その上で、市場は各人の経済行動の背後にある「動機」について何も語っていない、と市場主義一辺倒の限界を指摘する。そして、市場経済のもとにありながら、日本において工業化が進展してきた背景として、「自己利益に基づく行動から義務や忠誠心や善意を重んじる方向への体制的移行」が大きな役割を果たしたことを評価する (Sen 1987: 18/38頁)。

　たしかにアダム・スミスは市場のメカニズムを称賛し、自己利益の最大化を説き、それが結果的に公共の利益を促進するとした。だが、スミスは自己愛と同時に他者に対する「共感」も重視した。この「共感」は経済学者の間でしばしば見落とされている。まさに、「動機と市場に関するスミスの複雑な見解が誤って解釈され、また感情と行動に関する倫理的分析が看過されたことは、現代経済学の発展とともに生じた倫理学と経済学の乖離と呼応している」のである (Sen 1987: 27-28/47頁)。

4　功利主義的人間観とセン

　ピグーやJ.S.ミル等の草創期の経済学者は、功利主義的な人間観の影響を強く受け、効率的な資源配分という実証的分析だけでなく、公平な分配という規範的分析

においても、多くの提言を行うことができた。それは経済的判断をするにあたって、倫理的考察が十分に行われたからである。

現代経済学のもっとも重大な欠点は、情報的にきわめて限定された「効用」を単純に価値の唯一の源泉とすることである。効用は人の「よい暮らし」を反映する。しかし、効用を増大させなくとも、人が有意義だと思うことがある。それは、他者に対する援助や非利己的な行動、すなわち、「行為主体」としての行動を考慮に入れることにより得られる。

効用は人の満足や幸せを反映するものであるが、それには限界がある。幼少の頃から厳しい環境に育った者は、現実と容易に妥協する傾向があり、満足の飽和状態が低く設定されているため、ささやかな幸せにも喜びを感じる。まさに、「土地を持たない不安定な労働者、抑圧された家庭の主婦、恒常的な失業者や疲れきった日雇い労働者は、わずかな幸運にも喜び、生きるために厳しい苦難を耐え忍ぶ」のである (Sen 1987: 45/73頁)。

効用と「よい暮らし」との関係について、センとリチャード・レイヤードとの間で議論が戦わされた (Layard 2005: 113)。逆境に育った人の低い満足度を高めようと他者が働きかけることは、「父権的温情主義の危険が生じる」とレイヤードは批判する。これに対し、センは、インドの女性は伝統的に服従を受け入れていたが、他者からの働きかけにより、「従属的な役割を消極的に受け入れることを問い直すこと」になったと、反論する[11]。

5 経済学と倫理学

センは、経済学の起源を「倫理学・政治学」と「工学」の二つに求める。経済学が「倫理学」と強く結びついている例として、センは、アリストテレスを引用する (Sen 1987: 3/19頁)。

「金儲けのための生活はもっぱら強迫的に営まれるものであり、富は明らかにわれわれが追い求める善ではない。なぜなら富はただ有用であるにすぎず、他の何かのために存在するものだからである」(*Ethica Nicomachea*, I.1-I.5; アリストテレス『ニコマコス倫理学』)。

ここには、「人はいかに生きるべきか」という人間行動の動機に関わる問題と、社会的成果の判断の問題がある。しかしながら、現代経済学は倫理学の側面を著し

く希薄にし、もっぱら工学的な手法で極度に狭隘な人間像を前提にして、効率性のみを中心に分析を進めてきた。その具体例を有限な資源の効率的な配分問題に集約するパレート最適にみることができる。経済学の工学的手法が導入されたのは、一方において、仮説を立て、事実に照らして仮説を検証するプロセスが定着したからである。この点については、経済分析を科学的にしたと評価できよう。しかし、他方、これは人の「究極的な目的」や「ひとはいかに生きるべきか」といった問題を捨象してしまう副作用を伴う結果となってしまった（村上 2012: 339-340頁）。

　センはこの現状を憂い、経済学に倫理学の側面を呼び戻し、人の行動の動機と社会的成果の評価手法を拡充することの必要性を自身の著作の随所で提唱している。偉大な経済学者たちを列挙し、比重こそ異なれ、倫理的・工学的双方のアプローチを具現していることを示す。「たとえば、アダム・スミス、ジョン・スチュアート・ミル（ベントリーがどう言おうとも）、カール・マルクス、フランシス・エッジワースなどの著作では、倫理的問題が大きな比重を占めている」と名前をあげながら、その一方で、ケネー、リカード、ワルラスらが、経済学における実証的な工学的な問題により大きな関心を向けていたことを指摘する（Sen 1987: 6/23頁）。

　とはいえ、現代経済学を批判しながらも、センは、「工学的アプローチの広範な援用ゆえに経済学がより精緻に解明できるようになった問題は多い」として、複雑な相互依存の解明、たとえば一般均衡理論の精緻なモデル化など工学的アプローチの経済学が果たした貢献を評価している（Sen 1987: 8/25頁）。

　上述のパレート最適は、効率性の基準であるが、誰かの効用を減じることなく、他の誰かの効用を増やすことはできないという意味で、同時に社会の「全員一致」の基準と読み取ることもできる。こう解釈すると、社会選択理論での「パレート原理」、すなわち、社会の全成員がある選択肢を好めば、社会全体としてもその選択肢を選ぶことにつながってくる。次節で見るアロウの社会選択理論とそれに続く一連の社会選択理論は、「パレート原理」と民主主義社会に最低限必要な条件との整合性を問いかけたものであり、さらにセンの「パレート的リベラルの不可能性」は、「個人の自由」と「パレート原理」が矛盾することを論証するものであった。

Ⅳ　社会選択理論とJ.S.ミルの自由

　個人の選好から社会の選好へとまとめ上げる集計ルールには、多数決ルールを含

め、さまざまな方法が考えられる。しかし、民主主義社会を前提とする以上、そのルールが満たすべき最低限必要な条件があるはずである。ケネス・アロウは、きわめて緩やかな、しかし民主社会には不可欠な4つの条件をあげた（Arrow 1963）。これら条件は、ひとつひとつはきわめて弱い条件である。ところが、4つが一緒になれば強力となり、次々と集計ルールの候補を消し去り、最終的には何も残さなくなってしまう。これがアロウの不可能性定理であった[12]。

1 アロウの不可能性定理

アロウの「社会的厚生関数」は、各人の選好を社会的選好に集計するルールである。このように定義された集計ルールは、いかようにも想定できる。アロウは、極めてゆるやかな4つの条件すなわち、条件U（定義域の非限定性）、条件P（パレート弱原理）、条件I（無関連対象からの独立）、条件ND（独裁者の非存在）をこの集計ルールに要請した。

ここで、「定義域の非限定性」とは，社会的厚生関数は、論理的に可能な個人のどのような選好も認めるため定義域を限定せず最大限大きくとること、「パレート弱原理」とは、社会の人々すべてが選択肢xを選択肢yよりも強く好むなら、社会もyよりもxを強く好むことを意味する。「無関心対象からの独立」は、選択肢xとyの選好順序を考えているとき、x，y以外の選択肢，たとえばzが登場してきても、xとyとの間の選好順序が逆転することがあってはならないことを意味する。「独裁者の非存在」は，社会の一個人の選好がそのまま社会全体の選好になってはならない、すなわち、独裁者の存在を否定しているのである。

アロウの不可能性定理は、次の通りである。

アロウの不可能性定理
条件U，P，Iを満たす社会的厚生関数はND，すなわち独裁者の関数である。

あるいは，別の表現を用いると、次のようにも表現できる。
条件U，P，I，NDを満たす社会的厚生関数は存在しない。

2 センの社会選択理論

民主主義の社会では、信条、宗教、人種、年齢等、様々に異なる人々が、お互い

の存在を認め合いながら、自分の「よい暮らし」を追い求めている。このような社会を分析の対象としたセンは、1960年代を通じてアロウが提起した社会選択理論の彫琢と発展に貢献する。センが社会選択理論に向かった背景には、人々の多様性を汲み、さらにあるべき民主主義社会の構想があった。

アロウが「社会的厚生関数」を用いたのに対し、センは「社会的決定関数」を用いて不可能性定理を証明する。センの「社会的決定関数」は、アロウの関数と定義域を同じくしながら、値域において最善の選択肢のみを指定する関数である。センにとって重要なことは、選択肢の中で最上のものを見出すことであった。

センの「社会的決定関数」は、アロウが必要とした社会的選好の厳密な推移性を必要としていない[13]。ただし、弱い意味での推移性は、センの不可能性の証明において決定的に重要である。さらに、センは、アロウの条件のうち、疑問が多く出された「無関連対象からの独立」と「独裁者の非存在」を退け、新たに「個人の自由の尊重」を謳う条件Lを導入する。この条件Lは、J. S. ミルの『自由論』(1859)で展開された自由、あるいは、アイザイア・バーリンの「消極的自由」と本質的に共通するといえよう。バーリンの「自由」は後述するが、ここでミルの「自由」を確認しておくと、それは、「いかなる人の行為でも、そのひとが社会に対して責を負わなければならぬ唯一の部分は、他人に関係する部分である。単に彼自身だけに関する部分においては、彼の独立は、当然絶対的」であり、「彼自身の肉体と精神とに対しては、その主権者」である、という内容の「自由」である（*CW* XVIII: 224/25頁）。あるいは、セン自身のことばによると、「自分の部屋の壁は白よりもピンクの方がいいと思えば、社会の人々の多数意見が白い壁を望んでいたとしても、社会はピンクの壁を認めるべき」であるというミルに始まる個人の自由の尊重である（Sen 1970a: 152）[14]。センの条件Lは、まさにこのミルの考えと密接不可分である。川本が指摘するように、センがはじめに社会選択理論の中で構想した個人の自由は、自由尊重主義者が陥りがちな「原子論的個人主義」であった（川本 1995: 91頁）。しかし、やがて、センは、「個人の自由」を極めて緩やかに定式化し、それを社会選択が満たすべき条件の一つとして導入すれば、どのような結論が得られるかを考察した。

　条件L（個人の自由の尊重）ある選択がきわめて個人的なものであり、他人に何
　　　ら影響を及ぼさないのであれば、集計ルールは、当該個人の選択を尊重
　　　すべきである。

しかしながら、この「個人の自由の尊重」は、個人の選好と社会の成員全員の選好との間の関係を示す「弱パレート原理」と矛盾する。すなわち、「個人の自由」を尊重すると「パレート弱原理」に反するし、逆に「パレート弱原理」を重視すると「個人の自由」は考慮の外に置かれることになる。両者を満足する集計ルールは存在しないのである。

センの不可能性定理
| 条件 U, P, L を同時に満たす「社会的決定関数」は存在しない。|

3　自由とセン

　ここで、佐藤 (1960) にしたがって、自由をめぐる基本的な議論を整理しておこう。まず、「消極的自由」として、「～からの自由」、すなわち、拘束・制約・障害・禁止など、すべて自由を阻むもののないこと、あるいは、「不自由からの自由」、すなわち、不自由のマイナス分をゼロに戻すことの「フリーダム」があげられる。つぎに「積極的自由」として、「～への自由」、すなわち、すすんでより高い規律・秩序・法則・理想へとむかう自由、「リバティ」があげられる (佐藤1960: 196頁)。ただし、佐藤も指摘しているように、「自由」はこのように截然と分離できるものではなく、「一つの自由の二つの側面」でしかなく、両者を同時に考える必要がある。

　センは、リバティとフリーダムについて、ロールズの議論に触れ、「人々が望む生き方をするリバティ、特に他者からの干渉によって滅茶苦茶にされないリバティの重要性についても［ロールズは］考察している」と述べ、これは、「もちろん、ジョン・スチュアート・ミルの先駆的業績『自由論』の古典的領域に属するものである」と説明している (Sen 2009: 304-305/435頁)。

　自由とパレート原理が両立しないことを最初に論じた Sen (1970a) では、自由の定義について J.S. ミルへの言及は見られない。センは脚注で、「自由主義という用語はとらえどころのないものであり、別な解釈を招くことになる」と言明し、自由の定義の仕方によって引き起こされる論争を避けるため、「条件Lは多くの人々が納得するであろう個人の自由を含む価値を表すものである」(Sen 1970a: 153) として、むしろ人々の関心を「社会的決定関数」の不可能性に向けている。

　センにとって自由は、規範的評価の対象となるものである。結果的に選択されな

かった選択肢が数多く含まれていることは、「よい暮らし」に向けての好ましい評価につながる。すなわち、「人間の自由は、その人自身が獲得した成果以上に価値があると見ることもできる。各人の持つ選択肢と機会は、最終的に獲得したり維持したりするものに加えて、ある規範的評価を考慮に入れたものとみなすことができる」のである (Sen 1987: 60/104-105頁)。

センにしたがい、本章第Ⅲ節において、人間存在の異なる側面として、「よい暮らし」と「行為主体」の二つの側面を区別した。これらに「達成」と「自由」を導入すると、「よい暮らしの達成」、「よい暮らしを求める自由」、「行為主体としての達成」、「行為主体としての自由」という四つに分類できる。

センは、これら4つの分類の中で、「行為主体としての達成」と「行為主体としての自由」を重視する。すなわち、自分のためでなく、「行為主体」として他者のために行動するということは、自分の「よい暮らし」とは関係なく、「自分が生き方として達成しようとすることに他ならない」のである。例として、センは、餓死と政治体制との関係をあげる。餓死が起こるのは独裁国だけである。そこでは、「政治的自由や報道・批判の自由」がないからである。人々の置かれた状態に配慮し、人々の意向を反映する民主主義的な政府が存在すれば、餓死は発生しない。なぜなら、民主主義国家では餓死を防止しないと野党から攻撃され、選挙に負けてしまうからである。ところが、利己心に基づいて自分の「よい暮らし」だけを考えていると、多数決の社会では、少数の餓死者がいても放置されてしまう可能性がある。それを阻止するのが、「他者に共感を抱く人々が多いという事実」である。ここに、合理性の概念を利己心のみに結びつけるべきでないとするセンの姿勢を読み取ることができる (塩野谷 1999: 9頁)。

アイザイア・バーリンは、『自由論』において、二つの自由、「消極的自由」と「積極的自由」を対照した[15]。バーリンの「消極的自由」は、個人が他者からの干渉なしに自由に選択することができることを意味する。これは、センの個人の自由、「〜からの自由」と近いが、センの場合は、他者からの干渉だけでなく、自分にとって不利なこと、たとえば伝染病感染、食料の欠乏、災害等も含んでいる。バーリンの消極的自由は、さらには、他者に干渉しない、あるいは干渉しなくてもよいという内容までをも含むと理解されている[16]。センの考える「自由」ははるかに要求度が高く、自らが満たされているとき、他者の窮状を知ってそれに手を差し伸べなくてよいのか、と問いかける。センは、バーリン流の二つの自由の区別にとらわれず、それを超えた独自の「自由論」を打ち立てていく。センの「自由論」の基

底には、個人の日々の生活や人生において経験する自由の包括的な意味と、それが内包する倫理的課題に応えていこうとする強靭な信念と他者に対する共感がある。

この自由を議論の中心に据えて、センは、人の「よい暮らし」を評価する尺度として、実質所得や財や効用に代わるものとして、「ケイパビリティ」を着想し、議論を発展させていく。次節で、センの「ケイパビリティ」に注目しよう。

V ケイパビリティの理論とその応用

人は何かを達成したいとき、与えられた選択肢のなかから、もっとも好ましいものを選択する。その際、選択肢は多いほど望ましいし、選択に際して制限がないほどよい。まさに、「自由に‥を達成できる」ことが理想である。財やサービスは、目的達成のための手段にしか過ぎず、「‥を用いて‥を達成できる」かどうか、すなわち、「ケイパビリティ」は、各人の能力にかかっている。センの例を用いると、われわれが自転車を保有するのは、自転車そのものに価値を見出すのではなく、まさに自転車を用いて、「移動する」、「荷物を運ぶ」、「サイクリングを楽しむ」など自転車のもつ特徴にこそ価値を見出すからである。

センは明示的に言及していないが、「ケイパビリティ」を実現するためには、人の能力に加えて、環境も重要であろう。「サイクリング」を楽しむために、歩道とは分離された専用のレーンが望まれる。このような「ケイパビリティ」発想の起源はどこにあるのか、まずはそれを尋ねることから始めよう。

1 ケイパビリティの萌芽[17]

セン自身によると、ケイパビリティを初めて発表したのは、Sen (1979) のタナー講義「何の平等か」であった。この講義で、人々の間にある不平等を測る尺度として、功利主義アプローチ、総効用アプローチ、そしてロールズの基本財アプローチを取り上げる。そして、分配の平等は、人々の間で限界効用が等しくなること、総効用が等しくなること、そしてロールズの基本財が各人にとって等しくなることで達せられる、という考えに、センは疑問を呈するのである[18]。

センは、まず、功利主義アプローチを批判する。たとえ、人々の限界効用が等しくなったとしても、効用は、あくまでも人々の主観に基づくものであるから、そこから分配の平等が達せられたとはいえない。

また、ロールズの基本財には、権利、自由、機会、所得、資産等がふくまれるが、ロールズはこれらリストによって人は何を実現することができるか、ということよりも、これら項目自体に注意を集中し過ぎていると指摘する（Sen 1982, 364-365）。さらに、たとえ、皆が同じ基本財を保有したとしても、重要なことは、人がそれら基本財を用いて何を実現できるか、である。人によって体格の差があろうし、年齢も異なるし妊婦もいる。同じ食料であっても人によって栄養摂取量は異なるであろう。さらには障害のある人にとって、基本財が備わっていても、健康な人と同じような目的を達成できない場合もあろう。そこでセンは、「基礎的ケイパビリティ」［Basic capabilities］という概念を導入する。人々が財やサービスを用いて何を実現するか、それを問題にするのである。

　基礎的ケイパビリティは、ついで貧困や飢饉の研究に応用されていく。従来から貧困研究には、「絶対的貧困」と「相対的貧困」の二つの代表的考えがあった。英国では、20世紀初頭のロウントリーの研究（Rawntree(1901), (1941), (1951)）以来、生存水準ぎりぎりを貧困線とする「絶対的」アプローチが支配的であったが、社会が豊かになるにつれ貧困線を定義し直すべきであるとする主張が強くなってきた。その代表的な提唱者がピーター・タウンセンドである[19]。センは、相対概念のもつ重要性も十分認めながら、貧困には消し去ることのできない絶対性があるとし、Sen (1983a) において、絶対―相対関係を見事に包含する議論を展開する。すなわち、財空間の上では相対的、そして、ケイパビリティ空間の上では絶対的にとらえるべきであるとするのである。ただし、この段階では、まだケイパビリティを「自由」とともに論じるには至っていない[20]。

　Sen (1983b) は、マドリッドで開催された第7回国際経済学会の開会講演のため、内容は大局的であり、詳細な専門的議論を避けている。しかし、その中でセンが彫琢しつつあるケイパビリティと、「財」、「効用」、「基礎的ニーズ」［Basic needs］との対比を通して、ケイパビリティの有効性を強調している点が興味深い。こうして、「ケイパビリティ」は、Sen (1985) において、明確な形をとる。

2　ケイパビリティと自由

　「ケイパビリティ」と関連して、センは、自由を、「機会の側面」と「過程の側面」から捉え、その二つの価値の違いを重視する。前者は、「より自由であれば、我々が目標とし、価値を認めるものを追求する機会が、より多く開かれる」ことを意味する。そして、後者は、ある状態を達成する過程を問題とし、自らの自由な意

志で達成する場合と他者が課した制約によって強いられた結果とを明確に区別することの重要性を意味している。「ケイパビリティ」は、たんに達成した結果だけではなく、そこに至る過程を重視するのである。センのことばを用いると、「その人自身の選択によってなのか、あるいは誰かの命令によるものなのか」によって、決定的な違いがあるのである (Sen 2009: 230/334頁)。

センの例をあげよう。ある人が日曜日に自宅にいることを選んだとしよう。このことと、誰かが強制的に自宅にいることを命じた場合が対比される。二つのケースとも自宅にいることに変わりはない。しかし、その状況を考えると両者はまったく異なっているのである。

Ⅵ　センとJ.S.ミルの政治体制

センの構想する望ましい民主主義とは、「単に形式的な制度だけで判断されるべきではなく、多様な人々の様々な声が実際にどれだけ届くのかということによって判断されるべきである」(Sen 2009: xiii/9頁)。まさにJ.S.ミルが大いに前進させたアイデアである「討論による統治」が重要なのである。

センは、『正義のアイデア』の序章で、具体的に、米国によるイラク侵攻が間違いであったという論点を4つあげる。まず、侵攻前に国連のような場での世界的な合意が必要であったこと、第二に、侵攻前のイラクに大量殺戮兵器があったかどうかもっと情報が与えられるべきであったこと、第三にJ.S.ミルのアイデアである「討論による統治」としての民主主義の成熟度に関わる点である。そして、第四に、侵攻の現実的な結果、すなわち、イラクや中東そして世界に平和と秩序をもたらしただろうか、と問いかける (Sen 2009: 3/34頁)。ここで強調されていることは、いかに正確な情報を人々が共有し、それについて何の束縛もなく自由に議論を重ねることができるか、といった自己の利益だけではなく、他者に対する配慮をもった民主主義の確立の必要性である。いまや、民主主義は「討論による統治」であるという点は広範な支持を得ていると思われる。

民主主義が一つの政治体制である以上、正義の議論は不可欠である。経済学では、権利や正義や義務は、何かの目的のための手段としてしか扱われていない。あらためて正義を取り上げると、18世紀から19世紀にかけて啓蒙主義運動の思想家たちの間に、正義に対し根本的なアプローチが大きく二つに分かれていたことをセンは

指摘する。ひとつは、「先験的制度尊重主義」と称されるものであり、「完全に公正な社会的取り決めを示すことに集中し、『公正な制度』を特徴付けることが、正義論の主要な」課題だと捉える。代表的な論者として、トマス・ホッブズ、ジョン・ロック、ジャン=ジャック・ルソー、イマヌエル・カントらがあげられる（Sen 2009: xvi/12頁）。この契約論的アプローチは、現代でも支配的な影響力を持ち続けており、その代表的論者をジョン・ロールズにみることができる。

「先験的制度尊重主義」とは対照的に、スミス、コンドルセ、ウルストンクラフト、ベンサム、J.S.ミルは、「制度だけでなく、実際の人々の行動や社会的相互作用やその他の重要な決定要因に影響されて、人々の暮らしがどのようなものになるのかを比較することに共通の関心があった。」それは、「実現ベースの比較」と呼べるものであり、「人々の暮らしや自由によって定義されるものではあるが、制度は正義の追求において重要な手段的役割を果たさざるをえない。制度の適切な選択は、個人や社会の行動の決定要因とともに、正義を促進する上で決定的に重要な位置を占める」（Sen 2009: xii/8頁）。

「先験的制度尊重主義」と「実現ベースの比較」を例証するため、センは、「約束を守る」という行為を考える。前者の立場に立つと、迷いなく約束を守ることになるし、後者の立場では、約束を守ることの結果と守らないことの結果の比較考量を行う余地が出てくる。センは、自らも述べているように、「実現ベースの比較」のアプローチをとり、理念や理想をただ掲げるのではなく、飢饉の現場を訪れたり、国連の開発プロジェクトで先導的な役割を担うなど、現実を直視し、その中からもっともふさわしい問題解決の糸口を見出そうと努めている。

Ⅶ　おわりに

　厚生経済学は、かつて、伝統的な功利主義に基づき、経済主体に関する豊富な情報的基礎の上に構築されていた。他者に対する共感や同情、そして経済主体を社会の中に位置づける姿勢も備えていた。効率的な資源配分とともに公平な所得分配はもちろんのこと、人々の行動を律する「正義」、「自由」、「権利」の概念も経済学が論ずべき範疇となっていた。ポリティカル・エコノミーと呼ばれたように、政治体制との密接な議論も不可欠であった。「効用」は厳密に、しかも多様に定義され、可測的であり、個人間比較の可能性も含んでいた。功利主義経済学者の中で、

J.S. ミルは、たんなる量的な効用ではなく、効用の質的相違を認識し、より深い分析を行った。

　しかし、経済学に「科学」の装いをほどこすため、伝統的な功利主義者の考えた「効用」を主観的であるとして追放し、むしろ、「定型化された功利主義」を想定し、その上に立って、現代の経済学は冷徹で個性のない単一の「経済人」を中心に据え、工学的手法で分析を進めている。この流れの中で、かつて経済学が対象とした多くが失われてしまった。とりわけ、社会を構成する多様な人々を、ひとつの「経済人」にまとめ上げてしまった帰結は深刻である。

　現代経済学における情報的に強く制限された枠組みの中では、人の「よい暮らし」や他者に働きかける「行為主体」の分析が、きわめて希薄になったり、無視されたりする事態に至っている。アマルティア・センは、以上のような現代経済学の限界を繰り返し指摘し、現代経済学に対し、経済主体の情報を広げ、意味のある公共政策が導出できるパラダイムの創出を訴え続けている。そして、セン自身のひとつの答えが、効用でも所得でもない「ケイパビリティ」を主軸においた体系であることは本章で見た通りである。

　このケイパビリティに「自由」が重要な役割を担っている。当初、社会選択理論で自由を導入したセンは、やがて自らの「ケイパビリティ」に自由を加え、さらに「ケイパビリティ」を深化させた。センの自由は、ミルの『自由論』を吸収し、センの体系の中で重要な地位を占めている。

　世界の経済は、市場メカニズムのもとで、大きく成長した。富める国と慢性的な貧困にあえぐ国が共存している。貧困国を救うため、富める国の資源や財を貧困国に移転するプロジェクトが考えられるが、うまく働かないであろう。まず、貧困国の民主化こそが経済発展の前提である。センは、ミルの「討論による統治」を土台にした健全な民主主義の構築が、経済発展のために不可欠であると考えている。そして、ミルの「多数者の専制」の説にならって、すでに発展を遂げた先進諸国の「多数者」が、発展しつつある途上国をさまざまな形で抑圧する危険性を警告し、途上国に自由を擁立することがいかに重要であるかをセンは論じる。

　長年にわたり抑圧されてきた女性、そしてその地位に慣らされてきた女性に教育の機会を与え、社会参加の意識を向上させる仕事を創出するようセンは提言する。ここにも、女性に対して実質的な自由を拒否する意見に激怒したミルの影響をみることができる（Sen 1999: 288-290/329-334頁）。

　このように、センの著述の重要な箇所に、J.S. ミルへの言及がみられる。J.S. ミ

ルが19世紀に思索したことがらが、21世紀になって、ますますその重要性を帯びてきていることが、センの著作からも伝わってくるのである。

[注]

1) ここで「建設的な批判」と特に記したのは、経済学から出発したセンが、深く倫理学や哲学を論じ、それら分野の研究者とともに議論を重ねながらも、つねに経済学者であることを意識し、経済学が公共政策でより多くの政策提言ができるためにも、倫理学の成果を導入すべきであると提言していることを踏まえての表現である。センは、決して全面的に経済学の体系を否定しきっているのではない。

2) Capabilitiesは、邦訳では、「潜在能力」と訳され、その後も多方面でこの訳語が用いられてきた。十分に苦慮された後に訳出された言葉であろうが、セン自身の意図した本来の意味を尊重する意味でも、むしろ原語をそのまま用いた方が適切だと思われるので、本章では「ケイパビリティ」を用いる。

3) Well-beingの訳は論者によって異なり、「福祉」、「幸福」等と表現されるが、ここでは、「よい暮らし」とする。

4) Amiya Kumar Dasgupta (1903-1992)。インドにおける経済学の初期の有力な指導者で、その息子がPartha Dasguptaである。

5) 1970年代に書かれた研究成果は、1982年、*Choice, Welfare and Measurement*、そして1984年、*Resoureces, Values and Development* として出版された。

6) その後、センはロールズの書評をする機会に恵まれる。この書評について、内容はいささか「度を超えた」ものであったかもしれないとしながらも、ワーズワスの詩を引用し、若さゆえ許されるだろう、と述べている (Sen 2009: 53/100頁)。

7) Sen (2002) の序文。さらに影響を受けた経済学者や哲学者として、ハーバードのエリック・マスキン、ヒラリー・パットナム、トマス・スキャンロンの名前があげられている。

8)「効用の個人間比較」に関して、清水幾太郎は、価値判断が経済学の内部に紛れ込んでいるのは、「イギリスの経済学と功利主義との歴史的結合から生まれた偶然的結果」にほかならない。経済学は、科学的であるためには、功利主義との結合を断ち切らなければならぬ。しかし、それを断ち切ることによって経済学の外部へ投げ出された価値判断は、功利主義ではないにしろ、何物かがこれを拾いあげねばならないであろう。ロビンズにとって、それを拾い上げるものは、倫理学である。「経済学は、確定可能な事実を論じ、倫理学は、評価および義務を論ずる。」両者は、全く別の平面にある。「実証的研究の生む一般化と規範的研究の生む一般化との間には、論理の深淵が厳として存在し、いかに工夫を凝らしても、これを隠すことは出来ないし、いかに時間や空間のうちに並べても、これに橋を架けることはできない。」(清水 1997: 78-79頁) と述べている。また、センは、ロビンズは、「厚生経済学の主流のアプローチとしての功利主義に厳しい打撃を与えた」としている。(Sen 1999: 303n)。

9) 既述のように、ロビンズの批判を受けて確立された現代経済学は、効用の可測性も個人間比較も否定している。にもかかわらず、センの指摘する「集計量の序列」はこれらを認めているような記述であり、この点、疑問が残る。

10) センが指摘するように「アドバンテージ」を自由の程度で判断する可能性は、ミル『自

由論』(1859),『女性の隷従』(1869) においても議論されている。
11) ここで、センは、自分の友人であるレイヤードが、「100パーセントのベンサム主義ではなく、少しはミル的なところも受け入れてくれることを願っている」と脚注でコメントしている (Sen 2009: 275/395頁)。
12) 以下の「アロウの不可能性定理」と「センの社会選択理論」については、朝日 (2008) にもとづいている。
13) 厳密な推移性は、選択肢A, B, Cにおいて、BよりもAが強く好まれ、CよりもBが強く好まれるなら、CよりもAが強く好まれることを意味する。さらに、アロウの規定した推移性はA、B、Cの間の無差別な場合も含めている。すなわち、AとBが無差別で、かつBとCが無差別ならば、AとCは無差別となるのである。自然科学の分野と異なり、経済学において、無差別な選択肢の間に推移性を認めることにより、様々な問題が生じる。
14) 個人の自由とはいえ、人は孤立して暮らしているわけではない。多くのひとびとと共生し、社会制度の規律の中、自然環境や生活環境に制約されながら日々を過ごしている。そのような個人の暮らし向きをよりよくするために、社会が支援すべきことがある。それが公共政策であり、センの「社会的コミットメント」である。これにより、自由の射程範囲が大きく広がっていくのである。
15) アイザイア・バーリン『自由論』所収のエッセイ「二つの自由概念」。
16) 小林秀雄は、「自由について」と題するエッセイの中で、ハーバート・リードが英国人は「自由」を言うのに、リバティーとフリーダムという二つのことばを持っている、と述べていることを取り上げ、次のように両者を対照する。「人は、リバティーを与えられている。リバティーは市民の権利だ。だが、フリーダムということばは、そういう社会的な実際的な自由をささない。まったく個人的な態度をさす。フリーダムとはもともと抽象的な哲学的な語であって、フリーダムが外部から与えられるというようなことはない。与えられたリバティーというものを、いかに努力して生かすかは、各人のフリーダムに属する。自己を実現しようとする人は、必ず義務感と責任感とを伴うフリーダムを経験するであろう」(佐古純一郎編 1960: 86頁)。
17) 「ケイパビリティの萌芽」の詳細については、朝日 (1992) 104-106頁を参照。
18) 功利主義アプローチでは、限界効用が尺度として用いられる。各人の効用の合計が基準となるため、それは結局のところ、限界的にどれだけ効用が増加するか、すなわち、限界効用の大きな人が優位に立つことになる。平等は、各人の限界効用が等しくなったときに達せられる。
19) たとえば、Townsend (1979)。タウンセンドはセンの論考が途上国にのみ当てはまるとしたが、センは、ケイパビリティは、「米国や西欧の国々のように豊かな国々の貧困の性質を理解する上で特に役に立つ」としている (Sen 1992: 9/12頁)。
20) センの一連の貧困研究では、後にケイパビリティにつながる重要な概念が生み出され、次第に明確な形に仕上がっていく過程を見て取ることができる。たとえば、Sen (1973), Sen (1976), Sen (1981), Sen (1983a) などを参照。

[引用・参照文献]

- Arrow, Kenneth J. (1963) *Social Choice and Individual Values*. New Haven: Yale University Press (second edition).
- Atkinson, Anthony B. (1999) 'The Contributions of Amartya Sen to Welfare Economics', in *Scandinavian Journal of Economics*, 10 (3), 431-464.

- Berlin, Isaiah (1969) *Four Essays on Liberty*. Oxford: Oxford University Press. 小川晃一・福田歓一・小池銈訳『自由論』みすず書房、2000年。
- Hare, Richard M. (1981) *Moral Thinking*. Oxford: Oxford University Press. 内井惣七・山内友三郎他訳『道徳的に考えること』勁草書房、1994年。
- Layard, Richard (2005) *Happiness: Lessons from a New Science*. London and New York: Penguin.
- Perfit, Derek (1984) *Reasons and Persons*. Oxford: Oxford University Press. 森村進訳『理由と人格―非人格性の倫理へ』勁草書房、1998年。
- Pigou Arthur C (1952) *Economics of Welfare*. Fourth ed., with eight new appendices, London: Macmillan. 永田清・気賀健三訳『厚生経済学』全4巻、東洋経済新報社、1953-1955年。
- Robbins, Lionel (1938) 'Interpersonal Comparisons of Utility: A Comment', in *The Economic Journal*, 48 (192), 635-641.
- Rowntree, B.S. (1901) *Poverty: a Study of Town Life*, London: Macmillan.
  —— (1941) *Poverty and Progress*, London: Longmans.
  —— and G.R.Lavers (1951) *Poverty and the Welfare State*, London: Longmans.
- Sen, Amartya (1970a) 'The Impossibility of a Paretian Liberal', in *Journal of Political Economy*, 78 (1), 152-157.
  —— (1970b) *Collective Choice and Social Welfare*, San Francisco: Holden Day and London: Oliver and Boyd. 志田基与師監訳『集合的選択と社会的厚生』勁草書房、2000年。
  —— (1977) 'Rational Fools: A Critique of the Behavioral Foundations of Economic Theory', in *Philosophy and Public Affairs*, 6 (4), 317-344. 大庭健・川本隆史訳『合理的な愚か者』勁草書房、1989年。
  —— (1979) 'Equality of What?' in *The Tanner Lectures on Human Values*, Volume I, University of Utah Press, also in Sen (1982).
  —— (1981) *Poverty and Famine: An Essay on Entitlement and Deprivation*, Oxford: Clarendon Press. 黒崎卓・山崎幸治訳『貧困と飢饉』岩波書店、2000年。
  —— (1982) *Choice, Welfare and Measurement*, Oxford: Blackwell.
  —— (1983a) 'Poor, Relatively Speaking', in *Oxford Economic Papers*, 35 (2), 153-169.
  —— (1983b) 'Goods and People', paper presented at the opening Prenary Session of the Seventh World Congress of the International Economic Association, Madrid, also in Sen (1984).
  —— (1982) *Choice, Welfare and Measurement*. Oxford: Blackwell.
  —— (1984) *Resources, Values and Development*, Oxford: Blackwell.
  —— (1985) *Commodities and Capabilities*. Amsterdam: North-Holland. 鈴村興太郎訳『福祉の経済学――財と潜在能力』岩波書店、1988年。
  —— (1987) *On Ethics and Economics*. Oxford: Basil Blackwell. 徳永澄憲・松本保美・青山治城訳『経済学の再生――道徳哲学への回帰』麗澤大学出版会、2002年。
  —— (1992) *Inequality Reexamined*. Oxford: Oxford University Press. 池本幸生・野上裕生・佐藤仁訳『不平等の再検討――潜在能力と自由』岩波書店、1999年。
  —— (1999) *Development as Freedom*. Oxford. 石塚雅彦訳『自由と経済開発』日本経済新

　　　　聞社、2000年。
　―― (2009) *The Idea of Justice*. Cambridge (MA) : The Belknap Press of Harvard University Press. 池本幸生訳『正義のアイデア』明石書店、2011年。
　―― (2012) 'Amartya Sen – Autobiography', *www.nobelprize.org*.
・Townsend, P. (1979) *Poverty in the United Kingdom*, Middlesex: Penguin Books.

・朝日讓治（1992）『生活水準と社会資本整備』多賀出版。
　―― (2008)「アマルティア・センにおける『自由』」『明海大学大学院経済学研究科紀要』創刊号、37-45頁。
・川本隆史（1995）『現代倫理学の冒険』創文社。
・佐古純一郎編（1960）『小林秀雄』（人生論読本第六巻）角川書店。
・佐藤俊夫（1960）『倫理学［新版］』東京大学出版会。
・清水幾太郎（2000）『倫理学ノート』講談社学術文庫。
・塩野谷祐一（1999）「アマルティア・セン教授との対話：福祉・自由・福祉国家」『季刊・社会保障研究』Vol.35 No.1、6-13頁。
・村上隆夫（2012）『仮説法の倫理学――ポー・パース・ハイデッガー』春風社。

索　引

人名索引

A

Alexander, E.（アレクサンダー） 37, 39, 92
Alma-Tadema, Sir Lawrence（アルマ=タデマ） 26, 31, 40, 42
Aristotle/Aristotelēs（アリストテレス） 39, 156, 164, 225
Arnold, M.（アーノルド） 40, 41, 95
Arrow, K.（アロウ） 216, 218, 219, 226-228, 237

B

Bacon, F.（ベーコン） 61, 62
Bentham, J.（ベンサム） v, 2, 10, 11, 14, 17, 19, 20, 37, 91, 101, 102, 106, 107, 110, 114, 115, 117, 120, 121, 127, 131, 134, 138, 164, 165, 182, 183, 188, 192, 211, 212, 234, 237
Berger, F.（バーガー） 165, 173-176, 183
Berlin, I.（バーリン） 4, 216, 218, 228, 230, 237
Biddle, J（ビドル） 53
Blake, W.（ブレイク） 8, 23
Bodichon, B. L. S.（ボディション） 50
Bright, J.（ブライト） 133
Brown, T.（ブラウン） 30, 157
Buckley, M. J.（バックリー） 92
Burne-Jones, Edward C.（バーン=ジョーンズ） 29, 31-36, 40, 43, 47
Butler, J.（バトラー） 79, 80, 87, 88, 91, 95

C

Carlile, T.（カーライル） iii, v, 6, 7, 15-17, 21-23, 27-29, 40, 42, 45, 47, 76, 127, 164, 182
Carpenter, L（ラント・カーペンター） 50, 65, 68
Carpenter, M.（メアリー・カーペンター） 50, 63, 65-67
Cazamian, L.（カザミヤン） 17, 23
Chadwick, O.（チャドウィック） 82, 89
Chesterton, G. K.（チェスタートン） 93
Clarke, S.（クラーク） 53, 69, 71, 79, 87
Clinton, H. F.（クリントン） 37, 44
Cobden, R.（コブデン） 133
Cohen, G. A.（コーヘン） 219
Coleridge, S. T.（コールリッジ／コウルリッジ） iii, 6-8, 11, 17-23, 27, 42, 77, 112
Collini, S.（コリーニ） 115
Cornwell, J.（コーンウェル） 92
Craze, G.（クレイズ） 99, 106
Crisp, R.（クリスプ） 165, 173-179, 183
Cunningham, W.（カニンガム） 33

D

Darwin, C.（チャールズ・ダーウィン） 57, 74, 95
Darwin, E.（エラスムス・ダーウィン） 157
Dawkins, R.（ドーキンズ） 138
D'Eichtal, G.（ディシュタール／デシュタール） 11, 75
Descartes, R.（デカルト） 7, 138, 142, 144, 146
Dessain, C.S.（デサン） 91
Dewey, J.（デューイ） 68
Digby, K. H.（ディグビー） 35, 43
Dworkin, R.（ドゥオーキン） 218, 219

E

Edgeworth, F.（エッジワース） 221, 226
Emerson, R. W.（エマソン） 16
Engels, F.（エンゲルス） 113

F

Feuer（フォイア） 115
Firmin, T.（ファーミン） 52, 53

Fox, W. J.（フォックス） 12, 63
Freeman, E. A.（フリーマン） 39, 40, 44
Frege, G.（フレーゲ） 160
Friend, M.（フレンド） 18
Furst, L. R.（ファースト） 5, 6

G

Garnett, J.（ガーネット） 91
Gibbon, E.（ギボン） 7, 36-38
Gladstone, W. E.（グラッドストーン） 39, 43
Goethe, J. W. von（ゲーテ） 7, 15, 16, 21
Green, T. H.（グリーン） 27, 51
Grote, G.（グロート） 36, 39, 40, 44

H

Halevy, E.（アレヴィ） 10
Hamilton, W.（ハミルトン） 77, 140, 141, 147-154, 157, 159-161, 184
Hartley, D.（ハートリー／ハートリ） 17, 18, 62, 63, 107, 157
Hazlitt, W.（ヘイズリット） 29, 42
Hick, J.（ヒック） 89, 94
Hill, O.（ヒル） 50, 70
Hobbes, T.（ホッブズ） 33, 58, 164, 191, 234
Hodgskin, T.（ホジスキン） 103
Hollander, S.（ホランダー） 114
Holyoake, G. J.（ホリオーク） 114
Hume, D.（ヒューム） 58, 81, 91, 144-147, 156-159, 161, 162, 183, 191, 192, 210, 212
Hunt, W. H.（ハント） 29-31, 42, 74, 91
Hutcheson, F.（ハチスン） 191

K

Kant, I.（カント） 4, 27, 91, 121, 127, 128, 138, 142, 147-149, 160, 161, 164, 184, 234
Ker, I.（カー） 77, 91, 94
Kinmonth, E. H.（キンモンス） 125, 135

L

Layard, R.（レヤード） 219
Leighton, F.（レイトン） 31
Lindsey, T.（リンゼイ） 50, 53, 54
Lipkes, J.（リプクス） 90, 94
Locke, J.（ロック） 17, 20, 52, 53, 55, 62, 67, 69, 77, 79, 139, 141-147, 157, 160, 161, 164, 234
Lovejoy, A. O.（ラヴジョイ） 4, 5

M

Macaulay, T. B.（マコーリ） 12
Malthus, R.（マルサス） 27, 28, 42, 107, 133
Mandeville 191
Mansel, H. L.（マンセル） 148-151, 153, 154, 160
Martineau, H.（ハリエット・マーティーノゥ） iv, 50, 51, 55, 62-65, 70
Martineau, J.（ジェームズ・マーティーノゥ） 51, 66, 68, 71
Marx, K.（マルクス） ii, 99, 100, 106, 112, 113, 115, 212, 213
Mill, J.（ジェームズ・ミル） 2, 12, 19, 101, 102, 120, 127, 154, 157, 164, 182-185
Millais, J. E.（ミレー） 29, 30, 42
Mitford, W.（ミトフォード） 36-40, 44, 47
Montagu, E. W.（モンターギュ） 36
Morris, W.（モリス） 28, 29, 31-35, 40, 43, 47
Mossner, E. C.（モスナー） 79, 91

N

Newman, J. H.（ジョン・ヘンリー・ニューマン） iv, 95
Newton, I.（ニュートン） 7, 62, 69, 70, 142
Novalis（ノヴァーリス：本名Freiherr Friedrich von Hardenberg） 5
Nozick, R.（ノジック） 218, 219
Nye, S.（ナイ） 53

O

Owen, R.（オウエン／オーエン） iv, 7, 27, 98-102, 105-115, 117, 132, 133

P

Parfit, D.（パーフィット） 218, 219
Pigue, A. C.（ピグー） 221, 224
Plato/Platōn（プラトン） 4, 39, 43, 44, 52, 60, 138, 142, 164, 184, 185
Playfair, W.（プレイフェア） 37
Price, R.（プライス） 7, 44, 53

Priestley, J.（プリーストリー）　iii, 50, 51, 53-65, 67-71
Pusey, E. B.（ピュージー）　75, 76

R

Rawls, J.（ロールズ）　218, 219, 229, 231, 232, 234, 236
Reid, T.（リード）　140, 146, 147, 149, 156, 237
Reynolds, J.（レイノルズ）　29-32
Ricardo, D.（リカード）　99-101, 107, 133, 211, 226
Robbins, L.（ロビンズ）　220, 236
Robson, J. M.（ロブソン）　21
Rosen, F.（ローゼン）　114
Rossetti, D. G.（ロセッティ）　31, 32
Rousseau, J. J.（ルソー）　4, 43, 127, 128, 234
Rowland, T.（ロウランド）　92
Rowntree, S.（ロウントリー）　232
Roy, R. R.（ロイ）　70
Ruskin, J.（ラスキン）　27-33, 40, 42, 43, 47

S

Samaj, B.（サマージ）　66, 70
Sargent, J. S.（サージェント）　161
Satie, E.（サティー）　66, 70
Schlegel, F. von（シュレーゲル）　5
Schofield, T.（スコフィールド）　71, 116
Secord, J.A.（セコール）　74, 94
Sedgwick, A.（セジウィック）　17, 37
Sedgwick, H.（シジウィック）　51, 95, 218
Sen, A.（アマルティア・セン）　v, 216, 217, 235, 239
Shaftesbury（シャフツベリ、第3代伯爵、Anthony Ashley Cooper）　164, 191
Short, E.（ショート）　91
Skorupski, J.（スカラプスキー）　165, 173, 174, 176-80, 182
Smiles, S.（サミュエル・スマイルズ）　ch.6, iv
Smith, A.（スミス）　v, 37, 133, 183, 188, 191-193, 203, 212, ,213, 224, 226, 234
Sokrates/Sōocratēs（ソクラテス）　128, 159, 164, 185
Southey, R.（サウジー）　18

Spencer, H.（スペンサー）　23, 51, 134
Spinoza, B.（スピノザ）　138
Starkey, T.（スターキー）　33
Stephen, L.（スティーヴン）　89, 92, 146
Sterling, J.（スターリング）　11, 18
Sykes, N.（サイクス）　94

T

Tagore, R.（タゴール）　217
Taylor, Helen.（ヘレン・テイラー）　59, 60, 130
Taylor Mill, Harriet（ハリエット・テイラー・ミル）　12, 117
Thompson, W.（トンプソン）　iv, 98, 100-107, 110-114, 117
Tocqueville, A. C. de（トクヴィル）　18, 21, 38, 39, 123
Townsend, P.（タウンセンド）　232, 237

W

Whewell, W.（ヒューエル）　160
Willey, B.（ウィリー）　6, 44
Wilson, C.（ウィルソン）　90, 94
Winckelmann, J.（ヴィンケルマン）　36, 44
Wordsworth, W.（ワーズワス／ワーズワース）　iii, 2-4, 7-10, 18, 21, 23, 27, 28, 42, 112, 236

Y

Young, W.（ヤング）　37, 39, 44

あ

有江大介　71, 94, 212
泉谷周三郎　116, 117, 210, 212
猪木武徳　95
井野瀬久美恵　v
岩岡中正　22, 23, 47
岩崎豊太郎　23
大久保正健　162, 212
大友義勝　7, 23
岡村祥子　95
岡本洋之　136
荻野昌利　95
小田川大典　95
小畑俊太郎　iii

か

片山寛　74, 95
鎌田武治　115, 117
川名雄一郎　ii, 44
川中なほ子　93, 95
河村錠一郎　47
川本隆史　238, 239
木村正身　42, 46
久保美枝　47
小泉仰　185, 212
児玉聡　iii, 185
小林秀雄　237, 239
近藤存志　95

さ

佐藤俊夫　239
塩野谷祐一　47, 239
清水幾太郎　23, 236, 239
杉原四郎　47, 117, 185, 212
杉山忠平　69, 71, 212

た

高草木光一　117
高島善哉　212
高橋和子　94, 95
竹内修一　95
田村謙二　22, 23
柘植尚則　185

な

永井義雄　23, 115-117
中尾定太郎　136
長岡成夫　185
中川雄一郎　117
長倉禮子　95
中才敏郎　145
中澤務　185
中村敬宇　134, 135
新村聡　212
西原廉太　95

は

土方直史　117
堀井健一　47

ま

前原正美　189, 193, 204, 213
松沢弘陽　134, 135
松島正一　22, 23
松永俊男　95
松村昌家　136
馬渡尚憲　117, 213
水田洋　117, 212
向井清　22, 23
村岡健次　23
村上隆夫　239
室伏武　136

や

矢島杜夫　95, 135, 136
山下重一　22, 115, 117, 135, 162, 185, 211, 212
山田泰司　95
山本圭一郎　ii
吉永契一郎　95

事項索引

あ

アソシエーション　ch.5, 188, 190, 204-208, 210
　——論　iv, 98, 99, 101, 107, 110, 111, 113, 114, 188-190, 205
アーツ・アンド・クラフト運動　33
アテナイ　37, 38, 39, 44
アドバンテージ　221, 223, 236
アリウス派　51, 55
アングリカニズム　76
安全　102, 103, 106, 113, 114, 176

い

イエスの黄金律　202
意志　55, 57, 60-62, 64, 82-89, 112, 122-125, 129, 152, 158, 159, 165, 171, 172, 179, 180, 182, 221, 232
イングランド国教会／イギリス国教会　i, iv, 52, 74, 75, 91
イングリッシュ・ユニテリアニズム　50, 51, 54, 55, 67-69

う

『ウィリアム・ハミルトン卿の哲学の検討』　iv, 77, 140, 141, 148, 150, 154, 157, 159-161
『ウェストミンスター評論』　131-133
『ヴェネツィアの石』（ラスキン）　31, 43
ウォリントン・アカデミー　53

え

エキュメニズム　92

お

オウエン主義　98-101, 106-113
オクスフォード運動　74-76, 80, 91
オクタゴン・チャペル　52, 69
オード [ode]　18

か

懐疑主義・懐疑論　58, 80, 81, 89, 92, 161
会衆派　53, 54

蓋然性 [probability]　79, 80, 82, 83, 85-89, 91, 92, 95
概念的承認と実体的承認　84, 85
快楽　102, 103, 106, 130, 164, 169-185, 192, 198, 211
快楽主義　128, 139, 173, -176, 181, 182
　——の逆説 [the hedonist paradox]　4
　拡張された——　181, 182
　純粋——　177-179
獲得された善　176
『過去と現在』（カーライル）　28, 29, 42, 47
カトリック教会　iv, 75
株式会社制度の社会的普及・発展　190, 204, 205, 209, 210
株式会社論　189, 190, 203, 213
カルヴァン派　52, 53
感覚主義 [sensationalism]　139, 141, 147, 149, 154, 160
感覚の恒常的可能性　158
環境決定論　27, 100, 106, 111, 112, 132
感情　76, 81, 84, 86, 98, 112, 114, 120, 123, 127, 131, 139, 140, 158, 165, 168, 175, 183, 184, 188, 189, 191-201, 204, 206-209, 211, 212, 221, 224
　——の陶冶 [culture of the feeling]　3, 4
観念の道　141, 146, 156, 161
観念連合　60, 63, 154, 156-159, 170-172, 180-182
　分離不可能な——　157
寛容法 [Act of Toleration]　50, 52, 54

き

機械的時代 [the Mechanical Age]　16
騎士道精神　35
基本財アプローチ　231
共感 [sympathy]　ch.9, 3, 52, 106, 131, 140, 219, 224, 230, 231, 234
　感動としての——　189, 193
　社会的——　188-190, 196-198, 203, 207, 208, 210
　同胞感情としての——　192, 193
　人間相互間の感情是認としての——　189, 193-196, 200, 204, 209, 211
　利他的感情＝公共心としての——　199
共産主義　100, 113, 114

協同組合組織　131, 132
協同社会　100
『ギリシア史』（グロート）　39, 44
『ギリシア史』（ミトフォード）　37, 38, 47
ギリシア民主政　36
キリスト教　iv, 51, 53, 55, 58, 59, 64, 67, 68, 70, 71, 74, 76-79, 89-92, 94, 95, 117, 138, 154, 160
金銭　167, 168, 170, 176, 181

く

苦痛　169-172, 174, 175, 180, 184
グレーター・ブリテン　39, 40, 44

け

経営組織改革　190, 209, 210
経済人　216, 217, 220, 235
啓示宗教　53, 56, 58, 78
ケイパビリティ　v
　——・アプローチ　217
啓蒙主義　139, 157, 161, 233
啓蒙的理性　120
結果主義／帰結主義 [consequentialism]　222
現代経済学　216, 220-222, 224-226, 235, 236
賢明なる利己心　188, 189, 197, 198, 204, 209
権力　126, 129, 167, 168, 170, 176, 181, 202, 206

こ

行為　4, 11, 17, 19, 41, 54, 60, 62, 83, 85-88, 121, 154, 165-167, 171-175, 179, 180, 183, 191-193, 196-198, 200-202, 206, 228, 234
　——主体　225, 230, 235
『光学』（ニュートン）　142
高教会派　53, 91
広教主義　80, 91
公共心の体系＝人間愛の体系　188, 190, 205, 208, 210
公共性　ch.9, 47
公共精神 [public spirit]　207
厚生経済学　216, 218, 220, 221, 223, 234, 236, 238
厚生主義　222
幸福　ch.8, 4, 16, 44, 56-58, 61, 68, 98, 100-114, 120-122, 124, 126-131, 133, 138, 189, 191, 194, 196, 197, 199, 201, 202, 208-212,

236
　——の一部　164, 169-174, 176, 179-183
　——の手段　128, 164, 167-171
功利主義 [utilitarianism]　i, ii, 10, 11, 16-18, 21, 27, 28, 39, 41, 43, 44, 74-76, 91, 98, 106, 107, 111, 113, 114, 117, 120-122, 127, 131, 134, 138, 139, 141, 164-172, 174-178, 180, 181, 184, 188, 193, 198-200, 202, 210-212, 216, 218, 220-222, 224, 234-236
　——アプローチ　216, 231, 237
神学的—— [Theologocal Utilitarianism]　69
合理的反国教徒 [nonconformist]　52
個人主義 [individualism]　90, 104, 125, 188, 228
個人の自由　122, 123, 132-134, 138, 216, 226, 228-230, 237
個性 [individuality]　117, 120-124, 189, 194, 195, 198, 200, 202-204, 209, 211, 235
古典古代ギリシア　34, 36-40, 43
古典主義 [Classicism]　25
コペルニクス的転回　149
コミットメント　224, 237
コモン・ウィール [common weal]　33
コントの実証主義哲学　62

さ

最大幸福原理　211
最大多数の最大幸福 [the greatest happiness of the greatest number]　98, 101, 201
ザインとしての停止状態　190
搾取　99, 102-104, 110
サター・リザータス　28, 42
産業革命 [industfial revolution]　113, 188, 203
サン・シモン派 [the Sant-Simonian school]　110
三十九の信仰箇条　54
『算術の哲学』（フレーゲ）　160
三段階の法則 [la loi des trois etats]　11, 12
三位一体説　iii, 51-55, 58, 59

し

『視覚新論』（バークリ）　144
詩語 [poetic diction]　9

索引　245

自己意識　28, 29, 40, 42, 47
自助の精神　121, 124, 132
「自然」　60
自然一元論　138, 155, 158-160
自然宗教　53, 56, 212
自然神学　57, 59, 62, 65, 67, 70, 74, 80, 82, 85, 87, 160
自然的な善　176
「自然論」　59-62
時代の精神 [Spirit of the Age]　37
実現ベースの比較　234
実践的な折衷主義 [practical eclecticism]　11, 21
『自伝』（セン）　217, 218
『自伝』[Autobiography]（ミル）　139, 140, 148, 154
使徒伝承 [apostolic succession]　75
シニスター・インタレスト（邪悪な利益）　39
自発的な相互協働　101
資本家と労働者のアソシエーション　206
社会主義　29, 33, 35, 47, 98-100, 106, 107, 110, 112-117, 131-133, 224
社会的決定関数　228, 229
社会的厚生関数　227, 228
社会的幸福のアート　102, 106
社会的徳　168
社会の道徳革命 [moral revolution in society]　208
習慣　70, 92, 125-127, 130, 157, 165, 166, 172, 180, 182, 183, 196, 202
『宗教の類比』（バトラー）　79
自由　40, 41, 44, 50, 54, 56, 61, 64, 80, 98, 102, 109-112, 114, 120-124, 129, 130, 132-134, 138, 176, 203, 216, 217, 219, 223, 226, 228-232, 234-237
　──意志　52, 61, 112, 158, 159
　──主義　98, 112, 121
　──と自発性　111, 112
　──と必然　111
　──民権運動　134
　　消極的──と積極的──　228-230
私有財産　99, 100, 102, 107, 110, 190, 203-205
　　──の本質的原理　190, 204, 205

『自由論』　117, 120-123, 125, 127, 134, 138, 141, 168, 193-199, 210, 211, 216, 228, 229, 235
『条件存在の哲学』（マンセル）　150
『承認の原理』（ニューマン）　75, 78, 83-90, 92, 95
情報的基礎　234
剰余価値　103, 106, 112, 113
『女性の隷属』　138
進化論　27, 57, 89
人生の美点美質 [graces of life]　189, 201, 202, 206, 208, 210
心理学的方法　160

す

推断的感覚 [illative sense]　75, 88

せ

性格　3, 39, 60, 92, 98, 100, 106, 109, 112, 116, 123, 132, 147, 165, 172, 180, 182, 194, 198, 199, 201, 202
性格形成原理　98, 100
精神の危機 [mental crisis]　112, 120, 127
世俗化　89-92
世論の圧力　123, 125
選挙法改正　40, 131, 132
先験的制度尊重主義　234
先行的蓋然性　85, 86, 92
潜在的理性と顕在的理性　77, 83
専制　38, 39, 101, 105, 107, 110, 111, 120, 122, 196, 203, 235
先天的推理能力 [raciocination]　87, 88

そ

総効用アプローチ　231
想像力 [imagination]　62, 82, 87, 98, 145, 147, 195
ソッツィーニ派　51, 53, 55
ゾルレンとしての停止状態　190
尊厳の感覚　176
存在の連鎖 [the chain of being]　5, 7

た

多数者の専制　38, 39, 235
達成　61, 65, 77, 86, 105, 107, 109, 130, 135,

150, 172, 217, 221, 223, 224, 230-233
多面性 [many-sideness]　21

ち

知的・道徳的水準　201, 202, 204, 208, 211
知的道徳的美的エリート　202-204, 206, 208
チャーティスト　99
　──運動　131, 132
長老派　52, 54, 69
直観主義／直覚主義 [intuitionism]　75-77, 79, 90, 91, 139-141, 149, 154, 156-160

て

停止状態 [stationary state]　189, 190, 205, 208, 213
哲学的寛容 [philosophical tolerance]　19
哲学的急進主義 [Philosophic Radicalism]
　──派　2, 10, 12, 14, 17, 107, 110 131
デモクラシー　38, 39, 44

と

ドイツ・コールリッジ学説 [the Germano-Coleridgian]　17, 20
『道徳感情論』（スミス）　192, 212
道徳的英雄　172
道徳的退廃 [moral decadence]　188, 204
同胞との一体感　198, 209
陶冶　41, 44, 76, 112, 190, 194, 201, 204, 211
討論による統治　216, 233, 235
徳　ch.8, v, 41, 44, 58-60, 63-65, 81, 82, 102, 103, 106, 107, 111, 112, 114, 115, 121, 123-125, 127-133, 135, 139, 140, 154, 158, 161, 188, 189, 191-194, 196-199, 201-204, 206-209, 211, 212, 238
トリエント公会議　75

な

内観法　156, 160

に

ニューハーモニー　99
人間愛　188-190, 200-202, 205-210
『人間精神研究』（リード）　146
『人間精神現象の分析』（J.ミル）　139, 154, 155, 157

人間知識の相対性　141, 148-150
『人間知性論』（ロック）　143, 157
人間的完成／完成可能性 [perfectibility]　41, 44, 127, 189, 204, 206-210
人間的成長　188-190, 194-196, 198, 200, 201, 203-205, 207-211, 213

は

バプテスト派　52
バーミンガム事件　54, 64, 69
バラッド [ballads]　8
パレート最適　226
パレート弱原理　227, 229
半真理 [half truths]　11, 15, 21
パンティソクラシー [pantisocracy]　18

ひ

比較体制論　109, 111, 114
「ピグマリオンと彫像」（バーン＝ジョーンズ）　34, 43
非国教派 [dissenting sects]　11
貧困
　絶対的──　232
　相対的──　232

ふ

不可知論 [agnosticism]　81, 89, 94, 95, 138, 154, 161
福音主義 [evangelicalism]　i, 10, 39, 74, 76, 90, 91
プラグマティズム　68
フランス革命　6, 7, 38, 39, 44, 54, 132
フーリエ主義　98, 113
分配の自然法則　102, 103, 106
分配の諸原理　101, 102, 115, 117

へ

ヘブライズム　40, 41
平等な分配　101, 103, 104, 106
ヘレニズム　40, 41

ま

「マイ・フェア・レディー」　35

索引　247

む

無意識のライバル　26, 27, 40
『無条件存在の哲学』(ハミルトン)　147, 151
無神論　81, 92, 161
『ムネラ・プルヴェリス』(ラスキン)　28

め

名声　16, 129, 140, 167, 168, 170, 176, 181
メソジスト　54
メソディズム　76

も

物自体　143, 149-151, 156, 158, 160, 161

よ

よい暮らし [Well-being]　216, 217, 220-223, 225, 228, 230, 231, 235, 236
欲求　3, 104, 112, 167-171, 196, 198-201
　——利己主義　176-178
予定説　52, 69
「世の光」(ホウルマン・ハント)　30, 42, 74

ゆ

ユグノー　52, 69
ユートピア社会主義　100
ユニテリアニズム　iii, iv, 50-55, 59, 60, 65-70
ユニテリアン　i, iii, iv, 6, 12, 50-54, 57, 63, 65-70

ら

ラファエル前派　29-31, 42, 47, 74, 91, 95
　——同盟 [Pre-Raphaelite Brotherhood]　29-32

り

利害を度外視した献身と人間愛に満ちた社会　188, 205, 208
リカード派社会主義　99, 100
利己心　98, 100, 129, 187-192, 195, 197-200, 203-205, 210, 211, 213, 230
　——の体系＝人間的成長の体系　188, 190, 203-205, 208-210
　　偏狭なる——　188, 197-199

『リーズ・タイムス』　131, 133
理性主義　58, 79, 80, 120
利他心　131, 188, 189, 192, 193, 201, 210
良心　41, 81, 82, 84-86, 88, 89, 92, 95, 129-131, 201

ろ

ロイヤル・アカデミー　29, 30, 31
労働全収権　101, 104-107, 110
労働と制欲にもとづく所有原理　190, 204, 205
労働能率の主体的要因　204, 205, 211
労働の主張　111
労働費用・利潤相反論　189, 190, 210, 211
ロッチディル公正開拓者組合　99, 114
ローマ帝国　36, 37
ロマン主義　i, ii, 4-6, 8, 27, 29, 40, 42, 44, 47, 120, 136
『ロンドン・ウェストミンスター評論』　131
『論理学体系』　12, 21, 111, 120, 121, 124, 141, 157, 159, 160, 161, 171, 183, 184, 211

248

執筆者紹介（執筆順）

泉谷　周三郎（いずみや・しゅうざぶろう）
横浜国立大学・名誉教授
(共編著)『ヨーロッパの文化と思想』木鐸社、1989年。(単著)「J.S.ミルの正義論」『イギリス哲学研究』(日本イギリス哲学会) 第27号、2004年。

深貝　保則（ふかがい・やすのり）
横浜国立大学経済学部・教授
(共著)『経済倫理のフロンティア』ナカニシヤ出版、2007年。
The Political Economy of Transnational Tax Reform: The Shoup Mission to Japan in Historical Context, (co-edition) Cambridge University Press, 2013 (forthcoming)

舩木　惠子（ふなき・けいこ）
武蔵大学総合研究所・研究員
博士（経済学）
(共著)『ヴィクトリア時代におけるフェミニズムの勃興と経済学』御茶の水書房、2012年。
(共著)『福祉国家と家族』法政大学出版局、2012年。

有江　大介（ありえ・だいすけ）（編者）
横浜国立大学大学院国際社会科学研究科・教授
博士（経済学）
(単著)『新装版　労働と正義』創風社、1994年。(単著)「'sympathy' は公共性を導けるか——効用・共感・科学——」『哲学雑誌』(東京大学文学部) 第125巻797号、2010年。

安井　俊一（やすい・しゅんいち）
「J.S.ミルの社会主義論とハリエット・テイラー」『三田学会雑誌』(慶應義塾大学経済学部) 第96巻1号、2003年。

矢島　杜夫（やじま・もりお）
博士（経済学）
(単著)『ミル「論理学体系」の形成』木鐸社、1993年。(単著)『ミル「自由論」の形成』御茶の水書房、2001年。

大久保　正健（おおくぼ・まさたけ）
杉野服飾大学・教授
（単著）『人称的世界の倫理』勁草書房、2005年。（単著）「創世記における「創造」の概念」『杉野服飾大学短期大学部紀要』第7号、2008年。

水野　俊誠（みずの・としまさ）
津田沼クリニック・副院長、慶應義塾大学・千葉大学・東邦大学講師。
M.D.、博士（哲学）
（共著）『医学生のための生命倫理』丸善出版、2012年。（単著）「J.S.ミルの幸福論再論」『哲学』（日本哲学会）第62号、2011年。

前原　直子（まえはら・なおこ）
中央大学経済研究所客員研究員、法政大学大原社会問題研究所嘱託研究員、東洋学園大学人文学部招聘講師。
博士（経済学）
（単著）「J.S.ミルの利潤率低下論と『停止状態』論」『季刊　経済理論』（経済理論学会）第47巻第3号、2010年。（単著）「J. S. ミルの理想的市民社会論と株式会社論」『経済学史研究』（経済学史学会）第52巻2号、2011年。

朝日　譲治（あさひ・じょうじ）
明海大学経済学部・教授
Ph.D. (University of Kansas, USA)
（単著）『高齢社会の公共政策』日本優良図書出版会、2004年。（単著）「誰のための民営化か、何のための民営化か」『生活経済学研究』第32号、2010年。

ヴィクトリア時代の思潮とJ.S.ミル
──文芸・宗教・倫理・経済──

2013年3月31日　第1版第1刷発行

編著者	有 江 大 介
	©2013 Daisuke Arie
発行者	高 橋 　 考
発　行	三 和 書 籍

〒112-0013　東京都文京区音羽2-2-2
電話 03-5395-4630　FAX 03-5395-4632
info@sanwa-co.com
http://www.sanwa-co.com/
印刷／製本　日本ハイコム株式会社

乱丁、落丁本はお取替えいたします。定価はカバーに表示しています。　　ISBN978-4-86251-149-2 C3030
本書の一部または全部を無断で複写、複製転載することを禁じます。

三和書籍の好評図書

Sanwa co.,Ltd.

災害と住民保護
（東日本大震災が残した課題、諸外国の災害対処・危機管理法制）

浜谷英博／松浦一夫 [編著]
A5判　並製　274頁　定価3500円＋税

●災害対策においてわが国が抱える実態面と法制面からの徹底した現状分析と対処措置の是非を論じ、さらに欧米各国の災害対策制度の特徴を詳細に論じる。

中国共産党のサバイバル戦略

法政大学法学部教授・菱田雅晴 [編著]
A5判　上製　520頁　定価：6000円＋税

●中国共産党は1970年代末の改革開放政策着手によってもたらされた環境の激変から危機的様相を強め、今や存続が危殆に瀕しているのか。それとも逆に危機を好機としてその存在基盤を再鋳造し組織を強固にしているのか…。中国共産党の戦略を鋭く分析する。

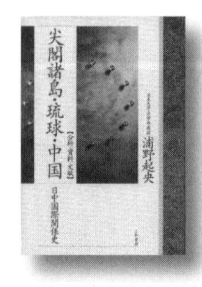

増補版　尖閣諸島・琉球・中国
【分析・資料・文献】

日本大学名誉教授・浦野起央 著
A5判 290頁　上製本　定価：10,000円＋税

●日本、中国、台湾が互いに領有権を争う尖閣諸島問題……。筆者は、尖閣諸島をめぐる国際関係史に着目し、各当事者の主張をめぐって比較検討してきた。本書は客観的立場で記述されており、特定のイデオロギー的な立場を代弁していない。当事者それぞれの立場を明確に理解できるように十分配慮した記述がとられている。

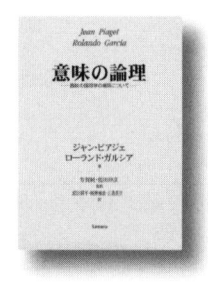

意味の論理

ジャン・ピアジェ／ローランド・ガルシア 著　芳賀純／能田伸彦 監訳
A5判 238頁 上製本 3,000円＋税

●意味の問題は、心理学と人間諸科学にとって緊急の重要性をもっている。本書では、発生的心理学と論理学から出発して、この問題にアプローチしている。